미래사회 리더의 경영키워드

초판 1쇄 인쇄 | 2008년 4월 5일
초판 1쇄 발행 | 2008년 4월 15일
지은이 | 신동기
펴낸이 | 조종현
펴낸곳 | 북오션

종 이 | 대한실업
출 력 | 푸른서울
인 쇄 | 정민문화
출판신고번호 | 제313-2007-000197호

주 소 | 서울시 마포구 서교동 468-2번지
이메일 | bookrose@naver.com
전 화 | (02)322-6709
팩 스 | (02)3143-3964

ISBN 978-89-960334-1-7 (03320)

*책값은 뒤표지에 있습니다.
*잘못 만들어진 책은 구입하신 서점에서 교환해 드립니다.

미래사회 리더의
경영키워드

신동기 지음

북오션

서문

    오늘날 '경영'의 개념은 학문 영역이나 기업 활동 영역에만 한정되지 않는다. 삶을 영위하는 일상 자체가 바로 '경영'의 대상이고, 국가를 비롯한 다양한 비영리 조직 역시 모두 경영의 대상이다.

    부족한 시간과 한정된 자원으로 개인의 삶을 더 낫게 만들고, 조직이 이루고자 하는 것을 보다 더 잘 달성하기 위해서는 그때그때 상황에 내맡기거나 임의대로 일을 처리하는 것보다 외부적·내부적 상황을 주의 깊게 살펴 체계적으로 처리하는 '경영' 방식이 원하는 바를 이룰 수 있기 때문이다.

    피터 드러커는 '현대 경영학의 창시자', '경영학의 구루'라는 평가를 받는다. 19세기 말 프레더릭 테일러의 '과학적 관리법'에 의해 시작된 관리의 개념이 오늘날의 체계적이고도 명료한 경영 개념으로 발전·정착되는 데 가장 큰 역할을 한 인물이 바로 피터 드러커이기 때문이다

    1954년 『경영의 실제(The Practice of Management)』를 출간한 이후,

피터 드러커는 50여 년간 30여 권의 책을 저술했다. 세계 유수 기업을 대상으로 한 현장의 컨설팅과 대학에서의 강의를 통해 정제된 드러커의 경영 이론은 그 모습 그대로 경영학의 역사가 되고 현대 기업 및 조직 발전을 위한 나침반 역할을 하였다

피터 드러커는 단순히 경영 이론의 생산자 역할에만 그치지 않았다. 전도사 역할도 함께 하였다. 대중적인 저술과 강연 활동을 통해 경영자나 경영 이론 전문가뿐만 아니라, 경영에 관심이 있는 일반 사람들까지도 경영의 개념을 손쉽게 이해할 수 있도록 배려하였다.

사실 반세기에 걸쳐 경영학이라는 학문에 절대적인 영향을 미쳤던 거장의 가르침을 한 권의 책으로 담아낸다는 것은 시도 자체가 무리다. 자칫 주마간산 격으로 소제목 정도만을 모아 놓은 어설픈 모습이 되거나 어느 한 부분을 전체인 양 제 편한 대로 정리할 위험이 없지 않다.

드러커의 저술들을 다각도로 검토하고 21세기 우리를 둘러싼 환경과 개인과의 관계에 있어서 중요한 화두는 무엇일까를 고민한 끝

에 필자는 세 개의 큰 주제를 찾아냈다. 바로 ‘사회’, ‘조직’, ‘개인’이다. 이 세 주제는 경영학을 포함해 사회, 역사, 문화 등 다방면에 걸쳐 해박한 지식과 방대한 저서를 남긴 ‘만능인’ 피터 드러커가 전체 저술 속에서 일관되게 관심을 가진 중요한 주제이기도 하면서, 극심한 경쟁과 변화로 표현되는 21세기 자본주의 사회에 살고 있는 현대인들이 사회와의 관계 속에서 자신을 제대로 추스르기 위해 가장 깊이 생각해 보아야 할 화두이기도 하다.

사회, 조직, 개인이라는 세 개의 큰 주제는 드러커가 자신의 저술 전체를 통해 강조했던 6개의 중간 주제, 즉 1부 ‘사회의 흐름’에서는 지식사회와 지식근로자, 미래사회, 2부 ‘조직의 경영’에서는 조직 경영의 핵심과 혁신, 그리고 마지막 3부 ‘개인의 성장’에서는 자기 경영과 리더십으로 구성하였다. 이는 현대인이라면 누구나 관심을 갖고 깊이 생각해야 할 매우 현실적인 주제들이자 사람들이 좀 더 좋은 삶을, 좀 더 나은 삶을 사는 데 반드시 도움이 되는 주제들이기 때문이다.

이 책이 나오기까지 여러 사람들의 협조가 있었다. 원고가 사장되지 않고 책으로 나오는 데 한성출판기획의 박영욱 대표의 끈질긴 격려가 있었다. 모든 분들께 감사드린다.

2008년 3월

신동기

CONTENTS

Chapter 3 조직 경영의 핵심

peter druker

1부

사회의 흐름

peter druker

Chapter 1

지식사회와 지식근로자

피터 드러커는 21세기는 육체근로자의 비중이 낮아지고 지식근로자가 사회의 중심이 되는 본격적인 지식사회가 전개될 것이라고 전망했다. 지식사회는 육체근로자가 생산의 주역이었던 200여 년 동안의 산업 자본주의와는 여러 가지 면에서 크게 다르다.
이 장에서는 미래사회에서 가장 중요한 요소인 지식사회의 특징과 지식근로자의 역할이 무엇인지에 대해 알아본다.

지식사회의 도래

지구 차원의 전환 시대, 21세기

메소포타미아 문명과 이집트 문명을 비롯한 세계 4대 문명이 BC 3000년 무렵 시작된 이래 인류는 역사 속에서 삶의 모습을 끊임없이 변화시켜 왔다. 물질적인 부분은 그야말로 놀라운 발전을 거듭했으며, 현재도 쉴 새 없이 눈부신 확장을 거듭하고 있다. 그러나 인류의 정신적인 부분에 대해서는 평가가 여러 가지로 엇갈린다. 물질적인 발전을 가져오기 위한 지식의 축적은 물질의 확대에 발맞춰 기하급수적인 성장을 해 왔으나, 궁극적으로 인간이 추구하고자 하는 개인의 행복과 인류의 안녕을 향상시키기 위한 지혜와 정신의 성장이 오히려 물질적 발전과는 반대 방향으로 가고 있다는 증거들을 도처에서 찾아볼 수 있기 때문이다.

사회 변화에 있어서 동양과 서양은 일찍부터 큰 차이를 보여 왔다. 농사를 주요 생계 수단으로 삼았던 정주문화의 동양사회는 일찍부터 통일된 왕조국가를 이루어, 서양사회와 비교해 사회적 갈등이나 변화가 적었다.

기원전 221년에 최초로 통일국가(진秦나라, BC 221~207년)를 세운 중국은 1911년 신해혁명이 일어나기 전 혼란시기를 제외한 통일국가(진秦나라 BC 221~207년, 한漢나라 BC 207~220년, 삼국시대 220~265년, 진晉나라 265~420년, 남북조 420~589년, 수隋나라 581~617년, 당唐나라 618~907년, 오대십국 907~960년, 송宋나라 960~1279년, 원元나라 1279~1368년, 명明나라 1368~1644년, 청淸나라 1644~1911년)의 평균 존속 기간이 208년이며, 일본은 국가 형태를 갖추기 시작하는 나라시대(奈良時代, 710~794년) 이후 세력 균형을 유지하면서 유지된 정권(나라奈良시대 710~794년, 헤이안平安시대 794년~1185년, 가마쿠라鎌倉시대 1185~1333년, 무로마치室町시대 1333~1573년, 에도江戸시대 1603~1868년, 현재의 일본)의 평균 존속 기간이 226년이었다.

우리나라는 기원전 57년 신라가 설립된 이후 세력 균형을 유지한 삼국시대를 포함한 왕조(삼국시대 BC 57~676년, 통일신라 676~900년, 후삼국시대 900~936년, 고려시대 918~1392년, 조선시대 1392~1910년)의 평균 존속 기간이 487년이었으며, 특히 조선시대는 1392년부터 1910년까지 519년 동안 존속되어 세계적으로 유래를 찾아보기 힘들 정도로 오랜 기간 사회적 안정을 지속하였다.

서양에 비해 변화가 많지 않았던 동양 삼국은 19세기 중반 이후 서양과 만나는 역사적 과정 속에서 오랫동안 익숙해져 있던 안정에서 벗어나 전면적인 사회 변화를 경험하였다.

이런 동양사회와 비교해 농사지을 만한 변변한 땅이 별로 없어 불가피하게 지중해 식민지 건설에 주력했던 그리스, 아프리카 지역을 비롯해 주로 외부에서 식량 조달을 했던 로마제국, 그리고 중동 지역의 유목문화에서 시작된 서양사회는 일찍부터 교역과 유목을 중심으로 한 비정주문화였다. 그러다 보니 동양사회와 비교해 자연스럽게 변화가 더 많을 수밖에 없었고 오늘날 통일된 국가의 모습도 17~8세기 들어서야 뒤늦게 나타나게 되었다. 따라서 서양사회는 동양사회에 비해 훨씬 더 많은 사회적 변화를 겪었다.

현대 경영학의 창시자로 일컬어지는 피터 드러커는 21세기 사회를 '전환의 시대'로 파악하면서 13세기 이후 서양사회에서 세 차례에 걸쳐 나타났던 사회적 전환과 지금 진행되고 있는 전환이 어떻게 다른지 설명하고 있다.

피터 드러커에 의하면 첫 번째 전환은 13세기에 나타났다. 오랫동안 박해를 받았던 기독교가 392년 로마제국의 국교로 정해지고, 476년 게르만 출신 용병대장 오도아케르에 의해 서로마가 멸망한 이후 중부유럽과 동로마를 중심으로 오랫동안 신의 무게에 짓눌려 있던 유럽은 13세기 들어 갑작스럽게 변화를 보이기 시작한다. 새로운 사회 지배 집단으로 도시길드(City Guild)가 등장하고, 먼 도시들 간에 교역이 활발해지고, 고딕 양식이 새로운 건축 형식으로 유행을 하게 된다. 학문에 있어서도 중세를 지배하던 플라톤(BC 427~347년)을 벗어나 이슬람 세계를 통해 역수입된 아리스토텔레스(BC 384~ 322년)에 대한 재평가가 이루어지며, 몇백 년 동안 문화 전수의 역할을 담당했던 시골 교회 수도원은 도시에 새로 등장한 대학이라는 기관에 자신의 역할을 넘기게 된다. 종교계에서도 새로운 변화가 일어난다. 그동안 사람과 마을을 피해 한적한 곳에 형성되던 수도원이 도시 한가운데에 등장을 하게 된 것이다. 바로 프란체스코 수도회(1209년 이탈리아인 프란체스코가 설립한 수도회. 수도회 최초로 수도회칙을 마련했다.)와 도미니크 수도회(1216년 스페인의 사제인 도미니쿠스가 설립한 수도회)이다. 두 수도회의 등장은 종교적으로 새로운 자극을 몰고 왔으며 도시인들을 위한 새로운 정신적 구심점 역할을 하였다.

이런 중세사회를 벗어나기 위한 새로운 사회적 전환은 단테(Alighieri Dante, 1265~1321년)를 통해 유럽문학으로 정리된다.

두 번째 전환은 1차 전환이 있은 후 2백여 년이 지난 뒤에 시작되었다. 바로 요하네스 구텐베르크(Johannes Gutenberg, 1397~1468년)가 활판인쇄술을 발명한 1455년부터 시작하여 마르틴 루터(Martin Luther, 1483~1546년)가 95개조 반박문을 개시하여 종교개혁을 일으킨 1517년 무렵까지가 바로 2차 전환기에 해당된다. 활판인쇄술의 발명에 힘입은 마르틴 루터의 종교개혁은 오래 지나지 않아 유럽을 북쪽의 프로테스탄트와 남쪽의 가톨릭으로 분리시키는 결과를 낳았다. 또한 1470년부터 1500년 사이는 이탈리아의 플로렌스와 베니스를 중심으로 르네상스가 전성기를 맞이하는 시대였으며, 사회 내부에서 터져 나오는 에너지가 외부로 향하면서 아메리카 신대륙의 발견(1492년)과 아프리카의 최남단 희망봉을 돌아가는 인도 항로의 발견(1497년), 로마 군단 이후 최초의 상비군인 스페인 보병대의 등장, 해부학의 발전, 유럽 지역에 아라비아 숫자의 보급과 같은 큰 사건들이 줄을 잇는다. 이 두 번째 전환은 코페르니쿠스의 『회고록』(1510~1514년)과 마키아벨리의 『군주론』(1513년)과 같은 저술이나 르네상스 예술의 결정판이라고 할 수 있는 미켈란젤로의 '시스티나 성당의 천장 벽화'(1510~1512년), 그리고 가톨릭 교회의 개혁을 시도한 트리엔트 공의회(1545~1563년 사이에 이탈리아 트리엔트에서 열린 가톨릭 공의회)와 같은 사건들을 통해서 그 의미가 정리된다.

중세 이후 서양사회에서 발생한 세 번째 사회 전환은 1776년에 시작된다. 성서 이후 인류에게 가장 큰 영향을 미쳤다는 애덤 스미스(Adam Smith, 1723~1790년)의 『국부론』이 이 해에 쓰여졌으며, 동업조합인 길드의 횡포를 피해 애덤 스미스가 강의하고 있는 글래스고대학에서 기계 기사로 있었던 제임스 와트(James Watt, 1736~1819년)가 개량형 증기기관을 완성한 것도 이 무렵이다. 그런가 하면 자본주의의 동력인 '개량형 증기기관'과 자본주의의 바이블인 『국부론』을 가지고 무균의 진공상태에서 자본주의의 역사를 실험했던 신생국가 미국이 독립선언을 한 해도 1776년이었다. 이 3차 전환은 나폴레옹의 종말을 고한 1815년 워털루전쟁 무렵 막을 내린다.

이 기간 동안 발생한 가장 중요한 두 가지 사건은 산업혁명과 이데올로기의 등장이다. 20세기 백 년 동안 인류를 재앙으로 내몰았던 이데올로기의 싹이 바로 이 무렵부터 뿌리를 내리기 시작한 것이다. 산업혁명과 함께 자본주의가 본격적으로 등장하면서 자본주의 초기 실험단계에 나타난 결함에 대한 적극적인 대안으로 칼 마르크스(Karl Hein rich Marx, 1818~1883년)의 과학적 사회주의(마르크스는 생시몽(Duc de Saint-Simon, 1760~1825년)이나 오웬(Dobert Owen, 1771~1858년)과 같은 선배들이 주장했던 사회주의를 자신의 과학적 사회주의와 대비해 공상적 사회주의라고 불렀다.)가 등장하였다. 1809년에는 최초의 현대적 대학이라고 할 수 있는 베를린대학이 설립되면서 학교 교육이 보편화되었다. 3차 전환은 자유와 평등의 정신에 기초하여 놀라운 발전을 보이고 있는 미국의 19세기 초의 모습을 정확하게 그려냄으로써 유럽, 특히 조국 프랑스의 발전을 꾀했던 토크빌의 『미국의 민주주의』라는 두 권(1835, 1840년 각각 출간)의 저술을 통해 그 의미가 정리된다.

3차 전환이 있은 후 200여 년이 지난 지금 4차 전환이 진행되고 있다. 네 번째 전환이 기존 세 차례의 전환과 구분되는 가장 큰 특징은 서양사회에 한정되지 않고 전 세계적으로 진행되고 있다는 점이다. 세 차례에 걸쳐서 진행된 역사적 전환들이 서양사회의 환경과 사람들의 사고에 큰 영향을 미쳐 왔듯이 4차 전환도 앞선 세 차례의 전환 못지않게 우리들의 삶을 크게 바꿀 것이다. 어쩌면 지금까지 있었던 세 차례와 비교해 훨씬 더 큰 영향을 끼칠 수도 있다. 현대사회의 변화 속도가 앞선 세 차례 전환과 비교도 안 될 정도로 빨라졌을 뿐만 아니라 범위 또한 전 세계적으로 확대되었기 때문이다.

피터 드러커는 이 4차 전환을 다름 아닌 '지식사회로의 전환'이라고 표현하고 있다. 21세기를 사는 현대인은 바로 이 '지식사회'로 바뀌어 가는 역사적 전환의 가운데에 서 있다.

자본주의의 발전과 '지식'의 의미 변화

21세기 자본주의 사회에 사는 사람들은 자신을 둘러싼 주변 환경을 당연시하는 경향이 있다. 시장을 통해 필요한 제품과 서비스를 사고파는 것이나 사유재산제도를 당연시하고 상상력과 창조력만 있으면 어떠한 것도 모두 만들어 낼 수 있다고 생각한다.

그러나 우리에게 익숙한 지금의 사유재산이나 시장의 개념은 유사 이래 오랫동안 없었거나 불완전한 상태로 존재해 오다 최근 몇 백 년 사이에 지금과 같은 모습을 갖추게 된 것이다. 특히 높은 생산성이나 급격한 기술의 발전은 기껏해야 최근 3~4백 년 사이에 갑작스럽게 이루어진 성과들이다.

피터 드러커는 자본주의가 지금처럼 전 세계적으로 보편화되고 기술의 발전이 놀라울 정도로 사회적 생산력을 높이게 된 시기를 1700년 무렵이라고 주장하면서, 갑작스러운 이 변화는 다름 아닌 '지식의 의미'가 근본적으로 바뀌면서 시작되었다고 말한다. 자본주의라는 말은 사회주의자들이 계획경제의 특성을 지니는 사회주의와 대비되는 개념으로 사용하기 시작한 용어로서, 학자들에 따라 내리는 정의가 조금씩 다르지만 대체적으로 다음과 같은 5가지 특징으로 설명된다.

- 사유재산제도에 바탕을 둔다.
- 모든 재화의 가격은 시장에서 거래를 통해 형성된다.
- 이윤을 얻기 위해 상품을 생산한다.
- 노동력이 상품화된다.
- 사회 전체적으로 생산에 대한 계획을 세우지 않는다.

이런 자본주의의 개념은 불완전한 모습이긴 하지만 고대사회에서도 나타나고 있다. 그리스에서 플라톤과 함께 소크라테스의 제자였던 크세노폰은 「오이코노미코스」(Oikonomikos, Economics와 Economist의 어원, Oikos는 '가계'를 뜻하는 그리스어, 넓은 의미로 '소유지'를 뜻하기도 한다.)라는 농지경영에 대한 논문을 남겼다. 크세노픈은 이 논문에서 '효율적인 조직'과 '분업'에 대해 언급하고 있다.

중국 고대사를 통사적으로 다루고 있는 사마천이 쓴 『사기』의 「화식열전(貨殖列傳)」을 보면 자본주의 개념의 맹아를 만날 수 있다. "부유하고자 하는 것은 사람의 본성인지라 배우지 않아도 누구나 부를 갖기를 원한다.", "법과 금령을 무시한 채 달리는 말처럼 사지(死地)에 뛰어드는 것은 실은 모두 재물을 얻기 위해 하는 짓이다."라는 구절이 나온다. 또한 시골에서 목축을 하는 '나'라는 사람이나 광산업을 하는 '청(淸)'이라는 시골 과부가 사회적 지위는 없었지만 부유했기 때문에 사람들로부터 제후와 동등한 대접을 받으며 천하에 그 이름을 떨쳤다는 내용이 나온다. 또 자본주의 사회에서 사람들이 가장 원하는 소득 형태인 인세 성격의 임대료 또는 이자 수입에 해당되는 '소봉(素封)'이 사람들의 경제적 삶을 안정시키는 매우 좋은 소득원이라는 내용도 나온다.

물가에 대한 구체적인 이야기로는, 부하인 계연(計然)이 전국시대(BC 403~221년) 7웅 중 한 명인 월왕(越王) 구천(句踐)에게 "6년마다 풍년이 들고 6년마다 가뭄이 일어나며 12년마다 대기근이 일어납니다. 무릇 쌀값이 한 말에 20전밖에 안 되면 농민이 고통을 겪고, 90전이 되면 상인이 고통을 받습니다. 상인이 고통을 받으면 상품이 나오지 않고, 농민이 고통을 받으면 농경지가 황폐해집니다. 비싸더라도 80전을 넘지 않고 싸더라도 30전 아래로 떨어지지 않게 하면 농민과 상인이 모두 이롭습니다."라고 주장하면서 경제정책에 대해 진언을 한다.

오늘날에도 해당되는 이야기지만 현대적 의미의 자본주의가 막 태동할 시기에 나폴레옹의 대륙봉쇄령이 풀린 후 곡물 수입을 둘러싸고 지주와 신흥 상공업자를 대신하여 맬서스(Thomas Robert Malthus, 1766~1834년)와 리카도(David Ricardo, 1772~1823년)가 치열하게 논쟁을 펼쳤던 곡물법에 대한 논쟁을 떠오르게 하는 대목이다. 물론 고대시대에 나타난 자본주의적인 성격은 사회 전체적으로 일부분에 지나지 않는다. 전체적인 사회의 모습은 당연히 오늘날의 자본주의 속성과는 성격이 크게 다르다.

오늘날의 자본주의가 등장하기까지 경제생활의 발전 과정은 학자들의 관심에 따라 다양한 주장이 있었다. '생산력'과 '생산관계'를 기준으로 삼은 마르크스는 '원시공산제 - 고대 노예제 - 중세 봉건제 - 자본주의 사회 - 사회주의 사회'로 경제생활의 역사적 발전 과정을 설명하고 있으며, 독일의 역사학파 경제학의 선구자인 리스트(Friedrich List, 1789~1846년)는 '생산방법'을 기준으로 '야만 상태(수렵, 어로시대) - 유목 상태(목축시대) - 농업 상태(농업시대) - 농공업 상태(공업시대) - 농공상업 상태(농공상업)'로 설명한다. 이런 생산력·생산관계, 생산방법을 기준으로 하는 관점 외에도 경제성장 기준, 교환 과정, 유통 과정 기간의 장단 기준 및 경제정책을 담당하는 조직 기준 등 다양한 역사의 발전 단계를 구분하는 방식이 있다.

피터 드러커는 현대의 자본주의는 역사 발전에 있어서 그 이전 단계와 근본적인 차이가 있다고 말한다. 사유재산과 시장 원리를 바탕으로 하는 현대 자본주의가 자리를 잡았으며 아울러 기술발전이 자본주의 제도에 힘입어 전 세계적인 차원에서 빠른 속도로 진행되고 있다는 것이다. 이런 기술발전은 유사 이래 1700년 무렵 전까지 단순한 '기능' 차원에서만 머물러 있었던 노동 활동을 '지식' 차원으로 끌어올렸으며, 아울러 지식 자체도 인간의 '내면적 성찰'만을 위하던 기능에서 벗어나 부가가치를 창출하는 노동 현장에 응용되기 시작했기 때문이었다. 동서양을 막론하고 1700년대 이전까지 지식은 두 가지 역할밖에 갖지 못했다고 피터 드러커는 주장한다. 하나는 자기 자신을 성찰하는 것이고, 다른 하나는 '무엇을 어떻게 말해야 하는지를 아는 것'이었다.

그리스 델포이의 아폴로 신전 기둥에 새겨져 있었다는 '너 자신을 알라'라는 경구는 소크라테스 철학의 모든 것이었다. 소아시아를 중심으로 하는 밀레토스학파의 자연철학에서 벗어나 인간에 대한 관심을 철학의 주제로 삼은 소크라테스는 인간을 지적, 도덕적, 정신적으로 성장시키는 것을 철학, 즉 지식의 가장 큰 목적으로 삼았다. '인간은 만물의 척도'라며 진리의 상대성을 주장했던 소피스트 프로타고라스(Protagoras, BC 485~410년)는 지식의 목적을 '무엇을 어떻게 말해야 하는 것인지를 아는 것'이라고 하였다. 이는 다름 아닌 오랫동안 서양에서 교양 교육(Liberal Education)으로 불러 왔던 논리학, 문법, 수사학을 말한다.

오늘날의 관점에서 보면 소피스트들이 추구했던 지식의 목적은 오늘날 지식의 역할과 닮은 부분이 있다. 노동에 종사하지 않고 정치와 군사에만 관여했던 직접 민주주의 사회인 아테네에서 자신을 변호하고 상대방을 설득하는 것은 시민 생활에 있어서 무엇보다 실용적이고 필수적인 일이었다. 소송이 수시로 발생하는 상황에서 시민들은 자신을 보호하기 위해 수사학을 배울 필요를 느꼈으며, 소피스트들은 이런 수요를 찾아 이 도시, 저 도시를 옮겨 다니며 돈을 받고 논리학과 문법, 수사학을 가르쳤다. 자본주의 사회에서 가르치는 것을 생업으로 하는 선생과 똑같은 존재였다. 그러나 오늘날의 지식은 보편적으로 모든 생산 활동에 직접 적용되는 반면, 당시 소피스트들의 지식은 시민들(생산 활동에 종사하는 노예가 아닌)의 정치 활동에 한정해서 사회 일부분에만 적용되었다.

동양사회도 마찬가지로 지식은 자신의 내면 성찰 또는 출세와 성공의 한 방편으로서 오랫동안 의미를 지녔다. "군자는 근본을 닦는데 힘을 쓴다."(군자무본君子務本-『논어』 학이學而편)나 "군자는 한 가지 기능만 하는 존재가 되어서는 안 된다."(군자불기君子不器-『논어』 위정爲政편)라고 주장했던 유교의 공자는 생산 활동을 위해 기술을 익히는 것은 사회적 지도자인 군자가 할 일이 아니라고 주장하였다. 심지어는 "윗사람이 신의를 좋아하면 백성이 감히 정성을 다하지 않을 수 없을 것이나 (중략) 군자가 곡식을 심는 법을 배워서 무엇하리요."(『논어』 자로子路편)라고 주장함으로써, 당시 유일한 경제 활동이라고 할 수 있는 농사를 군자가 할 일이 못된다고 말했다. 그러다 보니 당연한 이야기지만, "군자는 의리를 추구하고 소인은 이익을 탐한다."(군자유어의君子喻於義 소인유어리小人喻於利-『논어』 이인里仁편)라고 주장함으로써 동양사회에서 이익을 추구하는 것은 소인배들에게나 해당되는 하찮고 품격이 떨어지는 일로 인식되는 계기를 만들었다. 그리고는 오로지 개인의 도덕과 윤리, 고양과 내면의 평정을 찾는 것이 지식의 유일한 목적으로 여기는 사회 분위기를 만들었다.

불교나 도교 역시 지식에 대한 인식이나 활용에 있어서 유교와 큰 차이가 없다. 삼독(三毒 : 탐냄貪, 성냄瞋, 어리석음痴)을 제거하여 자기 안에 있는 부처를 찾아가는 정진 속에서 지식의 실용적 활용은 애초부터 비집고 들어갈 틈이 없었다.

도교 역시 "지혜로운 사람은 살기 위해 꼭 필요한 정도의 배만 채우지, 그 이상 욕망을 충족하기 위해 쾌락이나 향락을 좇지 않고 더 벌기 위해 애쓰지도 않는다."(시이성인是以聖人 위복불위목爲腹不爲目 고거피취지차故去彼取止此-『도덕경』 12장)는 것을 핵심 가르침으로 정하여 생산 활동이나 행위적인 측면은 원천적으로 무시하였다. 지식의 목표는 꾸미지 않고 자연의 이치를 있는 그대로 따르는 무위자연(無爲自然)의 정신적 차원에 있었다.

결국 근대 이전까지 동양에서 지식을 추구하는 목적은 소크라테스의 '너 자신을 알라'와 큰 차이가 없었다. 피터 드러커는 이런 개인적이고 정신적인 향상만을 추구하던 지식의 목적이 1700년경 산업혁명이 시작될 무렵부터 바뀌기 시작했다고 주장한다. 기존에 장인들이 도제제도나 길드를 통해 개별적 관계를 통해 비밀스럽게 전수해 오던 '기능'을 체계적으로 조직하고 목적 지향적으로 정리하여 누구나 손쉽게 이해하고 익힐 수 있는 기술을 만드는 데 이 지식을 사용하기 시작한 것이다. 디드로(Denis Diderot, 1713~1784년)와 달랑베르(Jean d'Alembert, 1717~1783년)가 1751년부터 1772년 사이에 편집한 『백과사전』은 지식의 의미 변화에 있어서 큰 획을 그은 작품이었다.

3대 경제혁명과 지식사회의 도래

| 인적 변화와 지식사회의 도래

피터 드러커는 20세기 중에 발생한 사건 중에 가장 중요한 것으로 인적 변화를 꼽는다. 과학의 발전, 인지의 발달, 이데올로기의 실험, 두 차례에 걸친 세계대전 등 많은 사건이 있었으나, 인적 변화는 그 어떤 사건보다도 의미가 있었고, 크게 볼 때 여러 중대 사건들의 주요 원인이었기 때문이다.

드러커는 인적 변화의 중요성을 양(量)적인 측면과 질(質)적인 측면으로 나누어 설명하고 있다. 먼저 양적인 측면에 있어서 농업 생산성의 향상, 의료기술과 의약의 발달, 위생상태의 개선 등에 힘입어 20세기는 폭발적인 인구 증가와 함께 수명의 연장을 가져왔다. 그 결과 자원고갈, 환경오염 등 여러 가지 사회문제가 발생했고 노령인구의 증가로 사회적 활력이 감소하게 되었다. 인구의 증가는 20세기 중반 이후까지도 지속되었으며, 맬서스가 『인구론』에서 주장했던 인구 증가의 재앙을 막기 위해 선진국을 비롯한 많은 나라들은 적극적인 산아제한 정책에 나섰다. 질적인 측면의 인적 변화는 양적인 측면의 인적 변화처럼 요란스럽게 사람들의 관심을 끌지 않았지만 부지불식간에 이루어졌다. 인류가 지구상에 존재한 이래 수천 년간 주된 생산방식으로 지속되어 온 육체근로는 불과 백 년 만에 적지 않은 부분을 지식근로에 자리를 내준 것이다. 오랫동안 동서양의 철학자들이 주장해 왔던 동물과 구분되는 인간의 인지가 한꺼번에 만개되면서 화려하게 꽃을 피운 것이다.

미국의 경우 20세기 초까지만 해도 90~95%의 사람들이 육체근로자였다. 그러나 20세기 말에는 그 절반에 해당되는 40% 상당의 사람들이 지식근로자로 일하고 있다. 이런 현상은 미국에 한정되지 않고 고도산업사회를 이룬 선진국이나 선진국 대열에 진입하려는 국가 모두에 해당된다. 인적 변화 중 질적 변화에 해당되는 지식근로자의 대거 등장은 여러 가지 사회 변화를 가져왔다.

간략하게 살펴보면, 첫째, 근로 수명이 늘어났다. 육체적 근력에 의존했던 기존의 육체근로는 물리적인 노쇠 현상과 함께 생존을 위한 지나친 육체의 혹사로 근로 수명이 길지 않았다. 특히 지나친 육체근로는 근로 수명은 물론이고 자연 수명까지도 단축시켜 19세기 말 근로자의 평균 수명은 일반적으로 50세를 넘지 못했다. 지식근로는 정신활동으로서 육체적 노화가 찾아온 이후에도 가능할 뿐만 아니라 한창 일을 할 시기에도 육체적 혹사를 하지 않아도 되므로 육체근로에 비해 근로 수명이 훨씬 더 길어질 수밖에 없다.

두 번째로는 신분 상승이 가능하게 되었다. 동서양을 막론하고 지식근로가 주된 생산 활동이 되기 이전까지는 신분 이동의 기회가 거의 없었다. 혹 있더라도 하향 이동이 있을 뿐이었다. 귀족의 자식은 태어날 때부터 귀족이었고, 농노의 자식은 평생 농사만 지을 운명으로 태어났으며, 장인(匠人)의 자식은 대를 물려 그 일을 할 뿐이었다. 또한 결혼도 당연히 같은 신분끼리 할 수밖에 없었다.

그러던 것이 1860~70년대 근대기업이 탄생하고 20세기에 들어 지식사회가 되면서 사람들은 더 이상 귀족, 농노 또는 장인이 아니라 한 인간으로 태어날 수 있었다. 인간으로 태어나 자신의 노력에 의해 자신의 신분을 결정할 수 있게 되었다.

지식근로자의 탄생과 지식사회의 도래는 지식 자체만으로 이루어질 수는 없었다. 바로 지식을 활용한 기술의 일반화와 현대 자본주의의 뒷받침이 있었기에 가능한 일이었다. 지식이 기술에 적용되기 전까지 기술은 하나의 기능, 하나의 용도로만 국한되어 사용되었다. 예를 들어 기원전 1500년경부터 지중해 연안에서 항아리를 만들기 위해 사용되던 물레가 2500년이 지난 기원후 1000년 무렵에 비로소 실을 잦는 물레에 적용되었다. 또한 영국의 프란체스코 수도회 수도사인 베이컨(Roger Bacon)이 1270년대 광학실험을 통해 만든 독서용 안경이 1500년대 초가 되어서야 근시안경으로 발전하게 되었다. 이 같은 예는 지식을 활용하기 전까지 기술이 얼마나 폐쇄적이었나를 보여 주는 좋은 예이다. 지식이 인간의 내면 성장을 목적으로 하지 않고 실용을 위한 행동에 적용되기 시작하면서 비전(秘傳)이나 도제제도를 통해 폐쇄적이고 배타적으로 전해지던 기술은 체계화되고 보편화되어, 공공의 재산으로 바뀌게 되었다. 그러면서 기술은 자본주의와 함께 1750년 이후부터 유럽을 벗어나 지구를 정복하고 새로운 문명을 창조하게 되었다.

오랫동안의 관념이나 비전에서 벗어나 인류의 물질 향상에 본격적으로 팔을 걷어 부치고 나선 지식은 세 단계의 혁명을 거치면서 오늘날의 눈부신 발전 단계에 이르게 된다. 바로 산업혁명, 생산성 혁명, 경영혁명이 그것이다.

| 산업혁명

산업혁명은 영국에서 매뉴팩처(manufacture : 과도적 경영 양식인 공장제 수공업)의 등장에 의한 본원적 자본의 축적과 새로운 에너지원으로 등장한 석탄사업의 발전으로부터 싹을 틔우기 시작한다. 봉건제도의 해체와 함께 등장한 자유농민층을 중심으로 모직물 공업은 공장제 수공업인 매뉴팩처 방식으로 전개되면서 자본을 축적하기 시작한다. 아울러 16세기 중엽 이후 목재자원의 고갈로 연료 위기에 닥친 영국은 대체 에너지원으로 석탄을 발견하였고, 이 석탄을 채굴하여 소비자에게 공급하는 과정에서 J. 와트의 개량형 증기기관의 발명에 결정적인 역할을 하게 되는 초기 증기기관을 발명하게 된다. 또한 석탄 수송을 위한 해결책으로 훗날 증기기관차의 발명이 이루어진다.

석탄 사업에 의해 촉발된 산업혁명은 면방직 공업을 기계화한 방적기와 역직기의 발명에 의해 기계에 의한 공장 생산이 이루어지면서 본격적인 단계를 맞이한다.

인간의 지식을 작업 도구와 제조 공정, 그리고 제품에 적용한 산업혁명은 1700년 이후부터 시작된다. 이 무렵 장인이 소유한 은밀한 기능이라는 의미인 ‘techne’와 지식을 목적에 맞게 체계화한다는 의미를 지닌 ‘logy’가 합해진 기술(Technology)이 등장한다. 기존의 단일 용도로 쓰이면서 비전되던 ‘기능’이 ‘지식’에 바탕된 기술 단계로 바뀌는 데는 디드로와 달랑베르가 펴낸 『백과전서』가 큰 역할을 하였다. A. 튀르고, J. J. 루소, 몽테스키외, F. 케네 등 당시 프랑스를 대표하는 계몽사상가 184명이 집필한 『백과전서』는 과학, 기술, 학술 등 당시의 학문과 기술을 집대성한 역작으로 어떤 특정한 물건을 제작할 때 사용되는 원리가 다른 물건을 만들 때도 충분히 적용될 수 있다는 것을 나타내고 있었다. 즉, 기존에 도제제도를 통해 경험했던 단일한 용도의 '기능'이 체계적으로 정리된 교과서를 통해 지식의 형태로 보전하여 다양한 용도에 기술적 원리를 활용될 수 있게 한 것이다.

지식은 산업혁명이 진행되는 과정 속에서 현대 자본주의 방식을 지배적인 경제 매커니즘으로 만들었다. 체계적인 지식 축적으로 가속화되는 기술의 발전은 과거와는 비교도 안 되는 큰 자본을 필요로 하게 되었고, 큰 자본은 효과적인 생산을 위해 큰 공장과 함께 대규모 동력을 필요로 하였다. 그러면서 자연스럽게 지주나 귀족 계급이 아닌 자본가가 경제와 사회의 주역으로 급부상하였다. 지식이 효과적으로 작동하는 데 가장 적절한 사회구조가 현재의 자본주의라는 것을 보여 주는 대목이다.

그러나 지식의 적용과 기술의 발전이 가져온 빠른 변화는 동시에 새로운 사회적 긴장과 갈등도 유발하였다. 1811년부터 1817년 사이에 영국 중·북부의 직물공업지대에서 발생했던 러다이트운동(Luddite Movement : 1811~1817년 영국의 중북부의 직물공업지대에서 일어난 기계파괴운동)은 사회 발전 과정에서 일시적으로 나타나는 일종의 반작용이었다. 마르크스에 의한 공산주의의 등장은 어느 한쪽을 향해 사회적 에너지가 집중적으로 모아지는 과정에서 배태될 수밖에 없는 근본적인 문제, 또는 부작용에 대한 고뇌에 찬 회의였다. 변증법의 원리에 의한 역사의 발전 원리는 이 경우도 훌륭하게 적용된

다. 자본주의(正)의 등장은 역사 법칙대로 공산주의(反)의 탄생을 초
래했으며, 이 두 이데올로기는 미국 대공황 이후 케인스에 의해 혼
합자본주의(合)의 형태로 정리된다. 자본주의 입장에서 볼 때 공산
주의는 단순한 증오의 대상으로만 존재하지 않았다. 자본주의의 허
술한 구석에 대한 경계를 불러일으킴으로써 자본주의가 부족한 부
분을 보완하고, 보다 강한 생명력을 갖출 수 있도록 훌륭한 반면교
사의 역할을 한 것이 다름 아닌 공산주의였기 때문이다

지식을 실용적으로 활용하여 기술이 지배하는 시대를 연 산업혁
명은 자본가와 노동자의 대결에 의한 프롤레타리아의 소외라는 큰
숙제를 남기고 다음 단계인 생산성혁명의 단계로 넘어간다.

| 생산성혁명

플라톤의 국가론과 초기 기독교 공동체에서 보여 주었던 공산사
회는 인류의 역사 동안 사회적 소외 계층의 이상향이었다. 18세기
에 들어 자본주의 맹아와 함께 시작된 기층민들의 의식 향상과 사
회적 빈부 격차는 생시몽의 공상적 사회주의나 오웬의 사회주의 공
동체 실험 시도와 같은 불완전한 모습의 공산사회를 등장시켰다.
그러다 19세기에 들어 아무런 보완 장치도 마련되지 않은 상태에
서 신성불가침으로 떠받들어지던 자본주의는 필연적으로 내재적
모순을 드러내게 되고, 마르크스의 과학적 사회주의가 매력적인 대
안으로 등장한다.

　18세기에 자본주의의 대안으로 희미하게 떠올라 19세기에 보다 분명한 형태를 갖춘 공산주의는 20세기 들어서자 역사의 전면에 등장하여 세기적인 역사 실험에 돌입한다. 1917년 러시아의 공산화로 기세를 올리기 시작한 세기의 실험으로 온 세계는 20세기 내내 이데올로기의 열병을 앓는다. 그러다가 21세기를 코앞에 둔 80년대 말에서 90년대 초 공산주의는 더 이상 육중한 체구를 지탱하지 못하고 온 지축을 울리면서 무너져 내린다. 21세기 현재, 한 세기를 풍미했던 공산주의는 이제 희미한 잔영으로 남아 자본주의의 질주를 맥 풀린 모습으로 지켜보고 있을 뿐이다.

　자본주의와 공산주의가 서로 인류의 행복을 책임질 수 있는 더 훌륭한 적임자라고 다투었던 20세기에 가장 큰 영향을 끼친 인물로 사람들은 찰스 다윈(Charles Robert Darwin), 지그문트 프로이트(Sigmund Freud), 그리고 마르크스를 꼽는다.

　그러나 동시대의 백 년을 두 눈으로 직접 관찰하면서 기업 경영을 연구해 온 피터 드러커는 이 세 인물 중에서 마르크스를 제외하고 테일러(Frederick W. Taylor, 1856~1915년)를 포함시켰다. 그 이유는 공산주의의 종말을 가져온 것은 자본주의의 생산성 향상이었고, 자본주의의 생산성 향상은 바로 테일러의 과학적 관리법으로부터 시작되었기 때문이다.

　그렇다면 20세기에 마르크스보다 더 큰 영향력을 행사한 테일러가 가지고 온 '작업' 자체에 대해 지식을 적용한 생산성혁명은 무엇일까? 산업혁명에 이어 두 번째 단계로 생산 활동에 지식이 적용된 생산성혁명을 알아보자.

동서양을 막론하고 지식인은 오랫동안 생산 활동으로부터 벗어나 있었다. 그리스·로마시대의 시민들은 정치와 전쟁에만 종사했으며 노동이나 생산 활동은 모두 노예가 전담했다. 근대화 이전 귀족사회도 마찬가지였다. 귀족들은 문화 살롱을 열고 정치 토론을 하고 전쟁이 나면 장교로 출전해 목숨을 걸고 명예를 드높였다. 그것이 그들의 전형적인 삶의 방식이었고 또한 가장 이상적으로 여기는 가치였다. 동양사회 역시 마찬가지였다. 양반들은 노동에 종사하지 않고 글공부를 하여 과거를 보거나 드높은 내면의 정신세계를 추구하였다.

물론 생산 활동에 있어서 지식인들이 아무런 역할도 하지 않은 것은 아니었다. 사회를 지탱해 나가기 위해 필요한 생산의 중요성은 끊임없이 강조되어야 했다. 그리스시대의 시인 헤시오도스(Hesiodos, BC 8세기)의 『일과 나날(Works and days)』이나 로마의 시인 버질(Virgil, BC 70~19년)의 『권농가(Georgics)』와 같은 농부의 일과를 노래한 시는 생산 활동에 대한 지식인의 각별한 관심이었다. 고대 인도에서 한 해의 농사를 시작하는 의미로 왕이 땅에 첫 삽을 꽂았던 춘경식(春耕式)이나, 고대 중국의 왕궁 안에 조그마한 텃밭을 마련해 놓고 왕이 직접 농사를 짓던 적전(籍田)은 생산에 대한 지도층들의 관심을 보여 주는 일면이다. 그러나 노동 예찬이든 생산 시범

이든 이것은 자신이 아닌 다른 이들의 노동에 대한 관심과 격려일 뿐이지 지식인들이 생산 활동에 직접 참여한 것은 아니다.

드러커는 지식인이 노동 활동에 직접 참여한 계기를 바로 테일러의 활동에서 찾는다. 테일러(Frederick W. Taylor, 1856~1915년)는 유복한 가정에서 태어났으나 시력이 좋지 않아 대학을 포기하고 필라델피아에 있는 미드베일(Midvale)이라는 철강 회사에 취직을 한다. 작업 현장에서 그는 자본가와 노동자 사이에 상존하는 심각한 갈등을 겪었고, 결국 해답은 생산성 향상에 있다고 결론을 내린다. 그리고 1881년 자신이 직접 나서 생산성을 향상시키기 위한 구체적인 방법을 연구하기 시작한다.

테일러는 작업에 대한 명확한 분석을 위해 가장 먼저 특정 작업을 실시하는 데 있어서 불필요한 동작을 제거하고 가장 효율적인 최소한의 동작을 정한 다음, 그것을 숙련된 작업자에게 행하게 하여 스톱워치로 표준시간을 측정하였다. 이런 동작 연구(Motion Study)와 시간 연구(Time Study)를 통하여 필요한 동작과 요구되는 시간을 정한 다음, 여기에 필요한 작업 도구와 표준화된 작업 환경을 설정하였다.

이렇게 해서 가장 합리적인 직무수행 방법에 의한 '표준적 작업량'을 결정하였다. 경영자는 이 표준적 작업량을 작업자가 해야 할 '표준'이라 부르고, 작업자는 '과업'이라고 불렀다. 테일러는 작업자가 기준인 표준적 작업량을 초과하여 생산을 할 경우 초과분에 대한 적절한 성과급을 받을 수 있도록 하였다. 이렇게 함으로써 생산성이 향상되면 자연스럽게 회사의 이익은 커지고 동시에 노동자의 임금도 많아진다. 그 결과 자연스럽게 경영자와 노동자 사이의 갈등은 줄어들게 된다. 물론 여기에는 표준업무 수행방법에 따른 교육과 훈련이 지속적으로 뒤따라야 한다.

이런 시간 연구와 동작 연구에서 시작하여 경영자와 노동자의 갈등 해소 단계까지 이르는 일련의 과정은 과거처럼 경험에 의존하지 않고 엄정한 분석과 검증에 의해 체계적인 과정을 밟아 마련되었다. 즉, 생산에 지식을 적용시키는 철저한 과학적 방법을 활용하여 만들어졌다. 사람들은 테일러의 이 새로운 과업 관리 방식을 '과학적 관리법' 이라고 불렀다. 그리고 테일러를 미국 경영이론의 시조로 평가하였다.

테일러의 과학적 관리법으로 시작된 생산성혁명은 경험과 감(感)에 의존해 이루어졌던 기존의 생산방식에 비해 300% 이상의 놀라운 생산성 향상을 가져왔다. 생산성 향상은 기업 소유자들만 부자로 만든 것은 아니었다. 근로자들의 생활 수준도 크게 향상시켰다. 뒤늦게 근대화를 시작하여 오늘날 세계적인 경제 대국으로 우뚝 선 일본이나, 3백만 명의 생명을 앗아간 동족상잔의 비극을 딛고 30여 년 만에 한강의 기적을 만들어 낸 우리나라의 성장 비결도 알고 보면 결국 선진국으로부터 차입해 온 테일러의 과학적 관리법에 의한 생산성혁명 덕이었다. 유럽 선진국과 비해 비교할 수 없을 정도로

짧은 역사를 가진 미국이 제1차 세계대전과 제2차 세계대전에서
큰 역할을 하고 또 승전고를 울릴 수 있었던 것도 결국 근로자 훈련
에 있어서 테일러 방식을 시스템적으로 적용한 덕분이었다. 체계적
인 방식을 통해 수개월의 짧은 시간에 '일류 기술자'를 대량 생산
할 수 있었기 때문이었다.

1880년경부터 시작되어 제2차 세계대전 무렵까지 진행된 생산
성혁명의 본질은 다름 아닌 지식을 작업 자체에 적용하는 것이었
다. 이 작은 시도는 자본주의 국가에 중산층을 대거 양산했고, 자본
주의 사회에서의 생산성 향상과 중산층의 등장은 결국 마르크스가
지적했던 자본주의의 본래적 모순과 노동계층의 소외와 착취를 한
꺼번에 종식시키는 결과를 가져왔다. 그 결과, 20세기 초에 탄생한
자본주의의 반면교사인 공산주의는 결국 한 세기도 채 채우지 못하
고 생산성혁명과 인간에 대한 이해 부족으로 서둘러 역사의 뒷편으
로 사라지고 말았다.

경영혁명

경영하면 사람들은 흔히 현대적인 기업 경영만을 머리에 떠올린
다. 피터 드러커는 경영은 현실에 있어서 역사적으로나, 범위에 있
어서나 일반 사람들의 생각을 훨씬 넘어선다고 지적한다.

세계적인 불가사의로 4천년 전에 건설된 이집트의 피라미드는
수많은 사람들이 오랜 시간을 들여 만들었다. 이런 수천 년의 풍상

에도 끄떡없이 견뎌내는 건축물이라면, 건축 당시 어느 한 사람의 강력한 지도 아래 한치의 오차도 없이 치밀하게 작업이 이루어졌을 것이다. 달에서도 보인다는 인간의 위대한 건축물인 중국의 만리장성 역시 한 인간의 관리에 의해 이루어졌을 것이다. 이런 자원과 인간에 대한 관리가 바로 경영 개념의 시작이다.

역사적인 측면만이 아닌 적용 범위에 있어서도 경영의 폭은 매우 넓다. 이익 실현을 목표로 하는 기업은 물론이고, 자원이 소요되는 모든 비영리 기관(NPO), 비정부 조직(NGO)도 모두 경영 개념을 필요로 한다. 아니 오히려 이익을 추구하지 않는 조직일수록 경영 개념을 더욱 필요로 한다. 그 이유는 어느 조직이나 모두 고유의 목적을 갖는데, 기업은 일반적으로 자신의 목적을 분명하게 인식하고 있는 데 반해, 비기업은 자칫 존재 자체를 목적으로 착각함으로써 자원의 낭비를 초래하는 경우가 많기 때문이다.

즉, 기업은 자신의 고유 목적인 이익실현을 추구하고 투입과 산출을 숫자를 통해 구체적으로 비교해 봄으로써 조직 경영에 대한 평가를 받는다. 하지만 비기업은 가치실현을 추구하고 목적의 속성상 활동 결과를 구체적인 수치로 나타내기가 적절하지 않아 생산성을 나타내지 않거나, 또 나타낼 수 있어도 투입과 산출 비교치를 구체적으로 드러낼 필요가 없다고 생각하는 경우가 많다.

그러나 사회 전체적으로 볼 때 기업과 비기업은 목적만 다를 뿐이지 자원이 똑같이 투입되기 때문에 어떤 조직이든 자원의 효과적인 사회적 배분을 위해 투입된 자원과 산출인 목적 실현의 비교 평가는 반드시 필요하다. 더구나 필요한 자원을 자체 내에서 마련하지 못하고 외부 지원에 의존하는 비기업은 더욱더 투입과 결과를 분명하게 평가해야 하고 그 과정을 관리할 필요가 있다.

따라서 경영이란 고대나 현대, 그리고 영리 조직이나 비영리 조직 모든 영역에서 필요로 하는 개념이다.

역사적으로 오래전부터 존재하던 경영이 하나의 구체적인 역할로 취급되기 시작한 것은 제1차 세계대전 이후이다. 그리고 하나의 원리로 인식되면서 학문적인 차원으로 정리되기 시작한 것은 제2차 세계대전 이후이다. 즉, 수천 년 동안 경영이란 기능이 존재해 왔지만 하나의 원리로써 발견되어 체계화되기 시작한 것은 이제 겨우 수십 년에 불과하다는 이야기이다.

제2차 세계대전 직후 사람들은 경영자를 '부하 직원들의 과업에 책임을 지는 사람'으로 정의하였다. 즉, 지위와 권력을 가진 보스가 바로 경영자의 이미지였다. 그리고 1950년대 초 개념이 바뀌어 '다른 사람의 성과에 대해 책임을 지는 사람'으로 인식되기 시작했다. 이런 일반 경영자에 대한 인식과 달리, 경영학의 역사와 함께해 온 피터 드러커는 경영자를 '지식의 적용과 성과에 책임을 지는 사람'으로 이해하였다.

피터 드러커가 경영자의 의미에 있어서 '지식'을 강조하는 이유는 기존의 토지, 노동, 자본이라는 생산의 3요소보다 훨씬 더 중요한 자원으로 '지식' 이 새로 등장했으며, 지식에 지식을 적용하는 기능인 효과적인 경영 방식만 있으면 다른 기존의 자원을 얻는 것은 그리 어렵지 않게 되었기 때문이다. 피터 드러커의 이런 주장은 지식의 역할 변화에 대한 자신의 인식에서 비롯되었다.

즉, 250년 전에 시작된 지식의 실용화가 마지막 세 번째 단계에 이르자, 지식이 지식 그 자체에 적용하기 시작했으며, 그 구체적인 모습이 바로 경영혁명으로 나타나고 있었다.

18세기 중엽부터 19세기 중엽까지 백 년 동안 전 세계에 영향을 미친 지식의 1차 실용화 단계인 '산업혁명' 과, 1880년대부터 제2차 세계대전이 끝날 때까지 70년 동안 두 번째 지식의 실용 단계인 '생산성혁명' 에 이어, 1945년부터 시작된 '경영혁명' 은 조직에 있어서 '보다 많은 결과를 얻기 위해 지식을 어떻게 적용할 것인가' 를 결정하는 데 필요한 지식을 제공하고 있다.

3차 혁명인 경영혁명에 의해 지식은 어떠한 자원보다도 중요성을 지니게 되었다. 그뿐만 아니라 지식만 있으면 다른 자원을 얻는 것은 그다지 어렵지 않게 되었다. 그 결과 체계적인 지식을 제공해 주는 대학을 졸업하는 것은 중산층이 되기 위한 필수과정으로 인식하게 되었으며, 지식과 지식의 경쟁으로 인해 사회적으로 요구되는 지식의 속성도 여러 분야에 걸쳐 아는 '일반 지식' 이 아닌 특정 분야를 깊이 다루는 '전문 지식' 으로 바뀌고 있다.

세 차례 혁명에서 진행된 지식의 실용화는 세상을 크게 바꾸고 있다. 그중에서 가장 큰 변화는 지식사회의 도래이다. 생산에서 수천 년 동안 대다수를 차지해 온 육체근로를 밀어내고 새로운 생산 주역으로 급속하게 지식근로를 부상시키고 있는 것이다. 이른바 지식사회에 지식근로자가 전면에 등장한 것이다.

지식근로자와 조직

지식사회에서 지식은 다른 어떤 자원보다도 중요한 역할을 한다. 그러나 현재의 지식사회에서 말하는 지식은 기존의 지식과는 다른 의미를 지닌다. 동서양을 막론하고 오래전부터 일반적으로 인식해 오던 인간의 내적 성장을 위한 지식을 의미하지 않는 것은 물론, 같은 생산현장에 적용되는 지식이라 할지라도 아이디어나 상식 수준의 일반적인 지식과는 전혀 다르다. 현재 지식사회의 지식은 특정 분야에 있어서 체계적이면서 깊이 있는 전문적인 지식을 의미한다. 지식이 중요한 역할을 하는 지식사회에서 상식적이고 일반적인 지식은 사람들이 원하는 특별한 가치를 더 이상 만들어 내지 못한다.

이런 전문적인 지식의 특징은 특정 좁은 분야에 대해서는 완벽하게 알고 있으나, 독자적으로는 가치를 창출해 내지 못한다는 한계가 있다. 다른 여러 전문지식과 함께 연결될 때 비로소 큰 가치를 창출하게 된다.

따라서 지식사회에서 전문지식을 가진 전문가가 사회적 가치를 생산해 내기 위해서는 이런 전문지식들을 통합관리하는 특정 조직에 소속되지 않으면 안 된다.

조직의 입장에서도 전문지식을 갖춘 전문가를 필요로 한다. 생산의 3요소(토지, 노동, 자본) 중 토지와 자본은 사업성만 있으면 그리 어렵지 않게 마련할 수가 있다. 금융 기능이 고도로 발달하여 좋은 투자처를 찾고 있는 자금이 항상 대기하고 있기 때문이다. 노동에 있어서도 단순한 육체근로는 항상 공급이 수요를 초과하고 있다. 그러나 전문지식을 갖춘 전문가는 많지 않다. 따라서 기업은 항상 전문가 확보에 목말라 있을 수밖에 없다.

갈수록 기술 경쟁이 치열해져 가는 상황 속에서 특정 분야의 최고 전문가 한 명이 수만 명을 먹여 살린다는 말은 특정 기업의 캐치프레이즈가 아닌 현실이다. 따라서 기업은 전문성을 갖춘 인재 확보에 모든 노력을 기울이고 있다. 따라서 지식사회에서 조직과 지식근로자는 서로를 필요로 한다.

피터 드러커는 지식사회에서 지식근로자와 상호 필요 관계인 조직의 특성을 다음과 같이 설명하고 있다.

첫 번째, 조직은 변화를 추구하는 존재이다. 오스트리아의 재무장관과 하버드대학의 교수를 지낸 슘페터(Joseph A. Schumpeter, 1883~1950년)는 자본주의 발전의 원동력으로 '창조적 파괴'를 주장했다. 끊임없는 균형의 파괴만이 혁신과 발전을 가져온다는 주장이다. 그의 주장은 지금까지 자본주의의 발전을 통해 그 정당성이 훌륭하게 입증되어 왔다. 그런데 지식사회는 기존에 비해 이런 창조적 파괴에 의한 변화가 더 심해진다. 지식이 생산에 적용되고 지식이 지식에 적용되면서 기술의 발전에 가속도가 붙고 있는 것이다.

따라서 변화는 조직의 중요한 특성으로 자리 잡게 되며, 조직의 성장은 자연스럽게 안정을 추구하는 개인 또는 공동체와의 사이에서 갈등을 일으키고, 그 과정에서 사회적 긴장은 더 높아질 수밖에 없다. 새로운 통신 기술과 인간 학습에 대한 새로운 이론과 같은 요소들은 이 변화에 박차를 가한다. 지식근로자는 이런 변화 속도에 맞추어 4~5년 단위로 새로운 지식을 습득하지 않으면 안 된다. 대학에서 컴퓨터를 전공했더라도 그 분야에 4~5년만 종사하지 않으면 그 사람은 곧바로 컴맹이 되고 만다. 따라서 조직은 변화 관리를 조직 활동의 중요한 부분으로 취급해야 하며, 자원의 효과적인 사용을 위해 무엇을 새롭게 시도할 것인가를 결정하기 전에 무엇을 먼저 폐기할 것인가를 끊임없이 질문하지 않으면 안 된다.

두 번째, 조직의 지속적인 발전을 위해 창조를 위한 체계적인 관행을 갖추어야 한다. 먼저 지금 하고 있는 일이나 방법에 있어서 개선할 부분이 없는지 끊임없이 질문해야 한다. 개선은 적은 비용과 짧은 시간을 들여 제품과 서비스를 향상시켜 경쟁 제품과 차별화를 시도할 수 있는 현명한 방법이다. 또한 조직은 항상 다른 지식을 자신에게 활용하는 방법을 배워야 한다. 이미 성공을 거둔 어떤 지식을 응용하여 새로운 제품을 만들어 내는 방법을 배워야 한다. 아울러 조직을 체계적이고 조직적으로 혁신해 나가는 방법을 배워야 한다.

세 번째, 조직의 자율성을 유지해야 한다. 변화에 신속하게 대응하기 위해서는 의사 결정을 신속하게 할 수 있도록 조직의 분권화를 시도해야 한다. 분권화가 되어 있을 때 의사 결정자는 성과, 시장, 기술에 밀착하여 가장 적절한 의사 결정을 현장에서 곧바로 할 수 있다. 또한 조직의 목적과 다른 가치가 부딪힐 때에는 조직의 목적을 우선해서 의사 결정을 해야 한다. 지역사회와의 갈등과 수익 실현에 있어서 여러 가지 방해 요소와 같은 문제들을 해결하는 데 있어서 항상 조직의 목적이 무엇인지를 생각해야 한다.

네 번째, 조직의 사회적 책임이다. 기업 조직이 경제적 성과를 내는 것은 기업의 1차적 책임이자, 지극히 당연한 고유 목적의 실현이다. 기업의 사회적 책임은 당연한 1차 책임을 완수하고 난 다음의 일이다. 그러나 기업이 이익 창출 외에 사회적 책임을 지는 것은 단순한 자비심에서 비롯되는 것이 아니다. 그것은 바로 영향력과 책임과의 균형을 이루기 위한 것이다. 기업은 자신이 원하든 원하지 않든 기업 고유의 활동과 관련된 범위를 벗어나서까지 영향력을 갖게 된다. 이런 영향력에 대해서 기업은 응당 책임을 져야 한다. 사회적 영향력에 걸맞는 책임을 다하지 않으면 결국 그 영향력은 독재가 되기 때문이다. 종업원, 환경, 고객, 그리고 그 밖에 관련된 모든 사람과 사회에 자신이 미치는 영향에 대해 최대한 책임을 져야 한다. 그것이 기업 조직의 사회적 책임이다.

다섯 번째, 조직은 높은 성과를 달성하기 위해 목적과 사명을 명확하게 해야 한다. 목적과 사명이 명확할 때 사람들의 힘을 한곳으로 모을 수 있고 성과도 높아진다. 따라서 현대의 조직은 성과를 높이기 위해 목적과 사명을 분명하게 하면서 전문적인 지식을 갖춘 근로자들을 그 목적과 사명으로 한데 묶어야 한다.

마지막 여섯 번째로, 조직은 가장 소중한 자산이 지식근로자라는 것을 잊어서는 안 된다. 조직과 지식근로자는 상호의존적이며, 지식근로자는 조직과의 계약에 있어서 높은 독립성을 유지하고 있으며 이동성도 높다. 따라서 조직은 우수한 인적 자원을 얻기 위해 자신을 외부에 알려 좋은 인재들을 확보해야 한다. 그리고 그들의 능력을 인정하고 그에 대한 적절한 보상을 해야 하며 열심히 일할 수 있도록 동기 부여를 해 주어야 한다. 물론 지식근로자 입장에서도 기업들이 자신을 필요로 할 수 있도록 경쟁력 있는 전문성을 갖추어야 한다. 아울러 시장의 변화에 항상 촉각을 곤두세우고 있어야 한다.

피터 드러커는 지식사회에 있어 조직의 모습을 위와 같이 설명하면서, 다원화된 사회 속에서 모든 조직들이 자신의 사명과 과제에 충실한 것이 무엇보다 중요하다고 강조한다. 각각의 조직들이 자신의 목적에 충실하고, 그 목적을 성실하게 실현해 나갈 때 사회는 자원의 효과적인 배분은 물론 균형적인 발전도 꾀할 수 있기 때문이다.

육체근로자와 지식근로자의 역할 차이

육체근로에 대한 테일러의 역할

20세기와 21세기는 세기만 다른 것이 아니라 인간의 생산 활동 방식에 있어서도 큰 차이를 보인다. 20세기가 육체근로자의 생산성을 괄목할 정도로 향상(50배)시키는 백 년이었다면, 21세기는 지식근로자의 생산성을 크게 향상시킬 것이다. 또 20세기 내내 기업들이 기계 설비와 같은 생산 시설을 가장 중요한 자산으로 꼽았다면, 21세기에는 기업이나 비기업 모두 지식근로자와 지식근로자가 가지고 있는 생산성을 가장 중요시한다.

본격적으로 전개될 21세기의 지식사회가 20세기 못지않은 생산성 향상을 가져올 것인지에 대해서는 어느 누구도 장담할 수 없다. 다만 현대인은 21세기 동안 더 높은 생산성 향상을 이루기 위해 방법을 모색하고 노력을 지속할 따름이다.

따라서 이 시점에서 지난 백 년 동안 생산력 향상의 단초를 제공했던 테일러의 여러 가지 시도와 그 결과들을 알아보는 것은 새로운 21세기의 도약을 위한 출발점이라고 할 수 있다.

피터 드러커는 지식인 최초로 생산 활동에 직접 종사하면서 작업에 지식을 적용시킨 인물이 바로 테일러라고 주장한다. 테일러가 태어난 1856년 무렵, 18세기부터 시작된 산업혁명은 이미 상당한 진전을 보이고 있었다. 증기기관의 등장과 함께 시작된 산업혁명은 생산을 위한 새로운 도구, 새로운 방법, 새로운 기술로 사회 전체적으로 많은 변화를 가져왔다. 그러나 노동 자체, 즉 육체근로자의 생산성에는 거의 아무런 변화도 가져오지 않았다. 노동의 생산성을 높이기 위해서는 더 많은 시간을 들여 노동을 하거나, 아니면 같은 시간에 더 부지런히 움직이는 방법밖에는 없었다. 또한 이 시기는 자본주의가 제 모습을 갖추어 가면서 많은 사람들이 자본주의의 '시장 원리'를 종교처럼 신성시하기도 했다.

1845년부터 3년에 걸쳐 아일랜드에 대기근이 발생했을 때, 구호 양곡을 지급하는 것이 자본주의의 시장원리와 자연법칙에 위배된다고 해서 농민들이 굶주림으로 죽어가는 것을 두 눈으로 뻔히 보면서도 아무런 조치도 취하지 않았던 야만적인 자본주의 시대가 바로 이 시기였다. 철저하게 시장 원리를 준수하는 상황에서 프롤레타리아들은 시간이 지날수록 점점 더 빈곤해질 수밖에 없었고, 자본가와 프롤레타리아의 갈등의 골은 더욱 깊어질 수밖에 없었다.

이런 시대적 분위기 속에서 직장 생활을 시작한 테일러는 동작 연구와 시간 연구를 통해 표준적 작업량을 만들고 그에 따른 노동 도구의 개선을 시도하였다. 테일러는 자신의 새로운 작업 방법을 '과업 관리(Task Management)'라고 부르다가 20년 뒤에는 '과학적 관리(Scientific Management)'라는 이름으로 바꾸어 불렀다. 그로부터 20여 년이 지난 제1차 세계대전이 끝날 무렵, 미국과 일본에서는 테일러의 과학적 관리법을 '산업 공학(Industrial Engineering)'이라는 다소 폭넓은 학문적인 용어로 불렀고, 독일에서는 보다 현장감을 느끼게 하는 실질적인 의미의 '합리화(Rationalization)'라는 이름으로 불렀다. 그러나 테일러의 객관적인 분석을 바탕으로 시도한 과학적 관리법이 성과를 바로 보여 주었다고 해서 사람들에게 곧바로 인정을 받은 것은 아니다.

과학적 관리법이 뛰어난 관리 방법으로 증명되기까지는 무려 20년의 세월이 걸렸다. 테일러는 기존에 많은 사람들이 칭송해 왔던 육체근로에 '숙련'이라는 것이 기본적으로 존재하지 않는다는 것을 증명했다. 그리고 육체근로는 단순한 몇 가지의 동작으로 나누어질 뿐이며, 이 단순한 동작을 연결하여 반복함으로써 생산이 이루어진다는 것을 연구를 통해 보여 주었다.

테일러의 현장에 바탕을 둔 연구 결과, 숙련과는 아무 관련 없는 이 단순한 동작에 지식을 적용하여 합리적으로 조직하는 것만으로 기존에 최고의 숙련공이 생산해 냈던 작업량보다 훨씬 더 많은 양의 제품을 생산하게 되었다. 과학적 관리법을 통한 육체근로자의 생산성 원칙은 다음과 같이 5단계로 이루어진다.

- 작업을 자세히 검토하여 그 구성 동작들을 분석한다.
- 동작을 기록하고, 작업에 소요되는 노력과 시간을 기록하고 필요 없는 동작들을 제거한다.
- 제품을 만드는 데 필수적인 동작들을 가장 단순한 방법으로, 가장 짧은 시간을 요구하는 방법으로 조정한다.
- 필요 행동들을 다시 논리적인 연속의 형태로 '직무'를 만든다.
- 바뀐 '직무'에 적합한 도구들을 다시 설계한다.

테일러의 노력은 노동조합이나 지식인 양쪽으로부터 공격을 받았다. 당시 모든 노동조합은 직업별 노조로 고도로 숙련된 기술을 가지고 있는 노동자들로 이루어져 있어 노동 독점을 누리고 있었다. 따라서 테일러의 과학적 관리법은 숙련을 무의미하게 만들어 노동 독점을 파괴하기 때문에 노동조합은 당연히 테일러를 적대시할 수밖에 없었다. 지식인들 역시 노동을 단순한 동작의 연속으로 바꾸어 버린 테일러를 환영할 수 없었다. 테일러가 이야기한 무의미하고 단순한 반복행동으로 이루어진 노동은 그때까지 가지고 있던 노동에 대한 낭만적인 이미지를 완전히 없애 버리는 결과를 가져왔기 때문이었다.

　그러나 테일러의 생각에 대한 찬반에 상관없이 과학적 관리법은 공장 현장은 물론 사회 전체, 나아가 역사의 흐름까지 바꾸어 버리는 결과를 가져 왔다.

　헨리포드(Henny Ford, 1863~1947년)의 자동차 조립 공정은 테일러의 과업 분석 원칙이 산업 공학으로 확장되면서 가져온 쾌거였고, W. 에드워드 데밍(W. Edward Deming, 1900~1993년)의 전사적 품질관리(TQM) 역시 테일러의 직무 분석으로부터 시작된 기법이었다. 데밍은 테일러가 죽은 후 1940년경에 새로 개발된 통계 이론에 기초한 품질관리(QC)의 개념을 만들어 냈다.

　드러커는 과학적 관리법이 세계적으로 영향력을 끼친 일종의 미국 철학이라고 주장한다. 그러면서 20세기에 테일러 철학과 다툴 수 있는 유일한 철학은 마르크시즘 정도가 있을 뿐이라고 말했다.

　제2차 세계대전에서 미국이 승리하게 된 것도 결국은 과학적 관리법에 의한 생산성 경쟁에서의 우위 확보 때문이었다. 한국을 비롯한 일본, 대만, 싱가포르와 같은 후발 자본주의 국가들이 서구 선진국을 따라잡은 것도 결국 이 테일러의 과학적 관리법 덕분이라고 할 수 있다. 후발국들이 과학적 관리법을 도입해 높은 생산성을 유지하면서 종업원에 대한 임금은 기존 그대로 지급함으로써 발생한 원가 경쟁력은 외화 유입으로 그대로 연결되었다. 10년 이상 지속된 이런 현상은 후발국들로 하여금 투자 자본을 축적할 수 있게 하였고, 이는 경제 발전으로 확대되었다.

이 정도 영향력이라면 드러커의 말대로 테일러의 과학적 관리법은 단순한 관리 기술이 아닌 일종의 철학이요, 사상이라고 할 수 있다. 그러나 테일러의 과학적 관리법은 '제조 기업'의 육체 작업을 위해서 디자인된 것으로 지식사회에까지 유용한 방식은 아니었다. 지식사회의 생산성에 대해서는 다음 차례에서 알아본다.

지식근로자의 생산성 향상

| 육체근로자와 지식근로자의 생산성 의미의 차이

피터 드러커에 의하면 폭발적인 생산성 증가의 주된 원동력은 다름 아닌 '보다 현명하게 일하기'를 끊임없이 작업에 적용하는 것이다. 작업 연구, 과학적 관리법, 산업 공학, 능률 공학 또는 인간관계론 등 다양한 이름이 사용되지만, 그 어떤 경우에서든 생산성 증가를 가져오는 핵심은 '보다 현명하게 일하기'였다. 선진국들은 육체근로자의 갑작스런 비중 감소와 함께 이미 수십 년 전에 생산성혁명이 종료되고, 우리나라와 같은 후발국은 30여 년에 걸쳐 숨가쁘게 달려와 이제 생산성혁명이 어느 정도 마무리되어 가고 있는 중이다. 선진국이든 후발국이든 이런 생산성혁명의 근저에는 다름 아닌 '보다 현명하게 일하기'에 대한 지속적인 질문이 있었다. '보다 현명하게 일하기'는 육체근로나 지식근로 양쪽에 모두 필요하다.

그러나 그 중요성이나 의미는 조금씩 다르다. 물건을 생산하고 운반하는 육체근로의 생산성을 향상시키는 데 있어서 '보다 현명하게 일하기'는 여러 가지 해결 방법 중에 하나라고 할 수 있다. 그러나 지식근로의 생산성 향상에 있어서 이것은 유일한 방법이다. 왜냐하면 육체근로는 기본적으로 물리적인 활동이므로 도구 등 외부의 물리적인 도움을 얻어 생산성을 향상시킬 수 있고, 성과의 형태가 양으로 나타나기 때문에 더 빠른 속도로 보다 많은 시간을 움직이면 더 많은 성과를 가져올 수도 있지만, 지식근로는 창의성이나 합리성, 그리고 기본지식을 활용하며, 성과도 양보다는 질로 나타나기 때문에 지식을 활용하고 창의력을 발휘하여 '보다 현명하게 일하기'를 하지 않으면 안 된다.

또한 육체근로는 노동의 목적이나 예상 결과가 구체적으로 드러나고 양의 형식으로 정해져 있기 때문에 더 많이, 더 빨리, 더 정확하게 생산하기 위해서는 어떻게 해야 할 것인가가 핵심 과제이다. 지식근로는 대부분 그 노동의 성과가 질의 형태로 되어 있으며 지식근로자 간에 역할 구분만 되어 있을 뿐이다.

따라서 그 구분된 역할 속에서 구체적으로 '무엇을 할 것인가?'와 '왜 그것을 해야 하는가?'가 핵심 질문이 된다. 이런 핵심 질문부터 시작하여 자기 책임하에 재량을 가지고 일을 추진하는 지식근로자는 정확한 방향을 잡고 높은 품질의 지식 생산물을 지속적으로 생산해 낼 수 있다. 예를 들어 간호사가 자신이 '무엇을 할 것인지?', '왜 그것을 해야 하는지?' 하는 질문을 끊임없이 하지 않으면 자칫 온갖 잡무를 다 처리해야 하는 역할을 하기 쉽다. 대학교수도 마찬가지로 이런 근본적인 질문을 스스로에게 하지 않으면 자기도 모르는 사이에 자신이 교수가 아닌 행정관리자로 바뀌어 있는 것을 발견하게 될 것이다.

| 지식근로의 세 가지 범주

육체근로의 생산성 향상은 과업 내용의 분석에서 시작된다. 과업을 분석함으로써 얻게 되는 첫 번째 효과는 하지 않아도 될 내용으로 어떤 것이 있는지를 분명하게 알게 되는 것이다. 이런 불필요한 요소들을 단순히 제거하는 간단한 과정만 거쳐도 기존에 비해 생산성이 훨씬 더 높아진다. 지식근로의 생산성 향상도 마찬가지로 현재 하고 있는 작업에 대한 검토에서 시작된다. '무엇을 할 것인가?', '왜 그것을 해야 하는가?' 라는 근본적인 질문에 대한 검토를 통해 필요하지 않은 요소들을 하나하나 제거해 나가는 작업이 지식근로에서 요구되는 과정이다.

그러나 지식근로는 육체근로와 달리 그 전에 거쳐야 할 단계가 있다. 지식근로가 얻고자 하는 결과에 대한 속성을 구분하는 작업이다. 바로 해당 지식근로의 구체적인 성과가 '질' 로만 나타나는지, '질' 과 '양' 의 두 속성을 함께 가진 모습으로 나타나는지 아니면 '양'의 모습으로만 나타나는지 먼저 판단해야 한다.

예를 들어 신약개발을 연구하는 일의 결과는 '질'로만 나타난다. 단기간에 결과가 나오더라도 효능이 없는 수십 종의 약을 개발하는 것은 아무런 의미가 없다. 5년이 걸리고 10년이 걸리더라도 세계적으로 획기적인 약을 개발하는 것이 신약개발의 진정한 목표이다. 백화점 판매 사원의 근로는 '질'과 '양' 두 요소가 함께 나타나는 경우라고 볼 수 있다. 현재 단순히 상품을 잘 파는 것만으로는 성과를 판단할 수 없다. 손님이 지속적으로 찾아올 수 있도록 고객을 만족시켜야 한다. 그러나 언제까지나 고객 만족에만 매달릴 수는 없다. 물건을 팔아야 한다. 따라서 백화점 판매사원은 고객 만족이라는 '질'적인 부분과 판매 실현이라는 '양'적인 부분을 동시에 달성하지 않으면 제대로 성과를 냈다고 평가받을 수 없다. 엔지니어의 경우에는 지식근로의 내용이 '양'으로만 나타난다. 전문지식을 활용하여 기계를 몇 대 만들고 고쳤는지 수량의 형태로 나타난다.

이때 동반되는 '질'의 상태는 이미 적정 범위가 정해져 있다. 즉, 어느 수준 이상으로 좋아질 수는 없고 또 일정 수준 이하로 내려가서는 안 된다. 따라서 지식근로자가 어느 정도의 훈련 과정을 거쳐 전문성을 갖추면 모두 비슷한 수준의 '질'을 만들어 낼 수 있다. 즉, '질'은 지속적으로 노력을 하여 끝없이 높여가야 할 성격이 아닌 준수해야 할 일반적인 제약 조건이다.

같은 지식근로이지만 근로의 결과가 이 세 가지 범주 중 어디에 해당하느냐에 따라 핵심 질문은 조금씩 달라진다. 첫 번째, '질'로만 성과가 타나날 경우는 '무엇이 효과를 발휘하는가?'라는 질문이 중요하다. 두 번째, '질'과 '양' 두 요소가 함께 나타나는 성과의 작업일 경우에는 작업 과정의 단계별, 활동별 분석과 함께 '무엇이 효과를 발휘하는가?'를 물어보아야 한다. 그리고 세 번째, '양'으로만 평가되는 작업에 있어서는 먼저 '질'의 기준을 정하고 난 다음, 작업 과정의 분석을 통해 생산성 향상을 꾀할 수 있다.

이 세 가지 기준이 적용되는 지식근로에 대한 검토 작업은 지속적으로 실시되어야 한다. 최소한 3~5년을 주기로 검토하는 것이 좋으며, 직무나 조직이 변경되었을 때에는 주기와 상관없이 반드시 실시해야 한다. 이런 지속적인 검토 과정에서 조직이 진정으로 '해야 할 일'이 어떤 것인지를 알 수 있고, 그리고 '분석해야 할 일', '개선해야 할 일', 또 '변화시켜야 할 일'은 무엇인지도 결정할 수 있다.

| 지식근로자의 특성

지식근로는 육체근로에 비해 여러 가지 다른 특성을 지닌다.

첫 번째, 모든 지식근로자는 경영자이다. 지식근로자는 자신이 맡은 분야에 있어서는 다른 어떤 사람들보다 많이 알고 있고 또 정확히 알고 있는 전문가이다. 또한 다른 지식근로자나 육체근로자를 위해 시간을 할애해야 하는 경우가 많다. 따라서 최고 전문가인 지식근로자는 해당 부분에 대해서 스스로 의사 결정을 내려야 한다. 이때 지식근로자가 내리는 의사 결정은 최고경영자가 내리는 의사 결정과 속성상 동일하다. 해당 사안과 관련된 모든 상황을 종합적으로 고려한 다음 가장 적절한 결정을 내려야 하기 때문이다. 따라서 지식근로자는 기본적으로 최고경영자와 같은 일을 하고 있기 때문에 언제나 올바른 의사 결정을 할 수 있도록 자신의 판단 능력을 키워 나가야 한다.

두 번째, 지식근로자는 생각할 시간을 충분히 확보해야 한다. 적극적이고 주도적으로 자신의 일정을 관리하지 못하면 일상 업무에만 쫓기게 될 가능성이 크기 때문이다. 지식근로자의 역할은 몸을 바쁘게 움직이는 것이 아니고 뇌를 바쁘게 움직이는 것이다. 바른 방향을 찾아내고 적절한 아이디어를 생각할 수 있는 시간을 별도로 확보하지 않으면 안 된다. 지식근로자의 생각을 통해서 만들어진 아이디어는 몸을 직접 움직이면서 일을 하는 사람들에게 제공되어 구체적으로 가치를 창출하게 된다.

세 번째, 지식근로자가 하는 일에 대해서 상위 관리자는 일일이 세세한 부분까지 감독을 할 수가 없다. 상위 관리자가 지식근로자를 위해 할 일이 있다면 그들에게 도움을 주는 일뿐이다. 따라서 지식근로자는 항상 목표 달성에 초점을 맞추어 무엇을 해야 할 것인가를 스스로 결정해야 한다.

네 번째, 지식근로자는 자신이 스스로 통제하기 어려운 네 가지 중요한 경우에 대해서 분명하게 인식을 하고 있어야 한다.

① 다른 지식근로자나 육체근로자를 위해 시간을 할애해야 할 경우가 많다.

② 적극적이고 주도적으로 자신의 일정을 관리하지 못하면 일상 업무에만 쫓기게 될 가능성이 크다.

③ 지식근로자는 조직 내에서 일을 할 때 가장 효과적이다.

④ 지식근로자는 조직 내부에서만 역할을 하기 때문에 조직 외부에서 발생하는 일에 대해서는 잘 알지 못할 우려가 있기 때문이다. 조직 내부는 비용이 발생되는 곳이다. 모든 성과나 결과는 조직 외부에서 확인할 수 있다. 따라서 조직이 비대해지면 지식근로자는 조직 외부 상황에 대한 인식 부족으로 자칫 자신의 본래 임무와 진정한 목표를 놓쳐 버릴 가능성이 있다. 조직 외부에서만 확인할 수 있는 조직의 목적이나 성과를 올바르게 지각하기 위해서는 지식근로자의 의식적인 노력이 필요하다.

다섯 번째, 지식근로에 있어 어떤 성향의 사람들이 성과를 더 잘 올리는지에 대해 지금까지 확인된 바가 없다. 지식근로자로서 큰 성과를 올린 사람들을 살펴보면 그 특성이 모두 제각각이다. 심지어는 완전히 반대인 경우도 있다. 굳이 성공한 사람들의 공통점을 찾는다면 자신의 능력과 존재를 성과로 연결시키기 위해 끊임없이 노력하는 습관적인 실천 능력과 항상 목표에 노력의 초점을 맞추는 능력 정도밖에 없다. 공헌할 목표에 초점을 맞추는 능력은 자신의 전문 분야와 기술 또는 자신의 부서에 한정되어 있던 관심을 조직 전체의 성과에 대한 관심으로 넓혀 가는 것이기 때문에 성공 확률이 높아지는 것은 지극히 당연한 이야기라고 할 수 있다.

마지막 여섯 번째로, 지식근로자는 아이디어, 정보, 개념과 같은 것을 만들어 내는 역할을 하기 때문에 전문가인 지식근로자의 생산물은 다른 전문가의 생산물과 연결이 되었을 때 비로소 성과를 낼 수 있다. 따라서 지식근로자는 자신이 만들어 낸 단편적인 결과를 '누가 어떤 목적으로 이용할 수 있을 것인가?' 를 항상 생각해야 한다.

전문가 집단인 지식근로자들 간에는 상호 필요한 사항을 제공하고 제공받기 위해 사람 관계를 공헌에 초점을 맞출 필요가 있다. 그렇게 함으로써 생산성에 있어서 엄청난 시너지 효과를 기대할 수 있다. 특정 목적을 달성하기 위해 존재하는 조직에서 우호적이고 따뜻한 인간관계만을 유지하고 그 인간관계로부터 아무것도 만들어 내지 못한다면 동료들 간의 좋은 감정이나 주고받는 유머는 아무런 의미가 없다. 그냥 서로 간에 불편한 느낌을 속이고 있거나 아무런 생각도 없는 경우에 해당될 뿐이다.

지식인 또는 지식근로자의 사회적 책임

지식의 세계는 끊임없이 진화하고 있다. 이러한 변화에 상응하여 대학에서는 지속적으로 새로운 학부, 새로운 학과가 생겨나고 기존에 있었던 학부나 학과 중 일부는 사라지고 있다. 한 세기 전만 해도 생화학, 유전공학 같은 학과는 존재하지 않았다. 그러나 지금은 많은 학생들이 몰리는 인기 학과 중 하나가 바로 이같은 학과들이다. 그런가하면 신학이나 철학 등 가장 오랜 역사를 갖고 있는 학문에 대한 관심은 시간이 지날수록 시들해져 가고 있다. 변화의 기준은 다름 아닌 생산성 향상과 실질성이다. 생산성 향상과 실생활에 도움이 되면 살아 남고 그렇지 못하면 자취를 감추게 된다.

그뿐만이 아니다. 학과 사이의 경계도 바뀌고 있다. 생물학과 심리학을 나누는 경계선이 불분명해져 가고 있으며, 경제학과 행정학, 사회학과 행동 과학, 논리학과 수학, 통계학과 언어학 사이의 경계도 모호해지고 있다. 이런 변화는 추구해야 할 지식의 영역을 특정 주제별로 체계화했던 과거의 학문 구분 방식이 이제는 응용 영역별로 구분하는 방식으로 바뀌는 과정에서 발생하는 현상들이다. 이러한 현상은 스스로가 목적 자체였던 지식이 철저히 수단으로 바뀌어 가고 있다는 것을 의미한다. 따라서 지식인의 역할은 지식 자체를 위한 지식이 아니라, 사회 발전의 원동력으로 작용할 수 있는 필요 지식을 발견하고 조합하는 연구에 노력을 기울이는 쪽으로 가고 있다.

지식이 오늘날 사회의 중요 핵심 자원으로 등장함으로써 지식의 전수 역할을 하는 대학은 기존의 교육과 연구라는 두 가지 중요한 전통적 기능에 사회에 대한 공헌이라는 세 번째 중요한 기능을 추가하게 되었다. 대학이 지식을 구체적인 실천으로 전환하고 그 성과물을 사회에 제공하지 않으면 안 되게 되었다. 대학은 이런 추가된 기능을 매끄럽게 수행해 나가기 위해 기존의 전문 분야에 의해 구성된 학부를 응용 분야가 요구하는 내용에 따라 재편성할 필요를 느끼고 있다. 그렇게 변화하지 않으면 '왜 학교는 사회적으로나 개인적으로 중요한 문제는 다루지 않고 필요 없는 정보들만 앵무새처럼 떠들고 있는 것일까?' 라는 질문이 끊이지 않게 된다.

우리는 도구를 직접 사용해 봄으로써 그 도구에 대해 가장 잘 알 수가 있다. 아니 가장 잘 아는 정도가 아니라 그렇게 하는 것이 도구의 사용법을 제대로 알 수 있는 유일한 길이다. 따라서 대학 교수는 자신이 전문으로 하는 분야에서 깊은 연구를 하고, 또 그 연구 결과를 가지고 구체적인 성과를 만들어 내고 적용 방법까지 강구해야 한다. 그리고 그 적용 방법을 학생들에게 가르쳐야 한다. 더 나아가서는 자신의 연구와 작업의 결과물을 다른 전문 분야의 지식·기능과 통합하여 사회에서 효과적으로 적용할 수 있어야 한다.

지식 탐구의 우선순위 역시 시대에 따라 변하게 마련이다. 오늘날에는 자연과학보다 경제학, 정치학, 심리학, 사회학과 같은 인간의 행동과 정치에 관련된 과학에 자원과 시간을 많이 투자할 필요가 있다. 그 이유는 자연과학이 연구 대상으로 하는 자연은 그대로 있지만, 사회학이나 정치학의 연구 대상인 사회와 정치의 세계는 시시각각으로 그 모습이 바뀌고 있기 때문이다.

지식인은 오랜 역사에서 권력의 주인공이 되어 본 적이 없다. 기껏해야 권력의 하수인 역할을 했을 뿐이다. '펜은 칼보다 강하다.'라는 말을 현실적으로 '지식은 아편이다.'라는 말로 대체해도 큰 무리가 없을 정도였다. 그러나 지식사회가 도래하면서 지식인의 권력은 급격하게 강화되기 시작했다. 지식이라는 중요한 자원을 소유함으로써 높은 대가를 받으면서 사회적인 영향력을 높이고 있다. 그런데 문제는 지식사회를 살고 있는 지식인들이 자신들의 늘어나는 영향력과 부에 어울리는 책임을 지려고 하지 않는다는 점이다. 또한 그들은 오랫동안 권력의 외부에서 소외되어 있으면서 자신은 보호받아야 할 존재이며, 아무런 책임 없이 사회에 대한 평가만 해도 되는 존재라는 낡은 생각을 여전히 하고 있다. 권력과 부에는 언제나 책임이 따른다. 책임을 동반하지 않는 권력과 부는 폭력이다. 지식인들은 권력에는 책임이 따른다는 것을 공감하지 않으면 안 된다. 지식에 의해 획득된 권력은 책임이 동반될 때만 정당할 수 있다는 것을 깨달아야 한다. 지식인들이 자신이 가지고 있는 영향력과 부에 어울리는 책임을 기꺼이 받아들일 때 비로소 자신의 지식적 판단에 대한 발언을 계속해서 할 수 있다.

또한 지식인들은 윤리적이어야 한다. 권력을 수반하고 사람들과의 이해관계 속에 있는 지식인들이 윤리적이지 않으면 사회적 자원은 낭비되고, 심한 경우 사회에 재앙을 가져올 수도 있다. 윤리가 바탕이 되지 않은 지식근로의 높은 생산성은 방향을 잃고 빠른 속도로 추락하는 비행기와 같다. 일의 속성상 자율성이 높은 지식근로자에게 요구되는 윤리와 관련된 사항이 법이나 사회적 강제를 동원해야 할 단계까지 간다면 이미 지식근로자가 저질러 놓은 부정적 결과물들은 대부분 회복 불가능하거나 회복되더라도 한 사람이 감당할 수 없는 많은 비용을 요구하는 상태가 될 것이다.

앞으로 다가올 미래사회는 지식근로자들의 손에 달려 있다. 노동의 속성이 기능에서 지식으로 바뀌면서 지식의 역할이 커졌기 때문이다. 지식근로자들이 그들의 커진 역할에 대해 새롭게 주어진 책임을 어떻게 받아들이고 어떻게 행동으로 옮겨 나가느냐에 따라 미래사회의 건강 정도가 결정된다. 지식근로자에게 주어진 기회만큼 주어진 책임도 무거워진 것이다.

지식사회와 한국의 과제

20세기 경영학의 구루(Guru) 피터 드러커는 생전에 기회가 있을 때마다 한국에 대한 관심과 애정을 드러냈다. 그렇게 관심과 애정을 드러냈던 가장 큰 이유는 다름 아닌 한국의 경이로운 경제 발전 때문이다.

드러커가 강조했던 지식의 실용화 두 번째 혁명 단계인 생산성 혁명을 세계에서 가장 짧은 기간에 가장 모범적으로 이룩한 나라가 바로 우리나라이다. 또한 그 다음 단계인 경영혁명과 지식사회로의 이전에 있어서도 다른 어느 나라보다 빠른 속도로 진행되고 있다.

근대화 과정에서 적절하게 대처하지 못하여 36년간의 주권 상실과 동족상잔의 비극을 겪은 우리나라는 1960년대에 들어서야 국가의 에너지를 한곳에 모아 경제 발전에 돌입한다. 62년부터 시작된

'경제개발 5개년 계획'은 1982년부터 사회 변화에 따라 '경제사회 발전 5개년 계획'으로 바뀌어 1996년까지 7차에 걸쳐서 진행되었다. 30년 이상 진행된 체계적인 생산성혁명 과정에서 국가의 모습은 크게 달라졌다. 농업국가에서 산업국가로, 다시 산업국가에서 첨단 지식을 바탕으로 하는 지식사회로 크게 변모해 왔다. 국내 총생산이나 교역량 기준으로는 세계 10위에 육박하는 경제대국으로 성장을 했다. 제2차 세계대전 이후 산업화를 시작한 국가 중에서는 경제적으로 가장 모범적인 국가일 뿐만 아니라, 최근 들어서는 인권문제나 민주화에 있어서도 크게 개선되어 가는 모습을 보이고 있다.

짧은 시간에 우리나라가 이렇게 세계적인 경제국가로 발전하는 데 가장 중요한 원동력으로 작용했던 것은 다름 아닌 교육이었다. 대한민국의 모든 가정이 거의 총력전을 벌이는 듯한 비장한 각오로 모든 것을 희생시키면서 자녀들의 교육에 매진한 결과가 바로 오늘날 경제적 성장의 자양분 역할을 하였다. 유교적 전통과 문화 속에서 형성되어 온 배움에 대한 집착과 가난을 극복하고자 하는 강한 인내가 합해지면서 비이성적이라고 할 정도로 모든 자원이 교육에 집중되었다. 아무리 뛰어난 지도자가 있고 풍부한 자원이 있을지라도 계획을 올바르게 실행에 옮길 수 있고 자원을 합리적으로 다룰 수 있는 지식과 지혜를 가진 지식 인력이 뒷받침되지 않으면 경제 발전의 기대는 공염불에 지나고 만다.

물론 지나친 교육열은 여러 가지 사회적 낭비와 갈등을 불러일으키는 부작용도 없지 않다. 그러나 피터 드러커의 예견대로 현재 빠른 속도로 진행되고 있으며 앞으로 심화되어 갈 지식사회를 대비하는 데 있어서 교육은 여전히 가장 강력한 수단이다.

그렇다면 교육에 있어서 우리가 고려해야 할 숙제로는 어떤 것이 있을까?

첫 번째, 지구촌 환경에서 경쟁력 있는 인재의 양성이다. 20세기 초가 서구의 선진문물을 우리 내부로 받아들여야 했던 '내부지향형 개방'이었다면, 21세기는 국제사회에서 경쟁력을 갖추고 활동하기 위해 우리 자신이 외부로 뛰쳐나가야 하는 '외부지향형 개방'의 시대라고 할 수 있다. 또한 20세기가 국가가 가장 큰 영향력을 행사하고 실질적으로 분명한 의미의 국경이 존재했다면, 앞으로 전개될 21세기는 기업이 사회적으로 가장 큰 영향력을 행사하고 국가를 구분하는 경계는 사람, 물자, 돈, 정보의 흐름을 더 이상 통제하지 못하고 법과 정치적으로만 의미가 있는 환경으로 바뀌게 된다.

따라서 원하든 원하지 않든 시장 단위는 형식적 국경을 넘어서서 지구촌 단위로 바뀐다. 이런 변화 속에서 국내에서만 경쟁력을 확보하는 것은 아무 의미 없는 일이다. 이런 점에서 볼 때 최근에 유학생이 증가하는 것은 일부 부정적인 지적에도 불구하고 향후 본격적으로 전개될 지식사회에 있어서 개인적, 국가적 경쟁력 유지에 크게 도움이 된다.

두 번째, 향후 전개될 핵심 산업에 있어서 뛰어난 인재의 확보이다. 사람들은 흔히 미래 산업으로 IT(정보통신), CT(문화산업), ET(환경산업), BT(생물 과학), NT(나노산업)과 같은 5T를 꼽는다. 자동차, 철강, 조선과 같은 중후장대형의 산업이 20세기 경제의 꽃이었다면, 21세기는 5T 산업처럼 고도의 기술이 요구되거나 삶의 질을 높이는 데 관련된 산업이 핵심이 된다. 따라서 이런 분야에서 뛰어난 인재를 확보하는 것은 국내 대기업에서 주장하는 대로 수만 명의 사람을 먹여 살릴 수 있는 역량을 확보하는 의미를 지니게 된다.

세 번째, 평생학습 시스템이 갖추어져야 한다. 하루가 다르게 바뀌는 기술 환경이나 수단의 변화 속에서 평생학습은 선택이 아닌 의무로 바뀌고 있다. 개인 입장에서나, 생산 주체인 조직의 입장에서 또는 국가의 입장에서도 평생학습 시스템을 갖추는 것은 굳이 지식사회의 본격적인 도래를 의식하지 않더라도 매우 중요한 일이다. 개인 입장에서는 생계 유지와 건강한 삶 유지라는 자기 필요에 의해 평생학습을 하지 않으면 안 되고, 기업 입장에서는 장기적으로 가장 현명하게 경쟁력을 확보하기 위한 수단으로 조직적이고 체계적인 평생학습 시스템을 마련해야 한다. 또한 국가 입장에서도 국가경쟁력 확보와 개인의 건강한 삶과 사회적 안정을 위해 전 국민적 차원의 평생학습 환경을 만들지 않으면 안 된다.

20세기 초 시대의 흐름을 잘못 읽은 대가는 작지 않았다. 우리는 반세기에 가까운 역사 단절이라는 뼈아픈 대가를 치러야 했다. 21

세기 초 사회는 다시 새로운 흐름 속으로 들어가고 있다. 우리 모두는 그 답을 이미 알고 있다. 바로 지식사회가 도래하고 있는 것이다. 우리에게 주어진 질문은 이 지식사회를 어떻게 현명하게 준비하고 만들어 갈 것인가이다. 일찍이 국가를 잃고 쓸 만한 사람이 없음을 안타까워하는 이들에게 도산 안창호 선생은 인재가 없다고 한탄하지 말고 자신이 인재가 될 수 있도록 노력하라고 했다. 각자가 지식사회의 큰 흐름을 읽고 자신의 분야에서 최고 전문가가 되는 것이 자신의 삶을 향상시키는 것은 물론 사회적, 국가적으로 큰 기여를 하는 것이다.

Chapter 2

미래사회

피터 드러커는 한편으로는 기업의 경영에 대한 연구와 함께 많은 저작을 발표하면서 다른 한편으로는 미래사회에 대해서도 많은 연구를 하였다. 현실에 발을 딛고 있으면서도 내일의 꿈과 희망을 가지고 사는 '인간'이라는 존재에게 있어서 미래사회는 어떤 다른 주제보다도 중요한 관심사가 아닐 수 없다. 이런 사람들의 관심에 부응하여 피터 드러커는 자신의 미래관을 『Next Society』라는 이름의 한 권의 책으로 내놓았다.

따라서 이 장은 독자들의 이해를 돕기 위해 『Next Society』에서 나타난 피터 드러커의 의도를 그대로 살려 내용을 재구성하였다. 즉, 미래사회 흐름 중에서 피터 드러커가 반복해서 강조하는 출산율 감소와 인구의 증가, 제조업 비중의 감소, 전자상거래의 활성화, 국가·기업·공동체의 역할이라는 네 가지 주제로 새로 정리하였다. 그가 미래사회와 관련해서 언론에 발표한 내용을 원고 그대로 엮은 『Next Society』를 읽으면서 어려움을 겪었던 독자들은 이 장을 읽으면서 이해의 폭이 넓어지리라 기대한다.

출산율 감소와 노인 인구의 증가

역사로 살펴본 인구문제

인류의 역사가 전쟁의 역사라고 하면 그 전쟁의 역사 배후에는 식량 확보를 위한 치열한 싸움이라는 현실적인 이유가 있었고, 이 싸움은 궁극적으로 제한된 식량에 늘어나는 인구수의 문제로 귀착된다. 식량 확보를 위한 인류의 지속적인 노력은 기후의 한계를 극복한 경작지 확대와 함께 농업 생산성 향상을 가져왔고, 시간이 지나면서 농업 생산성 향상은 인류 생활 전반에 걸친 삶의 향상을 가져왔다. 유사 이래 어느 한때 인구 증가가 문제되지 않은 적은 없었지만, 기록으로 볼 수 있는 최초의 인구문제는 성서에 나오는 이집트와 유대 민족의 갈등이다.

하나님은 믿음의 조상인 아브라함에게 자손의 번성을 여러 번에 걸쳐서 약속한다. 아무런 생산 수단도 존재하지 않는 시대에 자손이 번성한다는 것은 단순한 종족 보존 이상의 의미를 지닌다. 즉, 다산은 노동력 증가로 이어지고, 노동력 증가는 부의 증가로, 부의 증가는 종족 간의 영향력 확대로 이어진다. 바닷가의 모래알처럼, 밤하늘의 별처럼 자손이 번성하도록 해주겠다는 하나님의 약속은 야곱의 12지파 자손이 가뭄을 피해 이집트에 들어가 살았던 430년 동안 확실하게 실현된다. 온갖 어려움을 극복하고 이집트의 총리가 된 요셉을 따라 요셉의 아버지인 야곱이 그의 자손들을 데리고 이집트의 기름진 땅 고센 지역을 향할 때, 야곱의 가족은 며느리와 아이들을 제외하고 장정만 70명이었다.

야곱의 자손 70명은 이집트에서 사는 동안 그야말로 폭발적인 자손 증가를 보인다. 갑작스럽게 늘어나는 인구에 놀란 이집트의 파라오는 유대인의 인구 증가를 억제하기 위해 강제 노역을 비롯한 온갖 핍박을 자행한다. 이런 상황에서 모세는 이집트의 궁정에서 40년을 보내다 동족을 괴롭히는 이집트 병사를 죽이고, 이집트를 도망쳐 미디안 광야에서 40년 동안 양치기로 세월을 보내다가 어느 날 하나님의 부르심을 받고 유대 민족의 지도자가 되어 형 아론과 함께 민족을 탈출시키는 대역을 맡는다. 또한 그는 하나님의 능력을 비웃는 파라오에게 10가지 기적을 보여 준 후, 하나님이 약속한 젖과 꿀이 흐르는 약속의 땅 가나안을 향해 60만 유대 민족을 이끌고 홍해를 건넜다. 민족 대이동의 시작이었다.

그렇다면 이집트의 파라오가 유대인의 인구 증가에 위협을 느낄 정도였다면, 도대체 어느 정도였던 것일까? 놀랍게도 430년 만에 70명(장정 기준)에서 60만 명(장정 기준)으로 늘어났다. 더욱 놀라운 것은 이 증가가 불과 4대(야곱의 아들 레위 – 크앗 – 아브라함 – 아론·모세)만에 발생했다는 점이다.

이런 놀라운 인구 증가는 과연 가능할까? 계산을 해 보면 불가능한 일만도 아니다. 1대가 평균 10명의 사내아이를 낳는다고 할 때, 4대가 지나면 장정 수는 70만 명(70명×10×10×10×10)이 된다. 다산과 풍작을 기원했던 당시의 종교 성격에 비추어 볼 때 다산은 지금과 달리 최대의 사회적 선으로 인식되었기 때문에 현실적으로 가능한 수치이다.

다른 종교를 가진 외부에서 온 민족의 인구가 이 정도로 늘어났으니 이집트의 파라오가 위협을 느낀 것도 무리는 아니었다. 유대 민족에 대한 하나님의 약속이 유대인에게는 축복이었지만, 이집트에게는 큰 위협으로 작용하게 된 것이다.

인구 증가와 관련된 종교와 민족의 문제는 옛날에만 있었던 것이 아니다. 오늘날에도 여전히 존재한다. 세계의 문명을 8대 권역으로 나누고 이데올로기 종언 이후의 세계를 문명의 충돌 현상으로 설명하고 있는 새뮤얼 헌팅턴은 이슬람과 기독교가 갈등하는 원인 중 하나를 바로 인구 증가에서 찾고 있다. 그의 주장에 따르면 현재 서구 선진국을 기준으로 한 기독교권의 출산율은 가임 여성 기준 1.6명(1990년대 기준)인 데 반해, 중앙아시아를 중심으로 한 이슬람권의 출산율은 서구 기독교권의 3배에 가까운 4.4명이라는 것이다. 이런 수치는 곧바로 신자 수의 차이로 연결되어, 기독교의 신자 비율(전세계 인구 중)이 1900년에 26.9%, 1985년에 29.71%, 2000년에 29.9%로 증가한 데 반해, 이슬람교는 1900년에 12.4%, 1985년에 17.1%, 2000년에 19.2%로 훨씬 더 높은 성장률을 보였다. 20세기 들어 이슬람권의 갑작스런 인구 증가는 기독교권과 더욱 날카로운 대립의 칼날을 세우게 만들었다. 특히 빠른 인구 증가율을 따라잡지 못하는 이슬람권의 낮은 경제성장률은 청년 실업의 증가를 가져왔고, 청년 실업의 증가는 사회적 불만으로 작용하여 이슬람교와 기독교와의 갈등을 더욱 악화시키는 요인으로 작용했다는 것이 새뮤얼 헌팅턴의 분석이다. 물론 다분히 서구적인 시각이다. 그러나 이슬람권의 높은 인구 증가가 어떤 식으로든지 기독교와 이슬람권의 관계에 영향을 주었을 가능성에 대해서는 배제하기 힘들다.

인구문제가 본격적으로 진지하게 검토되기 시작한 것은 맬더스 이후부터이다. 목사의 아들로 태어나 아버지의 뒤를 이어 목사의 길을 걸었던 맬더스는 당시의 높은 인구 증가를 눈앞에서 확인하면서 인구 증가의 심각성을 『인구론』에서 피력했다. 이 책의 요지는 식량은 산술급수적으로 증가하는 데 반해 인구는 기하급수적으로 증가하고 있기 때문에 인류는 머지않아 근본적인 식량 문제에 봉착하게 될 것이라는 주장이었다. 그러면서 그에 대한 대비책을 내놓았다. 그런데 맬더스가 내놓은 이 대비책이라는 것이 현대인의 입장에서 볼 때 도저히 납득하기 어려운 내용이었다.

즉, 인구 증가를 막기 위해서는 적극적 억제책과 예방적 억제책 두 가지가 있는데 대중의 의식 수준으로 볼 때 예방적 억제책은 효과가 없다는 것이었다. 그가 말하는 예방적 억제책은 피임과 같은 합리적인 출산 억제였다. 그리고 적극적 억제책은 비위생적인 환경에 의한 조기 사망, 전염병에 의한 집단 사망과 같은 무시무시한 내용이었다.

산업혁명에 의해 촉발된 생산성 향상에 취해 있던 사람들에게 맬더스의 『인구론』은 커다란 충격을 불러일으켰다. 그 뒤로 오랜 세월이 흐른 지금도 인구 증가의 심각성을 강조할 때는 반드시 이 『인구론』이 인용될 정도로 인구문제에 대한 고전으로 자리 잡은 것이다.

그러나 다행스럽게도 음울한 경제로 표현되는 맬더스의 『인구론』은 200년이 지난 지금까지 실현되지 않았다. 맬더스가 예상했던 식량의 산술급수적인 증가와 인구의 기하급수적 증가가 발생하지 않은 것이다.

우리나라의 인구 구성 변화

미래사회 흐름을 형성하는 여러 중요한 요소가 있으나 그 중에서 가장 핵심적인 요소는 인구 변화이다. 인구 자체가 사회를 형성하고, 그 사회가 자기 필요에 의해 문화, 정치, 경제를 만들어 나가기 때문이다. 따라서 인구 증감이나 인구 구성 내역의 변동은 일정 시간이 지나면 사회 전체적인 변화로 자연스럽게 연결된다.

미래사회의 흐름을 읽기 위한 여러 요소 중에서 인구 증감은 다른 요소와 달리 특별한 성격을 지닌다. 다른 요소들은 예상을 벗어나 다르게 나타날 가능성도 있지만, 인구 증감은 시간이 지나면 예상이 필연적이고 확정적으로 현실로 나타나기 때문이다. 지금의 출산율 변화에 특별한 일이 발생하지 않는 한 30년 뒤 사회 주역으로 활동하는 장년층의 숫자를 결정하고, 그 뒤로 다시 30년이 지나면 이 장년층은 그대로 노인층이 될 것이 확실하기 때문이다.

이렇게 볼 때 우리나라의 인구문제는 어떤 사회적 현안보다도 심각하고 다급한 문제이다. 구체적인 내용을 알아보기 전에 먼저 인구 분석에 필수적인 기준을 살펴보자.

한 사회의 인구 구성을 나타내는 기준은 세 가지가 있다. 그 세 가지는 고령화 사회, 고령 사회, 초고령 사회이다. 총 인구 중 65세 이상 인구가 7% 이상이 될 경우 그 사회를 고령화 사회(Aging

Society)라 하고, 14% 이상이 되면 고령 사회(Aged Society), 20%가 넘으면 후기 고령 사회(Post-Aged Society) 혹은 초고령 사회로 표현한다. 이 세 가지 기준 설정은 한 국가의 경제적 활력, 사회적 부담 등 국가 운영에 있어서 중요한 내용들을 판단하는 데 큰 도움이 된다. 인구문제를 알아보는 데 있어서 또 한 가지 중요한 기준은 인구 유지 출산율이다. 지금의 인구수가 유지되는 인구 유지 출산율은 가임 여성 1인당 2.1명이다. 가임 여성(15~49세) 1인당 2.1명을 출산하면 인구는 늘지도 않고 줄지도 않으면서 기존 수준 그대로 유지된다.

그렇다면 이런 기준에서 본 주요 선진국과 우리나라의 인구 증감 현황은 어떤 모습일까? 유엔인구기금이 2005년 발표한 자료에 따르면, 전 세계 평균 출산율은 2.6명이고, 선진국 평균 출산율은 1.57명이다. 세계에서 출산율이 가장 낮은 국가는 홍콩으로 평균 0.95명이다. 특별한 대책을 세우지 않은 상태에서 이대로 간다면 숫자상으로만 볼 때 홍콩은 머지않아 인구 부족 때문에 국가가 소멸될 수도 있다. 그러나 이런 문제는 홍콩만의 문제가 아니다. 우리나라도 심각한 수준이다. 우리나라의 평균 출산율은 1.08명으로 세계 평균(2.6명)은 물론이고 선진국 평균(1.57명)에도 훨씬 못 미치는 수준이다. 특히 심각한 것은 이런 출산율이 선진국의 경우처럼 시간을 두고 서서히 진행된 것이 아니라, 짧은 기간에 갑작스럽게 진행되어 왔다는 것이다. 이러한 추세라면 우리나라가 홍콩을 넘어서서 세계 최고 저출산 국가가 되는 것은 시간 문제이다.

　2001년 통계청에서 발표한 자료를 보면, 우리나라의 60년대 출산율은 평균 6명이었다. 그러던 것이 74년에는 3.6명, 84년에는 2.1명, 93년에는 1.75명, 2002년에는 1.17명이었다. 그리고 2005년에는 급기야 1.08명으로 떨어졌다. 이런 저출산 현상은 빠르게 인구 구성을 바꾸어 놓고 있다. 2000년에 고령화 사회로 진입한 이후 불과 19년 만인 2019년에 고령 사회로 진입할 예정이다. 진행 속도 또한 세계 신기록이다. 프랑스는 고령화 사회에서 고령 사회로 진입하는 데 110년이 걸렸고, 지금까지 가장 짧은 시간 내에 고령 사회로 진입한 일본이 24년 걸렸는데, 우리나라는 일본보다도 더 빠른 속도로 인구 구성의 변동을 경험하고 있는 것이다. 변화는 기존에 존재하지 않았던 여러 가지 문제를 발생시키고 긴장을 불러일으킨다. 갑작스런 변화는 이런 문제나 긴장의 정도를 더욱 심각하게 한다.

　그러나 더 큰 문제는 다른 데 있다. 빠른 변화가 우리로 하여금 변화에 대처할 시간적 여유를 전혀 허용하지 않고 있다는 점이다. 대비할 시간적 여유가 주어지지 않는 상황에서 맨몸으로 부딪혀야 할 갑작스런 변화는 자칫 사회적 재앙을 초래할 수 있다.

　갑작스런 출산율의 감소를 심각하게 받아들여 서둘러 철저히 대처하지 않으면 안 되는 절실한 이유가 바로 여기에 있다.

인구 변화에 따른 사회 변화

90년대 후반 일본에서 자녀 출산과 양육 문제를 둘러싸고 자녀를 둔 사람들과 두지 않은 사람들 사이에 흥미로운 논쟁이 벌어졌다. 논쟁의 핵심은 아이를 낳지 않은 사람들도 어떤 형식으로든 자녀 양육비를 부담해야 한다는 주장과 그것은 부당하다는 두 가지 대립되는 의견이었다. 자녀를 두지 않는 사람들도 양육비를 분담해야 한다는 주장은 당연히 자녀를 두고 있는 사람들의 입장이었고, 이런 주장에 대해 독신을 고수하거나 자녀를 낳지 않은 사람들 입장에서는 아닌 밤중에 무슨 홍두깨 같은 소리냐는 반응이었다.

자녀를 둔 사람들의 상대측에 대한 양육비 분담 주장의 근거는 이렇다. 자녀를 양육한 사람이나 양육하지 않은 사람이나 노인이 되어 차별 없이 똑같이 연금을 받는데, 자녀를 낳아 기른 사람은 경제활동 기간 중에 연금과 자녀 양육비 두 가지를 부담했고 자녀를 낳지 않은 사람은 연금 하나만 부담했다는 것이다. 연금의 속성은 부모 세대가 경제활동을 그만두고 노인 세대가 되었을 때, 그 자녀 세대가 부모 세대를 부양하는 것인데, 두 가지(연금과 자녀양육비)를 부담한 사람이 한 가지(연금)만 부담한 사람과 똑같은 연금을 받는다는 것은 문제가 있다는 것이다. 부담과 향유라는 원칙에 비추어 보거나, 사회 복지 시스템을 운영하는 국가 차원에서 볼 때 전혀 근거가 없는 주장은 아니었다.

　이런 성격의 논쟁은 우리나라와 같이 갑작스럽게 출산율이 낮아지고, 사교육비가 국방비 예산을 초과하는 나라에서는 더 뜨거운 논란을 불러일으킬 소지가 있다. 개인 차원에서 단순히 개인의 선택으로 끝날 무자녀 또는 독신 고수 문제가 사회 · 국가적인 차원에서는 일종의 국민적 직무 유기에 해당될 수도 있다는 점을 시사하는 논쟁이다.

　그렇다면 이런 인구 감소가 가져오는 중요한 사회 변화로는 어떤 것들이 있을까?

　첫 번째, 연금 제도의 변화이다. 연금 제도의 기본적인 속성은 국가에 의한 강제적인 저축과 상호부조에 바탕한 사회복지 개념의 혼합이다. 개인의 노후에 대한 국가적 차원의 책임으로 보다 안정된 사회를 구현하고, 개인의 의사와 상관없이 법이라는 수단을 동원해 강제적으로 저축을 하도록 함과 동시에, 납부액과 연금 지급액 사이의 관계를 의도적으로 조절함으로써 부의 재분배를 통한 사회적 부조 기능을 의도하는 것이 바로 국가 차원에서 실시하는 국민 연금이다. 따라서 국민 연금은 사회적 부조 기능을 배제한다고 할 때, 국민의 입장에서 경제활동기에 강제적으로 저축한 돈을 경제활동이 끝난 노후에 이자와 함께 원금을 돌려받는 성격이다. 따라서 전체적으로 보면 원칙적으로 노후에 받은 연금 총액은 경제활동시 납부했던 연금 보험료의 원금 총액에 일반 시장 이자율에 의한 이자를 합한 금액을 초과하기가 힘들다.

그런데 우리나라는 1987년 국민 연금 제도를 도입한 이후 일반 국민들의 참여 제고를 위해 경제활동기에 개인이 부담한 금액을 훨씬 초과하는 수준의 연금 지급을 약속하여 그대로 시행해 왔다. 뿐만 아니라, 기금 운영에 있어서도 수익 제고라는 본연의 목적보다는 국가 정책의 필요에 의해 운영된 면이 없지 않아 이대로 갈 경우 2047년이 되면 기금 자체가 고갈될 위험에 처해 있다. 노후 세대가 수령하는 연금 총액이 그들이 경제활동기에 납부했던 연금 보험료와 운용 이자를 합한 금액을 초과할 경우, 연금 관리자인 정부는 당연스레 다음 세대가 납부한 연금 기금을 앞 세대에 대한 연급 지급액으로 충당하게 된다. 그러나 이 방법은 임시변통적인 수단일 뿐 궁극적인 해결책은 되지 못한다. 기금 조성보다 연금지급 속도가 더 빠를 경우 언젠가는 다시 기금이 고갈될 수밖에 없으며, 이 상황이 되면 해결책은 더 이상 없다. 굳이 있다면 세금으로 충당하는 방법뿐이다. 지금의 연금 수령 세대가 받는 연금이 자신들이 납부한 연금보험료에 운용 이자를 합한 금액을 초과하고 있다면, 그 초과분은 결국 다음 세대가 받아야 할 연금을 앞 세대가 앞당겨 받는 것이다. 이것은 바로 세대 간 도적질(Generation Theft)에 해당된다.

우리나라뿐만 아니라 다른 여러 국가에서도 국민 연금 문제는 심각하다. 국가 입장에서는 서둘러 지급 연금액의 축소나 지급 시기의 지연, 지급 조건의 강화 등 다양한 대책을 내놓고 있다. 그렇지만 대부분의 경우 근본적으로 해결하기에는 이미 병세가 너무 심각한 상태이다. 이런 상황에서 우리나라와 같이 갑작스럽게 출산율이 낮아지면 연금 제도 운영은 훨씬 더 어려워진다. 저출산은 연금 제도에 있어서 시한폭탄이다. 사람들은 이미 재깍거리기 시작한 시한폭탄 옆에서 자신이 시한폭탄의 희생자가 되지 않기만을 바라고 있다.

두 번째, 정년퇴직 연령 제도의 철폐이다. 식량 생산성 향상, 의료 기술의 발달 및 위생 상황 개선에 의해 인간의 수명은 시간이 지날수록 더 길어지고 있다. 주요 선진국의 평균 수명 80세는 머지않아 90세로 늘어날 전망이다. 수명이 길어지는 것은 인간에게 축복이자 고통의 이중적인 의미를 갖는다. 장수하는 것이야 인류 유사 이래 인간의 한결같은 바람이었지만 노후 시기의 확장은 그 길어진 시간만큼 생계를 해결하기 위한 경제활동을 하지 않으면 안 되는 고통을 동반한다. 이런 환경 변화에 따라 노후 세대의 경제활동 필요성은 딜레마에 부딪힌다. 일자리를 제공하는 기업의 니즈(needs)와 일자리를 필요로 하는 노후 세대의 니즈가 일치하지 않기 때문이다. 기업들은 비용 절감을 위해 끊임없이 성력화(省力化)를 시도할 뿐만 아니라 변화에 순발력 있게 대처하기 위해 가급적 젊은 사람들을 선호한다. 반면 노후 세대는 생계를 해결하기 위해 육체적인 노쇠에도 불구하고 일자리를 필요로 한다. 이런 양자 간 니즈의 불일치로 지금까지 있어 왔던 정년 제도는 더 이상 존재의 의미를 잃게 된다. 지구촌 차원의 경쟁에서 살아남기 위해 고군분투하는 기업과, 자신의 가치를 향상시켜 생계수단을 잃지 않기 위해 평생학습을 게을리 하지 않는 부지런한 개인만이 존재할 뿐이다.

세 번째, 이민 정책의 변화이다. 생산성 향상과 함께 인구가 지속적으로 증가했던 20세기에는 미국을 비롯한 몇몇 국가를 제외한 대부분의 국가들이 외국인 이민을 받아들이지 않는 정책을 취해 왔다. 경제 운용에 있어 자국의 인력만으로도 충분할 뿐만 아니라 오히려 남아도는 인력 때문에 실업 상태를 걱정해야 할 상황이었기 때문이다.

그러나 출산율이 낮아지는 상황에서는 이와 정반대의 현상이 벌어진다. 자국의 경제 규모를 유지하기 위해 최소한의 노동력을 확보하지 않으면 안 되는 상황으로 바뀌게 된 것이다. 독일은 2030년이 되면 65세 인구가 전체 인구의 절반을 넘게 차지할 것으로 예상하고 있다. 전체 인구는 현재의 8,200만 명에서 7천만 명 내지는 7,300만 명으로 감소할 것으로 내다보고 있다. 이렇게 절대 인구의 감소와 함께 고령 인구의 비중이 높아질 경우, 경제활동 인구는 4천만 명에서 3천만 명으로 감소할 것이다. 따라서 독일이 자국의 노동력을 유지하기 위해 필요로 하는 외부 유입 노동력은 2020년까지 연간 백만 명 정도로 추산하고 있다. 우리나라도 현재 이민 형태는 아니지만, 3D업종을 중심으로 한 저임금 육체근로에 이미 상당수 외부 노동력이 들어와 있다.

또 노동의 필요성에 의한 것은 아니지만 여성들의 농촌 생활 기피 현상으로 이미 농촌 지역에는 결혼하는 신부 4명 중 1명이 동남아 지역 출신 여성일 정도로 외국인의 국내 유입이 두드러지고 있다. 이민의 형태는 아니지만 다양한 필요성에 의해 많은 외국인들이 장기 거주 목적으로 국내에 들어와 있다. 우리나라 평균 출산율 1.08명이 계속 유지될 경우, 앞으로 외국인의 국내 유입 현상은 지금보다 훨씬 더 심각해질 것이다. 그때는 단순히 체류 자격을 가지고 들어오는 것이 아니라, 노동력 보강을 통한 경제활성화라는 내부적 필요에 의해 외부로부터의 이민을 적극적으로 권장하는 정책이 채택될 가능성이 높다. 지금도 그렇지만 그때가 되면 단일민족이라는 표현은 더 이상 어울리지 않을 것이다. 그리고 유럽이나 동남아 일부 국가에서 심각한 사회 문제인 종교 분쟁이 우리 사회에서도 새로운 문제로 부상될 가능성이 매우 크다.

네 번째, 노년층 편향의 정책을 펴게 된다. 민주주의 국가는 국민의 표를 먹고 산다. 국민으로부터 가장 많은 표를 얻은 정당이 여당이 되고, 다수의 지지를 받은 정책이 법과 규정이 된다. 저출산과 고령화에 따른 노인 인구의 증가는 자연스레 노인 위주 정책을 펼 수밖에 없는 상황으로 국가를 몰고 간다.

인구 감소가 초래하는 사회 변화의 마지막 다섯 번째로는, 이민자 증가에 따라 정책 방향이 달라지게 된다. 미국의 경우 노조는 그들 자신의 일자리를 확보하기 위해 전통적으로 외부로부터의 이민 유입 정책을 반대해 왔다. 그러나 라틴계 미국 시민들은 정부가 계속해서 이민자들을 받아들이는 정책을 지지한다. 따라서 앞으로 이민자들이 더 많아질 경우, 뒤늦게 미국에 합류한 이민자들은 이제 더 이상 소수 민족으로 남아 있지 않을 것이다. 민주주의는 투표에 의해 결정된다. 정치인이 정권을 잡기 위해서 다수가 지지하는 정책을 내놓지 않으면 안 된다. 이민자들의 수가 증가할 경우 정치인들은 이민자들이 지지하는 정책 대안을 제시하고 그들에게 표를 몰아줄 것을 사정할 수밖에 없게 된다. 우리나라도 지금과 같은 추세로 외국인이 증가할 경우 시간은 걸리겠지만 이민자 증가에 따라 정책 방향이 바뀌는 상황이 발생할 수 있다.

출산율 감소와 고령 인구의 증가는 인간이 환경에 적응하는 과정에서 자연스럽게 반응한 결과들이다. 그러나 과정이 자연스러웠다고 해서 그 결과까지 자연스러운 것은 아니다. 결과는 무척이나 당혹스럽고, 어떤 부분은 개인이나 사회가 전혀 원하지 않은 모습일 수도 있다.

그렇다면 인구 변화에서 비롯되는 사회 변화의 문제들을 어떻게 대처해 나갈 것인가? 기본 원칙은 정해져 있다. 우리가 원하는 결과가 아니라면 개인에게 주어진 상황 속에서 그냥 자기 좋은 대로 공리주의(功利主義)적 의사 결정을 할 것이 아니라, 결과를 의식한 의도적인 의사 결정을 해나가야 한다. 개인의 행복과 사회의 건강한 발전을 위해 다소의 불편함을 감수한 의도적인 의사 결정을 할 필요가 있다.

제조업 비중의 감소

피터 드러커는 미래 주요 흐름 중의 하나로 제조업 비중의 감소를 지적하고 있다. 기술발전과 지식사회의 도래로 국가 산업 또는 고용에서 차지하는 제조업의 비중이 예전에 비해 크게 감소할 것이라는 주장이다. 이런 제조업의 비중 감소는 제조업 이전 주요 산업이었던 농업의 전철을 그대로 밟아 가고 있다.

농업은 오랫동안 생산성이 큰 변화 없이 유지되어 오다, 1920년대부터 조금씩 생산성을 향상시키기 시작하여 제2차 세계대전 이후부터는 폭발적인 생산성 증가를 기록하였다. 이런 생산성 향상 덕분에 제1차 세계대전 전까지 식량을 수입 농산물에 의존했던 많은 서유럽 국가들이 제2차 세계대전 이후부터는 대부분 자력으로 식량 문제를 해결할 수 있게 되었다.

그런데 재미있는 현상은 이 기간 동안 생산성은 몇 배로 늘었는

데, 농업에 종사하는 인구수나 국가 전체 소득이나 국제 교역량에
서 차지하는 농업 부문의 비중은 크게 줄어들었다는 점이다.

제1차 세계대전 전과 오늘날을 비교할 때, 농업 생산성은 4~5배
정도 증가하였다. 그러나 세계의 국가 간 교역에서 차지하는 농업
생산물의 비중은 제1차 세계대전 전 70%에서 17%로 크게 떨어졌
으며, 농업에 종사하는 인구수의 비중도 제1차 세계대전 전 대다수
국민들이 농업에 종사했던 것에 비해 지금은 3% 미만(선진국 기준)만
이 농업에 종사하고 있다. 그뿐만이 아니다. 주요 선진국의 경우
GDP에서 차지하는 농업 기여도 역시 2000년 현재 2% 미만을 나
타내고 있다.

20세기 초반 시작되어 한 세기 내내 진행되었던 농업 비중의 감
소 현상은 20세기 후반 들어 제조업으로 그대로 옮겨 왔다.

미국의 제조업은 1960년 이후 20세기 후반 40년 동안 2~3배의
생산성 향상을 가져왔다. 그러나 전체 경제에서 차지하는 비중은
기존에 농업이 보여 왔던 모습 그대로 현저한 감소를 보이고 있다.
GDP 대비 제조업 생산액 비율이나 전체 노동력에서 차지하는 제
조업 비율이 40년 사이에 60년대의 절반 수준인 15%로 줄어든 것
이다. 제조업의 상대적 구매력 역시 40년 동안 4분의 3 수준으로
떨어졌다. 물론 인플레이션을 고려하면 실질적인 구매력 감소는 그
이상이다. 제조업의 고용 수준도 크게 떨어졌다. 전통적으로 제조
원가의 30%를 차지하던 노무비 비중은 2000년대 들어서 인건비

상승에도 불구하고 절반 이하인 12~15% 수준으로 줄어들었다. 이런 제조업의 비중 감소는 급기야 2000년대에 들어 GDP 비중 기준으로 서비스 업종인 금융 부문의 추월을 허용하고 만다. 이런 제조업의 비중 감소는 앞으로도 지속될 전망이다. 2020년까지 선진국의 제조업 생산성은 현재 대비 최소 2배 이상 증가할 것으로 예상된다. 반면에 경제활동에서 차지하는 제조업에 종사하는 노동력의 비중은 지금보다 더욱 줄어들어 10~12%로 감소될 전망이다.

이런 제조업 비중의 전반적인 감소는 제조업을 중심으로 하는 산업 자본주의가 한계에 봉착되었다는 것을 의미하며, 고용이나 부가가치 창출의 주역이 제조업이 아닌 다른 산업으로 옮겨 가고 있다는 것을 의미한다. 제조업의 비중 감소는 경제, 사회, 정치 전반에 대한 변화를 가져온다. 일본과 같은 제조업 강국은 변화되는 환경 속에서 제조업에 지나치게 의존하여 향후 경제 운용에 큰 어려움을 겪을 가능성도 있다.

제조업의 비중 감소는 앞으로 개발도상국이 짧은 기간에 도약할 수 있는 기회를 허락하지 않을 것이다. 우리나라를 비롯한 대만과 같은 나라들은 제조업을 중심으로 한 선진국의 기술발전에 큰 도움를 입은 나라들이다. 즉, 선진국들이 개발한 기술과 자국의 값싼 임금이라는 두 가지 장점을 모두 살려 일정 기간 경쟁력을 유지하여 수출에 주력함으로써 자본 축적과 함께 전반적인 국가의 역량을 축적할 수 있었다. 그러나 앞으로 제조업 비중이 감소되는 상황에서는 더 이상 한국이나 대만 같은 제조업 장학생을 찾아보기 힘들 것이다.

제조업의 비중 감소가 초래하는 또 하나의 중요한 사회 현상은 보호주의의 강화이다. 20세기 내내 많은 국가들이 농산물 가격과 농업 산업의 고용이 1% 떨어질 때마다, 그 하락분 이상으로 농촌에 보조금을 지급하면서 다양한 수단의 보호 장벽을 쌓아 왔다. 제조업도 마찬가지로 이런 현상을 겪게 되는 것이다. 비중이 감소하고 있는 제조업의 대외 경쟁력 유지를 위해 국가는 다양한 방법을 동원하여 보호 무역을 시도하게 된다. 그 방식은 관세 정책이 아닌 보조금 지급, 경제블록 형성, 덤핑 규제 등 우회적인 다양한 방식들이다.

피터 드러커가 지적한 미국을 비롯한 주요 선진국에서 나타나는 제조업 비중의 감소 현상은 우리나라에도 그대로 적용된다. 선진국들이 백 년 이상 걸려 이룩한 경제 발전을 불과 몇십 년 만에 이루어 경제 구조의 견고함에는 다소 차이가 있겠지만, 경제 구조 자체는 선진국이나 우리나라나 별 차이가 없기 때문이다. 피터 드러커의 지혜를 빌려 앞으로 전개될 상황을 미리 짚어 보는 것은 매우 중요한 작업이다. 향후 전개될 상황을 미리 읽고 지금부터 현명하게 대처해 나가면, 제조업 비중의 감소는 우리에게 위험이 아닌 오히려 기회로 활용될 수 있을 것이다.

전자상거래의 일반화

인쇄혁명, 산업혁명, 그리고 정보혁명

21세기는 여러 사회학자들에 의해 다양한 이름으로 불리고 있다. 대표적인 것만 하더라도 후기산업사회, 정보화사회, 지식사회 등이 있다. 어떤 시각에서 보느냐 또는 어떤 요소에 중점을 두느냐에 따라 시대를 규정하는 이름은 얼마든지 달라질 수 있다.

그러나 현재와 앞으로 전개될 21세기를 명명하는 데 있어 어떤 특징을 잡아 이름을 짓더라도 컴퓨터 탄생이 사회 전반에 끼친 영향력은 간과될 수 없을 것이다. 컴퓨터가 끼친 영향력은 유사 이래 그 어떤 발명품보다도 파괴적이었을 뿐만 아니라, 그 영향력 범위도 사람이 생활하는 곳이라면 사회 구석구석까지 그 어느 곳 하나 미치지 않은 데가 없기 때문이다.

당연히 이런 광범위한 물질적 변화는 인간의 의식에까지도 큰 영향을 미친다. 사회 작동 원칙의 변화는 물론이고 새로운 사이버 세계 창조에 의해 희소성을 제거하여 경제 원칙을 파괴하고, 시공간의 한계를 확장하여 지구촌을 단일 시장으로 묶는 등 컴퓨터 발명이 가져온 크고 작은 변화들은 일일이 열거하기가 힘들다.

피터 드러커는 모든 기술혁명은 하나의 공통점을 갖는다고 주장한다. 즉, 기술혁명의 불씨가 발화된 직후는 그다지 중요한 변화로 인식받지 못하다가 발화 시점으로부터 50여 년이 지나면 갑작스럽게 들불로 번져 사회의 모든 영역을 기존과는 전혀 다른 모습으로 바꾸어 버린다는 것이다.

아울러 또 다른 공통점은 50년 뒤 변화의 핵심 역할을 하는 부문이 당초 불씨 역할을 했던 기술과는 직접적인 관계가 없는 영역인 경우가 많다는 것이다. 1455년 인쇄혁명을 가져온 구텐베르크의 활판인쇄술의 발명은 초기에 그렇게 대단한 성과를 거두지 못했다. 피터 드러커에 의하면, 활판인쇄술이 발명된 후 50여 년 동안 출판된 서적은 7,000여 종, 약 35,000권에 불과했으며, 그나마 출판된 7,000여 종 중에서 6,700종은 기존에 존재했던 책이었다고 한다. 그러다 활판인쇄술이 발명되고 60여 년이 지난 1513년 마키아벨리의 『군주론』이 출판되고, 1517년 마르틴 루터의 95개조 반박문 개제와 함께 시작된 종교혁명에서 독일어판 성경이 출판됨으로써 활판인쇄술은 비로소 인쇄혁명의 물꼬를 트는 역사적 역할에 나서기

시작한다. 이 두 권의 책은 세상을 바꾸었다. 유럽의 절반을 프로테
스탄트로 바꾸고 나머지 절반의 가톨릭 국가들에도 자신을 되돌아
볼 수 있는 기회를 제공했다. 그뿐만이 아니었다. 오랫동안 영주와
국왕의 불안정한 권력 분담 형태로 유지되었던 봉건국가를 해체하
고 오늘날의 국민국가를 탄생시키는 기폭제 역할을 하기도 했다.

1776년에 발명된 제임스 와트의 증기기관도 발명 초기에는 크
게 주목을 받지 못했다. 증기기관이 발명된 이후에도 오랫동안 증
기선보다는 범선이 더 많이 운행되었다.

1829년 공간혁명을 가져온 철도의 등장은 갑작스럽게 경제, 사회,
정치 모두를 바꾸어 놓았다. 사람들의 심리적 지리를 확대시킴으로
써 진정한 의미의 산업혁명이 시작된 것이다. 프랑스는 철도의 등장
으로 험난한 지리적 여건을 극복함으로써 정치적으로 통합된 진정한
하나의 국가로 태어났다. 미국 역시 철도의 등장에 힘입어 서부 개발
에 박차를 가해 통일된 연방국가 건설을 서두를 수 있었다.

산업혁명은 사회 모든 부문의 생산성 증가와 함께 제도의 변화
를 가져왔다. 생산성 증가와 제도의 변화 속에서 새로운 사회 문제
인 집단적 소외 계급이 생겨났고, 이 소외 계급에 대한 해법을 찾는
과정에서 새로운 이데올로기가 탄생했다. 한편에서는 총체적이고
근본적인 사회 변화를 주장하는 공산주의라는 이데올로기가 태어
나고, 다른 한편으로는 소외 계층의 결사와 국가의 소외 계층에 대
한 보호 수단으로서 기존 시장원리의 약점을 보강하려는 노동조합

이 탄생했으며 복지 개념의 출현을 가져왔다. 부의 분배와 계급 갈등에 대한 해법을 두고 공산주의와 자본주의 양 진영은 20세기 내내 힘겨루기를 하다 급기야 제2차 세계대전이라는 인류적 재앙을 초래했다. 20세기 종료 10년을 앞두고 두 이데올로기는 일단 자본주의의 승리로 승부를 종결지었다.

정보혁명의 불씨인 컴퓨터의 탄생은 1946년 펜실베이니아대학의 모클리와 에커트 교수가 만든 세계 최초의 전자계산기인 진공관식 에니악(ENIAC)의 등장에서 그 기원을 찾을 수 있다. 그 후 컴퓨터는 빠른 속도로 진화를 거듭해 왔다. 1969년 미국 국방성이 소련의 공격에 대비한 군사 전략의 일환으로 추진한 알파넷(ARPANET : Advanced Research Prozect Agency Network)으로부터 비롯된 인터넷 기술과 환상적인 결합을 하면서 세상을 바꿀 강력한 문명의 이기로 등장한다.

인터넷과 결합된 컴퓨터는 사람이 직접 몸을 움직이지 않으면 안 될 최소한의 영역만 남겨두고 나머지 모든 영역을 공간의 구속으로부터 해방시켰다. 공간의 한계 파괴는 인간이 세상을 인식하는 데 있어 또 하나의 중요한 틀이었던 시간과의 균형을 허물어뜨리고 있다. 아인슈타인의 상대성 이론이 영원한 진리로 여겼던 시간과 공간의 절대성에 의문을 갖게 했다면, 20세기 말에 탄생한 인터넷이 가져온 시간과 공간의 개념 변화는 사람들의 세계 인식에 일대 혼란을 가져왔다. 하나밖에 없다고 생각해 왔던 눈에 보이는 실물 세계 외에 또 하나의 가상 세계가 등장했으니 큰 혼동이 발생하는 것도 무리는 아니었다. 그러나 이런 큰 혼동은 21세기의 리바이어 던(Leviathan : 구약성서 욥기에 나오는 수중 괴물의 이름으로 국가 유기체를 비유함)으로 성장한 기업에 의해 새로운 가치를 창출하는 위대한 기회로 재빠르게 전환되고 있다.

정보혁명과 전자상거래

컴퓨터와 인터넷을 근간으로 이루어지는 정보혁명의 핵심은 전자상거래이다. 인쇄혁명이 대량으로 책을 찍어 냄으로써 시간과 공간을 달리하는 사람들에게 동일한 콘텐츠를 공유하게 했다면, 산업혁명이 가져온 빠른 속도의 대량 운반 수단은 사람들에게 같은 시간의 양으로 보다 많은 공간을 다닐 수 있도록 하였다. 결과적으로 실질적인 공간과 시간의 확대를 가져온 것이다.

현재 진행 중인 정보혁명은 문자, 그림, 소리, 동영상으로 된 모든 인간의 창조물을 인터넷 속에 집어넣어, 시공간을 초월하여 접속하고 경험할 수 있게 만든다. 따라서 인간이 만들어 낸 상품 중 접속하고, 이해하고, 느끼고, 의사 표현하는 모든 작업들은 인터넷을 통해 거의 무료로 실현할 수 있게 되었다.

물론 이런 비물질적인 것들만 인터넷에 의해 다루어지는 것은 아니다. 상품을 직접 만들거나 소비하는 행위 이외에는 모든 것이 인터넷을 통해 가능하다. 상품에 대한 필요 정보를 얻는 것에서부터 시작하여 사후 처리 부분까지 생산 및 소비 활동 이외에는 모두 인터넷으로 처리가 가능하다.

정보혁명의 한가운데에 인터넷이 있다면, 인터넷 기능의 중심에는 전자상거래가 있다. 인간의 삶에서 가장 중심적인 활동이 생산 활동과 소비 활동이며, 지금까지 생산이나 소비와 전혀 관계없었던 비경제적인 부분까지 경제 영역으로 급속하게 편입되어 가고 있는 점을 생각해 볼 때, 전자상거래는 현대인의 삶 속에서 중요한 의미를 지니며 아울러 정보혁명의 모든 것이라고 표현해도 지나치지 않다.

전자상거래는 탄생 초기에 가장 먼저 구매 방식의 변화를 가져왔다. 공급자와 소비자는 인터넷을 통해 상품을 거래하여 기존 점포 구매 방식에서 누리지 못한 여러 가지 이익을 얻을 수 있었다. 소비자 입장에서는 더 좋은 품질의 물건을 더 싼 가격에 사서 편리하게 소비할 수 있고, 공급자는 더 많은 이익을 남기면서 제품을 팔 수 있었다.

전자상거래에 대한 이런 이점이 알려지자 많은 사람들이 구매 방식을 전자상거래로 바꾸기 시작했다. 그랬더니 이번에는 구매 방식이 아닌 상품의 형식이 바뀌기 시작했다. 문자나 소리, 화상 등의 콘텐츠를 담고 있는 책, 오디오 테이프, 비디오 테이프와 같은 상품들이 하드웨어에서 소프트웨어의 형태로 바뀐 것이다. 서비스도 인터넷 상품으로 등장하기 시작했다. 많은 상품들이 전자화되어 가는 상황에서 이제는 제품의 프로그램에 이상이 발생해도 반드시 수리 센터를 찾을 필요가 없게 되었다. 수리 센터까지 갈 필요 없이 인터넷에서 소프트웨어를 다운받아 수리하면 되었다. 그뿐만이 아니다. 서로 대면하여 이루어지던 상담이나 의료 서비스도 부가적인 기술 발전에 의해 인터넷을 활용할 수 있는 상품으로 변화하기 시작했다.

이런 구매 방식과 상품 형태의 변화는 인간의 편리한 의식주 생활을 위해 형성되어 온 사회 시스템까지 바꿔 놓았다. 금융 기관의 점포가 소형화되고, 서류 발급을 주 업무로 하는 정부 기관이 점점 무인화되어 가고, 대학에서 공간적 집체 교육의 비효율성에 대한 문제 제기가 시간이 지날수록 더 많아지고 있다.

공간과 시간의 제약이 줄어듦에 따라 인간의 생산과 소비가 이루어지는 시장은 전 세계를 하나의 단위로 하는 시장으로 바뀌고 있다. 세계가 하나의 시장으로 통합된다는 것은 경제 원론적으로 보면 전 세계적으로 동일한 물건에 하나의 가격만이 존재하게 되었다는 것을 의미한다.

이것은 곧 동일한 품질의 상품이면 세계에서 가장 낮은 가격, 같은 가격대의 상품이라면 세계에서 가장 좋은 품질이 아니면 상품이 팔리지 않는다는 것을 의미한다. 결과적으로 소비자 입장에서는 세계에서 가장 좋은 상품을 가장 싼 가격에 구입할 수 있는 소비자 천국의 시대를 향유하지만, 생산자 입장에서는 가장 좋은 물건을 세계에서 가장 낮은 가격에 생산하지 않으면 안 되는 생산자 지옥의 시대에 살고 있다. 세계화된 경제 환경 속에서 현대인이 안고 있는 딜레마이다. 내가 소비자인 동시에 생산자이기 때문에 소비자 천국의 시대만 선택하는 것은 현실적으로 불가능하다. 생산자 지옥의 시대도 함께 감수할 수밖에 없다. 만족과 부담을 줄이고 싶지만 그것은 현실적으로 불가능하다. 내가 생산하는 상품과 소비하고자 하는 상품의 품목이나 수량이 정확히 일치하는 경우를 제외하면, 만족과 비용을 조절할 수 있는 여지는 애초부터 존재하지 않는다. 만에 하나 현실적으로 가능하다면 오직 사회적 합의만이 유일한 해결책일 뿐이다.

사회구조의 변화는 시간이 지나면서 사람들의 의식에도 큰 변화를 가져온다. 경제학 법칙들 중 희소성에 근거한 원리들은 최소한 인터넷상의 콘텐츠 상품에 대해서는 더 이상 적용되지 않는다. 또한 효율과 편리성만이 강조되는 사이버 세계의 인간관계는 직접적인 관계가 아니면 형성될 수 없는 삶의 소중한 가치들이 간과되고 있다. 현실 공간에서 만남과 공감을 통해 이루어지는 가족, 공동체, 동료, 민족, 국가와 같은 인간관계를 묶는 유대감은 시간이 지날수록 현저하게 약화될 전망이다.

피터 드러커는 앞으로 전개될 전자상거래의 발전 과정에서 우리 생활에 가장 큰 영향을 미칠 분야로 고등 교육과 의료 분야를 들었다. 지식사회의 도래와 함께 평생교육 개념으로 바뀌는 고등 교육은 인터넷이라는 수단을 통해 훨씬 더 효율적으로 이루어질 수 있으며, 비교적 지금까지 비경쟁적 분야였던 의료 분야는 인터넷의 도움으로 생산성이 훨씬 더 높은 조직으로 변할 수 있는 여지를 가지고 있기 때문이다.

아울러 피터 드러커는 전자상거래가 일반화되는 시대에 모든 사람들은 정보 독해력을 갖추지 않으면 안 된다고 강조했다. 또 기업 조직들은 지금까지의 회계 중심 조직에서 탈피하여 계층을 훨씬 단순화한 정보 중심 조직으로 개편되어야 한다고 조언한다. 정보혁명과 전자상거래는 우리의 의도나 선택과는 상관없이 이미 우리 생활에 깊숙이 들어와 있다. 시간이 지나면서 정보혁명과 전자상거래는 지금까지 해왔던 것 이상으로 우리의 삶을 바꾸어 나갈 것이다. 자신의 미래와 풍요로운 삶을 위해 피터 드러커가 말하는 정보혁명과 전자상거래의 본질과 흐름을 정확하게 이해하는 것은 매우 중요한 일이다.

국가 · 기업 · 공동체의 역할

기업의 변화

기업은 산업혁명 이후 투자 자본의 대형화와 다양한 기능의 체계적인 통합 필요성에 의해 자연 발생적으로 인류사회에 등장하였다. 다른 사회 요소들과의 끊임없는 갈등과 상호협력을 통해 성장해 온 기업은 오늘날 다른 어떤 조직보다도 확실한 사회적 지위를 확보하였다. 인간의 위대한 창조물로서 어떤 개인도 거부할 수 없는 인류사회 최고의 조직으로 탄탄하게 자리 잡은 국가의 지위를 넘볼 수 있는 정도가 되었다. 기업이 국가를 필요로 하는 것보다 국가가 기업을 더 절실히 필요로 하게 되고, 기업은 국가를 선택할 수 있지만 국가는 기업에게 자기 영역에 남아 달라고 사정할 수밖에 없는 오늘날 상황에서 기업은 단순한 생산주체이거나 개인의 생계를 해결하는 고용 수단 이상의 사회적 의미를 지니게 되었다.

홉스(Thomas Hobbes, 1588~1679년)가 21세기에 다시 태어난다면 더 이상 국가를 리바이어던으로 표현하지 않았을 것이다. 상황 변화에 따라 인도의 힌두교 신 아바타처럼 끊임없이 모습을 바꾸고 무한대로 자신의 몸집을 키워 가면서, 국가가 좁다고 불만을 터뜨리는 기업을 진정한 21세기의 리바이어던으로 지목할 것이다.

그렇다면 경영학의 구루인 피터 드러커는 기업을 어떠한 시각으로 바라보고 있을까? 드러커에 의하면 기업은 1870년대 발명되었다. 불완전한 모습으로 등장한 기업은 여러 사회 요소들과의 관계를 통해 오늘날의 일반적인 기업 모습으로 발전해 왔다. 드러커의 주장에 의하면 1970년대 무렵을 전후로 기업은 많은 변화를 보이기 시작했다. 그렇다면 1970년대 이전 기업의 일반적인 모습은 어떠했을까?

첫 번째, 기업이 종업원을 필요로 하기보다는 종업원이 회사를 훨씬 더 필요로 했기 때문에 일반적으로 기업은 주인이고 종업원은 종이라는 주종 관계가 존재했다. 이런 상황에서는 생산 수단의 소유 여부가 사람의 지위는 물론이고 사람의 의식에까지 큰 영향을 미칠 수밖에 없었다.

두 번째, 대부분의 종업원들은 하루종일 회사 일에 메어 있었다. 기본적인 관계가 주종 관계에 가까운 상황에서는 불가피한 현상이었다.

세 번째, 제품을 생산하는 가장 효율적인 방법은, 제품 생산에 필요한 모든 활동을 한 명의 경영자가 관리하는 것이었다. 코스의 법칙(Coase's Law)으로 알려진 기업의 발생 기원에 대한 미국 경제학자 로널드 코스(Ronald H. Coase, 1910~ , 1991년 노벨상 수상)의 주장은 제품 생산과 관련된 활동들의 상호 작용 과정에서 소요되는 비용(거래비용, Transaction Cost)을 줄이기 위한 수단으로 모든 관련 활동들을 한곳에 모아 통일된 지휘 체계 아래에 두려는 시도가 바로 기업의 등장 배경이었다. 코스의 법칙에 의해 19세기에서 20세기 중반 이후까지 기업들은 기회만 생기면 통합을 시도했다. 존 록펠러(John D. Rockefeller, 1839~1937년)는 스탠더드 오일 트러스트를 통해 석유 탐사, 생산, 수송, 정유 판매를 수직 연결하여 하나의 통합된 기업 구조를 만들었다. 1920년대의 포드 역시 자동차의 부품 생산 및 조립을 직접 하고, 자동차를 만들기 위한 원재료인 강철, 유리, 타이어를 제조하는 공장과 함께 고무나무 공장, 심지어는 철도까지 직접 소유하였다.

네 번째, 제품과 서비스에 대한 모든 정보를 쥐고 있는 공급업자와 제조업체가 시장의 지배자로 군림했다.

다섯 번째, 한 가지 특정한 기술은 한 가지 산업에만 적용되었다. 맥주나 우유는 병에만 넣어 판매하였다. 다른 용기에 맥주나 우유를 담는다는 것은 생각도 할 수 없었다. 자동차 차체 역시 강철 이외의 재질은 생각을 하지 않았다. 기업의 운영 자금은 상업은행의 대출이 유일한 자금 조달 수단이었다.

피터 드러커에 의하면, 기업에 대한 이런 전통적 개념은 1970년대 무렵을 기준으로 크게 바뀌었다. 1970년대 이후 현재에 이르기까지 기업에 대한 일반적인 개념을 정리해 보자.

첫 번째, 지식이 중요한 생산수단으로 등장했다. 새로운 생산수단인 지식의 두드러진 특징은 이 수단을 지식근로자들이 소유하고 있으면서 개인이 직접 휴대하고 있다는 점이다. 실제적으로 의미있는 중요한 생산수단으로 등장한 지식은 지식근로자의 사회적 지위를 상승시켰다. 그 결과 화폐 자본가와 지식근로자는 갑과 을의 관계가 아닌 서로 의존하는 관계가 되었다. 동등한 동반자이자 파트너로서 서로 협조하지 않으면 그 어느 쪽도 이익을 얻지 못하는 관계가 된 것이다.

두 번째, 시간이 지날수록 더 많은 사람들이 정식 직원이 아닌 시간제나 임시직 또는 계약직의 형태로 근무하게 되었다. 많은 조직에서 하루종일 일하는 사람들 중의 상당수가 용역 회사의 종업원들로 충당되고 있다.

세 번째, 거래비용 축소를 위한 기업 조직의 활동 통합이 오히려 생산성을 해치는 상황이 발생하거나, 거래비용이 감소하여 굳이 조직을 통합할 필요가 없는 상황이 발생하기 시작했다. 여러 가지 활동을 기업 내부로 통합시켜 거래비용을 줄이는 것도 좋지만 지식사회로 바뀌면서 그 보유비용이 너무 큰 부담으로 작용하였다. 중요

한 생산 수단으로 등장한 지식은 단순한 지식이 아닌 고도로 전문
화된 지식으로 적지 않은 비용이 지출되며, 이런 값비싼 지식근로
자를 조직이 상시적으로 모두 안고 있는다는 것은 현명한 생각이
아니었다. 기업에 적지 않은 부담이 되기 때문이다. 값비싼 지식근
로자를 기업이 항상 보유할 필요 없이, 전문 지식이 필요하면 그때
마다 외부에서 일시적으로 채용하는 것이 기업 측면에서 훨씬 더
큰 이익이 되었다. 기업을 거대 조직으로 만들 필요가 없도록 하는
또 다른 요인은 거래비용을 발생시키는 주요 요인이었던 커뮤니케
이션 비용의 급격한 감소였다. 경영학의 등장으로 재무제표를 해독
할 수 있는 사람이 늘어나고, 정보혁명에 의해 물리적인 커뮤니케
이션 비용이 줄어들면서 거래비용이 크게 줄어들었다. 거래비용의
감소는 그동안 기업 규모에 대한 일반적 믿음이었던 '큰 조직=경
쟁력 확보'라는 등식이 더 이상 유효하지 않게 되었다는 것을 의미
했다.

네 번째, 권력의 중심이 공급자나 생산자에서 소비자에게로 급
속하게 이동하였다. 정보통신기술의 발달로 개인이 소비하고자 하
는 상품을 알아보는 노력이나 비용이 공급자나 생산자가 상품을 팔
기 위해 고객을 찾아 나서는 비용보다 훨씬 더 적게 들기 때문에 소
비자가 공급자나 생산자보다 더 우위에 서게 되었다.

마지막 다섯 번째, 특정 기술이 특정 업종에만 사용되던 한계를
벗어나 전혀 다른 분야에도 적용하게 되었다. 유리 전문 생산업체

인 코닝이 같은 유리 소재를 가지고 광케이블을 생산하거나 전화회사인 벨 연구소가 소유하고 있던 트랜지스터 기술을 라디오 생산에 적용한 것이 이 경우에 해당된다. 그 외에도 강화 플라스틱이 강철을 대신하여 자동차 부품으로 쓰이거나, 군사용으로 개발된 컴퓨터 간 통합 네트워크가 일반인을 위한 인터넷으로 사용된 경우, 미 국방성에서 군사용으로 개발된 GPS(위성항법장치 : Global Positioning System)가 민간용 네비게이터로 발전한 것도 이와 비슷한 예에 속한다. 기업은 생물과 같이 끊임없이 진화해 가는 유기체적인 존재이다. 주변의 상황 변화에 따라 끊임없이 변화하지 않으면 기업의 생명은 언제든지 끝날 수 있다.

피터 드러커는 기업이 미래에 살아남아 성공을 거둘 수 있기 위해서는 변화를 창조할 수 있어야 한다고 강조한다. 변화를 창조해 나간다는 것은 위협을 기회로 바꿀 수 있는 가능성이 높아진다는 것을 의미하기 때문이다.

드러커의 주장은 새삼스러운 내용이 아니다. 지금까지의 기업 발전사가 다름 아닌 변화의 창조사였기 때문이다. 변화를 창조해내지 못한 기업은 도태되거나 앞서가는 기업의 뒤를 쫓아가면서 근근히 생명을 유지할 뿐이었다. 드러커는 변화를 창조하는 데 가장 필요한 요소로 조직 전체의 의식 구조 전환을 꼽는다. 제아무리 좋은 아이디어라 할지라도 조직 전체의 의식 구조가 이를 긍정적으로 수용하고 지속적으로 추진해 나가려는 생각이 없으면 아무 의미가 없기 때문이다. 피터 드러커는 최고경영자는 기업을 사회 변화에 따라 단순한 '경제적 조직' 만이 아닌 '인간 조직' 으로서, 그리고 점점 더 중요도가 높아지고 있는 '사회적 조직' 으로서의 의미도 생각해야 한다고 말한다. 그러면서 기업은 이 세 가지 입장 사이에서 적절하게 균형을 잡아야 한다고 강조한다. 아울러 피터 드러커는 미래 환경의 변화 속에서 기업을 지혜롭게 운영할 수 있도록 기업 변화의 방향타를 잡고 있는 최고경영자들에게 몇 가지 당부를 한다.

첫 번째, 신제품 또는 새로운 서비스가 당초 기업이 의도하지 않았던 엉뚱한 시장에서 성공하는 경우가 많다는 것을 알고 있어야 한다. 그 예는 지금까지 기업의 성공 역사에서 일일이 헤아릴 수 없을 만큼 많다.

두 번째, 최고경영자들은 자신이 기업 운영에 대해 모든 것을 다 알고 있다는 착각을 하고 있다는 것을 알아야 한다. 사람은 전지전능한 신이 아니다. 오늘날과 같이 복잡다기한 상황에서 아무리 조그마한 조직이라도 그 조직의 자질구레한 부분까지 모든 것을 속속들이 파악할 수 있는 최고경영자는 없다.

피터 드러커는 경영자들이 흔히 잘못 판단하는 전형적인 예를 하나 들었다. 많은 경영자들이 신규 사업을 할 때 이익을 내는 것이 매우 중요하다고 생각하는데 이것은 매우 잘못된 생각이다. 세계적인 투자가인 워런 버핏도 강조한 내용이지만 사업을 시작할 때 가장 염두에 두어야 하는 것은 이익이 아닌 현금 흐름이다. 시작한 지 얼마 안 되어 문을 닫은 회사들은 대부분 다른 이유가 아닌 현금 흐름 때문이라는 것이다.

세 번째, 대부분의 최고경영자들이 기업이 성장해 가는 과정에서 일정 시기가 되면 자연스럽게 기업의 내용이나 규모가 자신의 경영 능력을 벗어나게 되는 이 시기를 잘 파악하지 못한다는 점이다.

마지막 네 번째로, 회사가 어느 정도 성장해 규모가 커진 다음에도 최고경영자는 회사 중심이 아닌 자기 중심으로 의사 결정을 한다는 것이다. 피터 드러커는 이런 잘못을 막기 위해 회사가 성장하는 과정에서 정기적으로 '지금 이 시기에 회사에 필요한 것은 무엇인가?', '내가 그 일을 할 수 있는 능력을 갖추고 있는가?' 를 스스로에게 끊임없이 질문해 보아야 한다고 조언을 하고 있다. 기업은 현상 유지를 목표로 하는 조직이 아니다. 팔리는 물건과 서비스를 만들어 내지 못하면 조직의 생명은 언제든지 끝날 수 있으며, 많은 사람들이 곤경에 처하게 되고 사회 전체적으로는 자원의 낭비라는 죄를 저지르게 된다. 피터 드러커가 말한 기업의 본질에 대한 진단과 향후 전망 및 최고경영자를 향한 조언은 이런 기업 실패를 막는 데 큰 도움이 된다.

국가와 사회의 변화

| 국가 발전과 다원주의

피터 드러커는 서구사회 최근 1000년 동안의 역사를 권력의 다원주의(Pluralism)라는 관점에서 살피고 있다. 즉, 국가 권력에 있어서 다원주의의 등장과 쇠퇴, 그리고 다시 다원주의가 부활하는 과정이 바로 11세기에서 현재에 이르는 서구의 역사이다.

서기 1000년경을 전후로 서유럽에서는 역사상 처음으로 모습을 보이는 독특한 사회가 형성되기 시작했다. 오늘날의 국가는 통일된 체계로 존재하는 단일한 형태도 아니고 무정부 상태도 아닌 매우 특별한 중간 형태의 모습이었다. 18세기 프랑스의 역사학자 불랭빌리 백작은 그의 저서 『프랑스 구체제의 역사』(1727년)에서 처음으로 이 시대를 봉건주의(Feudalism) 시대라고 표현했다.

봉건제도는 중세 유럽에서 봉토수수(封土授受)에 의해 성립된 지배계급 내의 주종 관계, 또는 중앙에서 직접 지배하는 군현제와 대비하여 씨족 및 혈연 관계를 기반으로 지방에 제후를 두어 통치했던 중국 주나라(BC 11세기~BC 221년)의 분권형 통치 조직을 말한다. 따라서 같은 봉건제도라 하더라도 중세 유럽과 중국 고대 주나라의 봉건제도는 크게 차이가 난다. 물론 중세 유럽에 있어서도 나라와 시기에 따라 봉건제도는 약간씩 다른 모습을 보이고 있으며, 그 가운데 대체적으로 공통적인 것이 바로 기사 계급의 존재이다.

서기 600년 무렵 중앙아시아에서 발명된 등자(鐙子) 기술을 바탕으로 고도의 전투 기술을 갖추게 된 기사 계급은 무거운 갑옷을 입고 말을 탄 채로 싸우는 천하무적의 전쟁기계였다. 노예사회에서 벗어나 근대 국가 모습을 갖추기 전 단계에서 서양사회는 이 전쟁기계인 기사 계급을 중심으로 봉건사회의 형태를 갖추게 된다.

성을 소유한 영주는 봉주(封主)로서 기사들로 구성된 봉신단(封臣團)을 거느린다. 영주들은 다시 그 위의 대제후를 봉주로 하여 봉신단을 구성하고, 대제후들은 다시 국왕을 봉주로 하여 스스로 봉신단을 구성한다. 따라서 형식상 봉건사회는 국왕 – 대제후 – 영주 – 기사의 단계로 형성되며, 각 단계 사이에 봉토에 대한 계약을 체결한다. 그리고 봉토 소유의 마지막 단계인 기사 계급은 농노들에게 자신의 봉토에서 농사를 짓게 하고 봉건지대를 받는 형식이 된다.

이 형식은 엄밀한 계약에 의한 권리나 의무라기보다는 자연발생적으로 형성된 느슨한 성격의 사회적 합의였다. 따라서 중앙집권제에서처럼 국왕으로부터 권리와 의무를 위임받아 아래 단계로 내려가는 형식이 아니었다. 아래 단계인 기사 계급의 권리를 바탕으로 영주, 대제후, 국왕 계급이 공생을 위한 합의체를 구성하고, 관습에 의해 권력을 적절하게 분점하는 상황이었다. 따라서 기사 계급은 자신의 봉토에서 정치적, 경제적, 사회적으로 완벽한 지배권을 소유했다. 기사 계급의 배타적 지배권은 느슨한 합의체 형태의 사회적 성격에 힘입어 다른 조직들에게도 영향을 미쳤다.

다른 여러 조직들도 교황이나 국왕과 같은 중앙 권력에 형식상으로만 충성을 맹세할 뿐, 실질적으로는 교황이나 국왕과는 별도로 구분되는 또 하나의 자율적인 권력 중심으로 기능하였다. 절대적인 권한과 실질적인 무력을 소유하지 못한 국왕은 그들을 강제적으로 통제할 만한 입장이 못 되었다. 다만 전쟁이 일어났을 때 기사 계급의 출전 의무와 평상시의 세금 납부에 만족할 뿐이었다. 이런 느슨한 합의체인 봉건사회에서는 어느 한 조직이나 계급이 자신의 마음대로 사회를 이끌어 갈 수 없었다.

권력이 분점되어 있는 다원주의 상태에서 상호 견제와 함께 공생하면서 사회를 이끌어 나가는 수밖에 없었다. 오랜 세월에 걸쳐 지배계급으로 군림해 온 귀족들, 인간의 사후 세계를 쥐고 있는 주교와 막대한 재산을 가지고 있는 수도원들, 자유도시와 직업별 상인 조합들, 그리고 비교적 후기에 등장한 대학과 독점 상인들과 같은 존재들이 바로 서로를 견제하고 공생하는 권력 중심들이었다.

이런 다원주의 사회는 1200년경 종교계의 중앙집권화 시도로 조금씩 약화되어 가다가, 1350년 무렵 전쟁 기술의 발달에 의해 기사 계급이 붕괴되면서 급격히 쇠퇴하기 시작한다. 1245년 프랑스 리옹에서 교황 인노켄티우스 4세에 의해 개최된 공의회에서, 교황의 수장권과 함께 주교와 수도원에 대한 교황의 감독권을 재확인하려는 시도가 있었다. 가톨릭의 중앙집권화 시도는 기존에 주교 및 수도원들이 독립적으로 소유하던 힘을 약화시키는 계기로 작용하였다. 다원주의에 대한 반동은 이런 가톨릭의 중앙집권화 시도로부터 100여 년이 지난 1350년에 본격적으로 진행되기 시작했다. 새로 발명된 '큰 활'이 봉건사회의 중추 계급이었던 기사 계급의 무력화를 초래했고, '큰 활'에 이어 얼마 되지 않아 등장한 대포는 그때까지 도시를 지키는 든든한 갑옷이었던 기사들의 성을 무용지물로 만들었다.

이때부터 500년 동안 서구사회는 모든 권력이 한곳으로 모아지는 다원주의의 쇠퇴가 진행된다. 민족국가가 사회의 유일한 권력이었던 500년은 매우 느린 속도로 흘러갔다. 국민국가로 발전하기 위한 분수령은 유럽에서 가톨릭권과 프로테스탄트권 사이에 벌어진 30년 전쟁을 마무리하는 1648년의 베스트팔렌조약이었다. 베스트팔렌조약을 계기로 사병(私兵)이 불허되고 군대의 유지와 전쟁 수행은 국민국가만이 할 수 있는 권한으로 확정되었다. 그리고 베스트팔렌조약 이후로 국민국가의 권위에 눌린 다원주의 시대의 자율적 권력들은 급속히 모습을 감추어 갔다. 그리고 나폴레옹 전쟁(1803~1815년)이 종결될 무렵, 유럽은 주권국민국가(Sovereign National State)가 절대적이며 유일한 권력 기구로 확실하게 자리 잡았다.

그러나 19세기 중반에 접어들자 다원주의는 다시 고개를 들고 살아나기 시작한다. 새로운 다원주의의 물꼬를 튼 존재는 기존의 종교나 귀족층과 같은 사람의 무리가 아니었다. 지금까지 존재하지 않았던 전혀 다른 성격의 새로운 존재였다. 바로 기업이었다. 현실적인 권한과 자율성을 지닌 조직으로 1860~70년대 사이에 기업이라는 조직이 등장한 것이다. 기업에 이어 새로운 조직들이 탄생했다. 노동조합, 공무원, 병원, 대학, NGO 등 특수한 목적을 가진 단체들이 등장한 것이다. 이 새로운 조직들은 중세 봉건사회에 등장했던 여러 조직들과 마찬가지로 각자 자신의 입장에서 활발하게 목소리를 내기 시작했다.

그러나 이번에 등장한 다원화된 조직들은 800년 전의 다원주의와 다른 성격을 지니고 있었다. 기존의 기사 계급, 자유 도시, 상인 길드, 주교와 같은 존재들이 주로 '부'와 '권력'을 추구한 조직들이었다면, 새로 등장한 기업, 노동조합, 대학, 병원, NGO와 같은 자율 조직들은 그 주요 기능에 따라 다양한 목적을 추구하고 있다. 다원주의 사회에서 각 조직들이 자신의 수행 능력을 단 하나의 기능에 초점을 맞추면 사회는 전체적으로 균형과 견제 속에서 발전을 하게 된다.

그러나 우려되는 것은 다원주의 사회에서 각각의 자율 조직들이 자신만의 목적을 추구하는 데만 너무 골몰하다 보면, 자칫 국가의 공동선을 추구하는 능력은 약화될 위험이 있다는 것이다. 더욱 더 큰 문제는 특정 조직이 너무 비대해져 자율 조직 간의 견제와 균형을 깨고, 정의실현을 목적으로 하는 국가의 권력마저도 그 밑으로 둘 경우 자칫 공동선의 추구 자체가 아예 무시될 우려도 있다는 것이다.

　지금 우리에게 익숙한 주변 환경도 알고 보면 그리 오래된 것이 아니다. 피터 드러커의 주장에 의하면 현대인들이 몸담고 있지 않으면 생계를 해결할 수 없는 기업이라는 존재도 지구상에 태어난 지 기껏해야 130여 년밖에 되지 않았다. 130여 년 전에는 이 세상 어디에도 기업은 존재하지 않았다. 당시 사람들은 기업에 취직을 하지 않아도 다른 방식으로 아무런 문제없이 자신들의 생계를 해결했다. 누구나 당연시하는 오늘날의 국가도 유럽을 중심으로 볼 때, 400년 전에는 지금의 모습이 아니었다. 통치 체제도 엉성했을뿐더러 국경도 수시로 바뀌는 등 명확하지 않았다. 400년 전 상황을 21세기를 사는 현대인들이 상상하기란 쉽지 않다.

　그렇다면 지금으로부터 400년 뒤 사회의 모습은 어떨까? 과거를 상상하기 어렵듯이 미래를 예측하는 것도 쉽지 않다. 다만 지금까지의 사회 변환 과정과 현재, 그리고 향후 사회를 규정할 주요 요소들을 모아서 참고하여 예상할 뿐이다.

　경제의 국제화에 따른 글로벌화가 시작되기 훨씬 그 이전부터 민족국가의 소멸은 여러 사람들에 의해 예측되어 왔다. 칸트 (Immanuel Kant, 1724~1804년)는 1795년 출간한 『영구평화론(Perpetual Peace)』에서 세계 국가를 논하였다. 마르크스는 『국가소멸론 (Withering Away of the State)』이라는 저서를 통해, 러셀(Bertrand Russell, 1872~1970년)은 1960년대 한 연설을 통해 '민족국가 소멸론'

을 주장했다.

최근 들어서 보다 현실적인 분석에 바탕을 둔 민족국가 소멸론으로는, 런던 타임스의 편집장을 지낸 윌리엄 리스 모그(William Rees Mogg)와 영국 납세자 연합회 회장인 제임스 데일 데이비드슨(James Dale Davidson)의 주장이 있다. 두 사람은 공저인 『주권적 개인(The Sovereign Individual)』이라는 책을 통해, 인터넷의 등장은 모든 정보를 무료로 얻을 수 있기 때문에 사람들은 인터넷을 통해 고발당할 위험 없이 세금 납부를 회피할 수 있는 방법을 알 수 있으며, 그렇게 되면 민족국가는 곧바로 재정 적자에 빠져 곧 소멸하고 말 것이라고 주장했다. 인터넷이 일반에 보급되기 시작한 지 20년이 채 안 된 지금, 적용 가능한 곳이면 어떤 곳이든 급속하게 인터넷이 뻗어나가고 있지만, 다행스럽게도 아직까지는 윌리엄 리스 모그와 제임스 데일 데이비드슨의 주장은 실현되지 않고 있다.

피터 드러커는 지금까지 세계 공동체에서 정치적으로 통합을 이루면서 구성원을 효과적으로 형성할 수 있는 능력을 가진 조직으로 민족국가 말고는 없다고 말했다.[1] 그러면서 앞으로도 민족국가의 형태는 여전히 유효한 조직으로 존재할 것으로 내다봤다. 그러면서 피터 드러커는 정보통신의 혁명에 따른 물리적 국경의 무의미화와 경제의 글로벌화 등을 고려할 때, 앞으로 전개될 민족국가는 지금

---

1)피터 드러커, 이재규 옮김, 『Next Society』, 한국경제신문사, 2007, 306쪽

까지와는 크게 다른 모습으로 바뀔 것이라고 말했다. 그는 가장 많은 변화가 있을 분야로 재정 정책과 화폐 정책, 대외 경제 정책, 국제 경영에 대한 규제, 그리고 국가간 전쟁의 성격 변화를 들었다.

최초로 주권이라는 용어를 사용한 프랑스의 법률가 장 보댕(Jean Bodin, 1520~1596년)은 자신의 저서 『공화국에 관한 6권의 책(Six Books of the Republic)』에서 민족국가의 개념을 정의하는 데 있어 핵심적인 세 요소 중 하나로 '화폐, 신용 그리고 재정 정책'에 대한 국가 통제를 언급했다.

이 기준에 비추어 보면, 대부분의 국가들은 탄생 이래 지금까지 절름발이 민족국가였다고 할 수 있다. 서구를 중심으로 할 때, 19세기 말까지 대부분의 국가에서 통용된 화폐는 국가 소유의 중앙은행이 아닌 민간 상업은행이 발행한 신용화폐였다. 중앙은행은 국가적 통제의 필요에 의해 상업은행이 설립된 뒤에야 설립되었다.

그뿐만이 아니었다. 19세기에서 20세기 중반까지 대부분의 국가들은 모두 금화본위제(Gold Coin Standard)였고, 20세기 들어서 제2차 세계대전 직후 브레튼 우즈(Bretton Woods) 협정에 의해 모든 나라들은 달러를 기축통화로 하는 금환본위제(Gold Exchange Standard : 금본위제의 한 형태로 금본위제를 취하고 있는 다른 나라 중앙은행이 발행한 금환을 자국 통화와 일정한 시세로 매매키로 약속한 제도. 브레튼 우즈 협정에 따른 금환본위제는 미국이 외국의 통화·금융당국에 대해 자유롭게 보유 달러를 금으로 교환해 주겠다고 약속함. 따라서 각 국가는 국제 결재에서 달러를 사용함)로 바

꿰었다. 이 금화본위제 또는 금환본위제는 각국의 통화를 자국이
보유한 금 또는 미국 달러에 연동하게 되어 각 국가들은 화폐 정책
에 있어서 자율권을 확보할 수 없었다.

그러다 1973년 닉슨 대통령의 달러화의 금태환 중지를 골자로
한 '달러 방위책' 발표 이후, 변동환율제와 금태환 중지 실시로 각
국가들은 비로소 화폐 및 재정 문제에 있어 완전한 자율권을 행사
할 수 있게 되었다.

자국의 금 보유량 자체인 금화본위제나 중앙은행의 금 보유량과
연계된 금지금본위제는 자국의 금 보유량이라는 한계 내에서 재정
정책을 펼 수밖에 없었고, 자국의 통화를 미국의 금태환과 일정 비
율로 고정하여 연계시킨 '달러 중심의 금환본위제' 는 근본적으로
미국의 화폐와 신용 및 재정 정책 때문에 다른 나라들은 휘둘릴 수
밖에 없는 상황이었다.

1973년 변동환율제를 채택한 이후 각 국가는 화폐, 신용 및 재정
정책에 있어 자율권을 행사할 수 있게 되었다. 그러나 기대와는 달
리 변동환율제 이후 각국의 통화 가치는 불안정한 등락을 거듭하여
자율이 꼭 좋은 결과를 가져오는 것만은 아니라는 것이 밝혀졌다.

통화 가치의 등락은 두 가지 이유였다. 하나는 통제를 벗어나 화
폐, 신용 및 재정 정책을 독립적으로 세울 수 있게 된 정부가 자국
의 경제력을 초과하여 통화를 발행했기 때문이고, 다른 하나는 변
동환율제 시행과 경제의 글로벌화에 따른 머니 게임의 등장 때문이

었다. 투자, 생산, 소비 혹은 무역 등과 같은 실물 경제가 아닌 화폐 자체의 거래에 의해 화폐가치의 등락 폭이 훨씬 커지면서 불안정하게 된 것이다. 화폐가 화폐의 전통적인 기능인 '가치 척도의 수단', '가치 저장의 수단', 그리고 '교환 수단'에서 벗어나 환율 변동을 따라 화폐 자체가 하나의 거래 상품으로 바뀐 것이다.

가상의 공간을 통해 순식간에 이루어지는 화폐 간의 하루 거래 금액이 무역과 투자로 1년간 거래되는 금액과 맞먹는 상황에서 화폐의 가치와 이것과 밀접하게 연관된 국가의 경제정책은 크게 흔들릴 수밖에 없게 되었다. 지구를 둘러싸고 순식간에 이동하는 가상 공간의 화폐는 자연히 현실에 민감하게 반응할 수밖에 없고, 그 상황에서 필요 이상의 반응이 일파만파로 번지면서 언제라도 한 국가의 신용 붕괴로 이어질 위험이 도사리고 있는 것이다. 유구한 역사와 전통을 지니고 수많은 조상들의 피와 땀으로 이루어진 한 위대한 국가가 한 마리 나비의 날개짓에 일순간 국권이나 다름없는 경제주권을 상실할 위험에 처하게 된 것이다.

90년대 초 동남아 국가들의 외환위기 상황이나 1997년 우리나라가 겪었던 외환 위기도 이 경우에 해당한다. 외환 위기 발생 직후 담당 장관이 실물 경제는 이상이 없다, 펀드멘털은 문제없다는 말을 여러 번 반복했었다. 국제 환거래 규모가 실물 경제 규모의 수백 배로 커진 상황에서, 실물경제만 가지고 상황을 판단하는 것은 위기 발생 원인을 완전히 잘못 짚은 것이었다.

30여 년 전 닉슨 정권하에서 시작된 변동환율제는 각 민족국가들에게 화폐, 신용 및 재정 정책에 대한 자율권이 주어진 격이었으나, 결과적으로 민족국가들에게 어떤 이익도 가져다 주지 못했다. 오히려 예상과는 달리 화폐 정책에 있어서 정부가 독자적으로 통제할 수 있는 여지를 제거해 버렸다. 정부 입장에서는 대규모 국제환 투기가들의 눈치를 살피면서 조심스럽게 경제정책을 운영해 나가지 않으면 안 되게 되었다.

그렇다면 글로벌시대에 국민정부가 선택할 수 있는 대안은 무엇인가? 드러커는 원론적인 대안을 내놓고 있다. 정부의 의식 전환이 필요하다는 조언이다. 즉, 국가의 경제정책 결정을 민족국가 입장에서 할 것이 아니라, 글로벌 경제 입장에서 해야 한다는 것이다.

글로벌 경제 입장에서 판단을 하지 않으면 결국 글로벌 경제에 의해서 우리 자신이 재단될 수밖에 없는 것이 현대 민족국가의 현실이라고 할 때, 피터 드러커의 조언은 조언이 아닌 진리이고 현실이다. 칸트와 과거의 여러 석학들이 예상했던 대로의 모습은 아니지만 세계 국가화는 이미 진행되고 있다. 독자적으로 화폐, 신용 및 재정 정책을 펼 수 없다면 장 보댕의 정의에 비추어 볼 때 민족국가로서의 의미는 이미 크게 훼손된 상태이다. 21세기 초입, 세계의 민족국가들은 형태만 독립된 민족국가일 뿐 내용은 이미 세계 국가의 테두리 속에 한 발을 담그고 있는 상태이다.

도시 공동체를 만들어야 한다

사람들의 물질적 삶은 100년 전, 아니 불과 몇십 년 전과 비교하더라도 분명 풍요로워졌다. 옷은 더 이상 추위를 피하거나 몸을 가리기 위한 수단이 아닌 자기 표현의 일부가 되었고, 주거 환경은 과거와 비교도 안 될 정도로 위생적으로 바뀌었으며, 식생활 또한 훨씬 풍요로워졌다. 따라서 정치적 독재나 지도층의 부정 부패의 혼란 속에 있는 국가를 제외하면 분명히 대부분의 국가들은 크게 발전되어 왔다. 우리나라처럼 짧은 시간에 산업화를 이룬 국가는 말할 것도 없이 물질적으로도 크게 향상되었다.

그러나 이런 물질적 향상에 비해 사람들의 행복지수는 그렇게 높아지지 않았다. 오히려 더 낮아졌다는 지적도 있다. 인간의 욕심이 무한하다고 하지만 물질적인 향상이 행복지수와 반대방향으로 갈 수는 없다. 물질적 향상에 따라 행복지수가 조금이라도 더 향상되는 것이 정상이다. 물질이 향상되었음에도 불구하고 마음이 더 풍요로워지지 않은 것은 무엇 때문일까?

피터 드러커는 20세기 초와 현재를 비교하면서 도시화에 따른 공동체 파괴를 현대인의 행복을 해치는 주요 원인 중의 하나로 이해하고 있다. 많은 국가들이 20세기 동안 산업화 과정에서 많은 도시를 만들었다. 제1차 세계대전 전에 불과 인구의 5%밖에 살지 않던 도시가 100년도 안 된 현재, 선진국의 경우 95%의 사람들이 도시에 거주하고 있다.

거주 환경의 변화는 여러 가지 다른 변화를 가져왔지만 그중 가장 중요한 것이 바로 공동체의 파괴였다. 농촌사회는 사계절에 순응하면서 정주하여 농사를 짓는 일이 주업이기 때문에 이동성이 극히 적은 사회이다. 사람들은 정주사회에서 농사라는 협업을 통해 매일 함께 일하고 쉬면서 자연스럽게 공동체를 형성했다. 이런 자연스런 공동체는 서로를 포용하면서 상부상조하는 분위기를 만들었다. 그러나 동시에 공동체는 그 공동체 속에서 개인의 함몰과 신분상승의 기회 부재라는 문제도 동시에 갖고 있었다.

산업화와 함께 진행된 도시화는 이런 농촌에 거주하고 있는 사람들을 빠른 속도로 도시로 불러들였다. 도시로 몰려든 사람들은 익명성이 보장되는 환경 속에서 주어진 기회를 마음껏 이용하여 신분상승을 시도하였다. 산업화가 정점에 달한 현재, 도시인들은 어느 정도의 신분상승과 함께 물질적 향상을 실현했다. 그러나 그 신분상승과 물질 향상에 대한 대가 또한 적지 않았다. 상호이해와 협조를 바탕으로 하는 공동체를 더 이상 가질 수 없게 된 것이다. 인간은 공동체를 필요로 하는 존재라는 것을 최초로 주장한 페르디난트 퇴니스(Ferdinand Toennies, 1855~1936년)가 그의 저서 『공동사회와 이익사회(Gemeinschaft und Gesellschaft)』에서 말했던 공동사회가 없어진 것이다.

드러커는 인간은 어떤 식으로든지 공동체를 필요로 하는데, 만일 건설적인 목적을 갖는 공동체가 형성되지 않으면 그 자리에는 파괴적이고 살인적인 공동체가 대신 자리 잡는다[2]고 말했다. 선진 국의 대도시에 존재하는 마피아나 조직 폭력배와 같은 존재가 바로 이런 부정적 의미의 공동체라고 할 수 있다.

그렇다면 회색 빌딩 숲에 갇혀 사는 도시인들의 공동사회의 문제는 어떻게 해결해야 할까? 목가적인 풍경이 그립고 가까운 이들과 늘상 함께했던 삶이 간절하다고 해서 도시를 다시 농촌으로 되돌릴 수는 없다. 피터 드러커는 여기에 대한 해법으로 도시 공동체를 만들 것을 제안한다. 도시 공동체는 도시 속의 고독한 개인들에게 성취감을 느낄 기회와 함께 자신이 추구하는 공공 가치에 공헌할 기회를 준다. 이런 기회를 통해 사람들은 자신이 소중한 존재라는 것을 깨닫는다.

그러나 같은 공동체라고 해도 도시 공동체와 기존의 농촌 공동체가 같을 수는 없다. 기존의 농촌 공동체가 개인들로 하여금 공동체에 참여하지 않으면 안 되게끔 강요하는 폐쇄적 공동체였다면, 도시 공동체는 공동체가 개인을 억압하지 않는 자유로운 열린 공동체여야 한다. 아울러 농촌의 공동체가 농사협업이나 대소사를 함께하는 상호부조적 성격이었다면, 도시 공동체는 도시 환경에 맞는 자원 봉사적인 성격을 지녀야 한다. 도시 공동체의 추진 주체도 중

---

2)위의 책, 356쪽

요하다. 국가나 기업이 주체가 되는 것은 적절치 않다. 국가나 기업이 기본적으로 추구하는 목적이 '정의 실현'이나 '이익 실현'으로, 공동체가 추구하는 목적과는 전혀 다른 방향이기 때문이다. 도시 공동체는 비정부 기관(NGO : NonGovernmental Organization), 비기업(NBO : NonBusiness Orgarnization) 또는 비영리 단체(NPO : NonProfit Organization)에 의해 해결되어야 한다.[3]

지난 20세기가 정부와 기업이 성장한 시대였다면, 21세기는 기업만이 폭발적으로 자기 확대를 추구해 나갈 기업 독주의 시대로 예상된다. 기업이 자신의 영역을 확대해 나가면, 정치와 문화는 자연히 지금보다 더 왜소한 모습으로 움츠러들 수밖에 없다. 드러커가 강조한 도시 공동체 추진은 바로 이런 이유 때문에 필요하다. 문화가 왜소해지면 아무리 높은 경제발전을 이루더라도 사람들의 행복지수는 높아질 수 없다. 이익과 생산성이 아닌 상호 공존과 협조를 위한 자기 실현의 공동사회를 만들어 나가는 것은 다름 아닌 우리의 미래를 행복으로 이끄는 지름길이다.

---

3)위의 책, 351쪽

peter druker

2부

조직의 경영

peter drucker

Chapter 3

조직 경영의
핵심

> "모든 업계는 현상이 먼저 있은 후 그에 따라 이론과 학문이 등장한다. 이론과 학문의 등장은 현상의 체계적인 발전에 기여하며, 최초의 현상은 이를 근거로 점차 큰 발전을 향하게 된다. 현상과 이론은 이런 상호 상승 과정을 통해 발전하고, 정교해지고, 심오해지고, 체계화된다. 19세기 말 테일러의 동작 연구와 시간 연구로 시작된 경영 현상은 많은 학자들에 의해 기업 경영에 관한 연구의 이론적 소재를 제공했다. 경영을 둘러싼 이론과 현상은 상호 상승작용을 해오다, 비로소 피터 드러커에 이르러 경영과 관련된 이론이 통일되고 체계화되는 계기를 맞이한다."

경영의 정의

경영의 기원과 발전

경영의 역사는 생각보다 그리 오래되지 않았다. 자본주의의 구조적인 모순을 지적한 칼 마르크스(Karl Marx)의 자본론 1권이 쓰여진 1867년에는 아직 경영이라는 개념이 존재하기 전이었다. 전문경영자에 의해 경영되는 기업도 아직 존재하지 않았다. 단순히 공장소유자와 일하는 노동자가 있을 뿐이었다. 경영은 등장한 지 백 년 남짓되는 시간 동안 지구상에 있는 대부분의 국가들을 크게 바꾸어 놓았다. 이렇게 인류 역사에서 경영만큼 인간의 삶에 큰 영향을 끼친 것도 드물다.

제1차 세계대전이 일어날 무렵만 해도 불과 몇몇 사람들만이 경영이라는 개념을 인식하고 있었다. 당시 사람들은 대부분 육체근로에 종사하고 있었다. 그러나 그때부터 백 년이 채 지나지 않은 현재 미국에서는 전체 노동력의 3분의 1 이상이 경영자 및 전문가로 분류되는 지식근로자들이다. 이런 노동력의 변화는 다름 아닌 경영에서 비롯되었다. 경영 개념이 본격적으로 알려지기 전까지 대부분의 조직들은 많은 사람을 고용할 수 없었다. 다양한 기능을 가진 사람들을 하나의 목표 아래 일하도록 관리하는 방법을 알 수 없었기 때문이다

1870년대 기업 조직이 등장하기 전 유일한 대규모 상설조직은 군대였다. 따라서 19세기 말부터 20세기 초에 등장한 철강산업이나 철도 건설 또는 은행과 같은 대규모의 조직 관리 모델은 모두 군대 조직에서 차입된 것들이었다. 명령과 복종만이 존재하는 군대식 관리 방식은 오랫동안 사람과 조직을 관리하는 전형이 되었다.

무엇보다 경영 발전에 크게 기여한 것은 교육 훈련의 발전이었다. 교육 훈련이 없었다면 노동자들에게 경영 개념을 적용하는 것 자체가 불가능한 일이었다. 교육 훈련은 현실적 필요에 의해 급속하게 도입되고 확대되었다. 바로 제1차 세계대전의 발발이었다. 전쟁 물자를 보급하기 위한 국가 간의 생산성 우위 다툼은 1885년부터 1910년 사이에 개발된 프레더릭 테일러의 과학적 관리(Scientific Management) 이론이 급속하게 보급되기 시작한 계기가 되었다. 테일러 이론에 따라 과업을 단위별로 나누어 작업을 한 후에 단시간 동안 교육을 실시하여 생산성을 크게 향상시킬 수 있었다. 제2차 세계대전 중에 이런 교육 훈련에 의한 생산성 향상 방식은 더 많은

나라로 확대되어 나갔다.

경영 개념은 특히 1920~30년대 사이에 제조업 분야에서 크게 발전·적용되었다. 분권화(Decentralization)를 통한 대규모 조직의 효율적인 관리, 분석과 통제를 위한 수단으로서 회계 지식의 활용, 기획의 중요성을 보여 준 간트 차트(Gantt Charts)의 등장, 비수치적인 활동을 계량화하기 위한 다양한 분석 및 통계 기법의 개발, 마케팅 개념의 등장과 같은 성과들이 줄을 이었다.

이런 경영 개념의 발전은 제2차 세계대전을 통해 더욱 분명하게 확인되었다. 독일이 전쟁 전략에 있어서 훨씬 뛰어났음에도 불구하고 미국을 중심으로 한 연합군에게 패한 것이다. 원인은 생산성의 차이었다. 미국은 다른 모든 교전국들의 전체 인구수에 비해 5분의 1밖에 되지 않았지만, 전쟁 능력은 비슷한 수준을 유지하고 있었으며, 군수품 생산은 오히려 다른 교전국들을 능가했다. 사람들은 전쟁이 끝날 무렵에야 비로소 경영이 생산성의 차이는 물론이고 전쟁의 승패까지도 결정하는 중요한 개념이라는 것을 인식하기 시작했다.

제2차 세계대전이 끝나고 난 뒤 사람들은 경영이 기업에만 한정되는 개념이 아니라는 것을 인식하였다. 다양한 기능과 지식을 가진 여러 사람들을 하나의 조직으로 통합하는 기술로서, 병원, 대학, 교회, 예술 기관, 봉사 기관 같은 모든 부문에 적용할 수 있는, 또 적용되어야 하는 개념으로 이해하게 된다. 경영이 인류 역사에 있어 새로운 사회적 기능으로 자리 잡기 시작한 것이다.

경영의 정의

피터 드러커는 경영의 기본 원칙들을 다음과 같이 정의한다. 첫 번째, 경영이란 인간에 관한 것이다. 다양한 기능과 지식을 가진 사람들이 함께 모여 공동의 목표를 달성할 수 있도록 하는 것이 경영이다. 경영은 공동의 목표를 달성하는 과정에서 개인의 장점은 적극적으로 활용하고 약점은 목표 달성에 장애로 기능하지 않도록 하는 것이다. 경영을 통해 기업과 개인은 상호 의존한다. 현대인들은 자신의 생계 해결뿐만 아니라 사회에 대한 기여도 현실적으로 기업 경영에 크게 의존하고 있으며, 기업 역시 사람들의 기능과 공헌에 의존하고 있다.

두 번째, 경영은 조직의 목표를 달성하기 위해 여러 사람들을 하나로 모으는 일이기 때문에, 해당 지역의 문화와도 관련이 있다. 따라서 경영자의 역할 자체는 어떤 지역이든 동일하지만 그 역할을 수행하는 방식은 지역에 따라 크게 달라질 수 있다.

세 번째, 기업은 구성원들에게 기업이 지향하는 목표와 가치관을 함께 가지기를 바란다. 기업 구성원들이 동일한 목표와 가치관을 가지고 있지 않다면 그 기업은 사람들의 단순한 집합에 불과하다. 기업으로서 아무런 의미도 지니지 못하는 것이다.

네 번째, 경영은 조직과 조직의 구성원들이 성장하고 발전할 수 있도록 해야 한다. 기업은 기본적으로 생산을 하는 곳이지만 배우는 곳이며 가르치는 곳이기도 하다. 끊임없이 구성원에 대한 훈련과 개발이 이루어져야 한다.

다섯 번째, 기업은 구성원 각자의 책임과 구성원들 간의 커뮤니케이션을 바탕으로 기능한다. 구성원들은 자신에게 주어진 목표를 명확하게 인식하고, 다른 구성원들을 위해 자신이 무엇을 해야 하는지, 자신을 위해 다른 구성원들이 무엇을 해야 하는지 분명히 알고 있어야 한다. 그리고 서로의 역할에 대해 구성원들 간에 충분한 이해와 인식이 있어야 한다.

여섯 번째로, 경영 활동에 대한 성과 측정은 단순한 수익성이나 매출액만이 아닌 생산성, 품질, 시장점유율, 재무 상태와 같은 계량적인 내용은 물론 혁신, 교육 및 훈련과 같은 정성적인 내용들에 대해서도 다양하게 이루어져야 한다. 이런 다양한 요소들이 기업의 운영에 모두 중요한 의미를 지니기 때문이다

마지막 일곱 번째로는 경영의 성과는 언제나 기업 내부가 아닌 외부에 나타난다는 사실을 염두에 두어야 한다. 그 결과는 다름 아닌 고객 만족이다. 기업 내부에는 이런 외부적 결과를 만들어 내기 위한 비용 투입만이 존재할 뿐이다

경영의 과업

기업은 사회 속에 존재하는 여러 조직들 중에 하나이다. 그리하여 조직의 존재 목적은 자신의 내부가 아닌 사회에 있다. 즉, 특수한 사회적 목적을 달성함으로써 사회나 개인이 바라는 니즈를 충족시켜 주기 위해 조직은 존재한다. 또한 조직은 사회적인 의미로 볼 때 목적이 아닌 수단의 의미를 지닌다. 따라서 조직이라는 존재의 의미를 살필 때 단순히 그것의 정의에 대해서 생각하는 것은 무의미하다. '조직'의 역할이 무엇인가를 생각해 보아야 한다. 경영에 대해서도 마찬가지이다. 정의가 아닌 역할에 대해서 생각해 보아야 한다. 경영은 기본적으로 다음과 같은 세 가지 역할을 한다.

첫 번째, 조직의 고유한 목적과 사명을 달성해야 한다. 모든 조직은 각각 지향하는 고유의 목적과 사명, 그리고 사회적 역할을 수행하기 위해 존재한다. 조직의 목적과 사명은 일차적으로 그 조직이 영리 조직인지 비영리 조직인지에 따라 과업의 성격이 크게 달라진다.

21세기의 가장 보편적인 조직인 기업은 경제적 성과를 달성하는 것이 바로 목적이며 사명이다. 따라서 기업 조직을 간단하게 정의하면, '경제적 성과 달성을 목적으로 하는 존재'가 될 것이다. 기업이외에 병원이나 교회, 대학, 군대와 같은 조직들은 기업의 '성과 달성'과는 다른 그들만의 고유한 목적을 갖는다. 그러나 이런 모든 조직들도 경제적 의미를 100% 배제하지는 못한다. 왜냐하면 이런 조직들도 자신의 목적 달성과 경제적 의미가 직접적으로는 관련이 없더라도 목적 달성을 하는 데 있어서 반드시 경제적 자원이 투입되며, 이때 투입된 자원을 최적으로 사용하지 않으면 안 되기 때문이다. 최적으로 사용하느냐 그렇지 못하냐는 결국 이런 비영리 조직들의 목적이나 사명 달성과도 깊은 관련이 있다.

두 번째, 조직의 생산성을 높이는 일이다. 경영은 효율적으로 조직에서 진행되는 일의 생산성을 높일 수 있도록 한다. 생산성을 높인다는 것은 결국 구성원의 활동을 더욱 생산적으로 이루어지도록 하는 것을 의미한다. 조직의 목표는 사람을 통해서만이 달성될 수 있기 때문이다.

현대인들은 사회 조직을 통해 생계는 물론 사회적 지위, 그리고 개인적인 성취감과 만족까지도 얻고 있다. 따라서 기업이든 다른 어떤 조직이든 그 조직이 추구하는 목표를 더욱 효과적으로 달성하기 위해서는 구성원들로 하여금 성취감을 가질 수 있도록 해주어야 한다. 이런 차원에서 볼 때 경영에 있어서 영리 조직의 논리에 따라 기업을 구성하는 것은 너무나 당연한 일이며, 추가적으로 고려해야 할 것은 시스템을 인간의 특성에 맞도록 조직하는 것이라고 할 수 있다.

세 번째는 기업에게 주어진 사회적 책임을 이행해야 한다. 경영은 기업이 외부에 미치는 영향들과 기업의 사회적 책임들을 정확하게 파악하여 적절한 조치를 취해야 한다. 기업은 상품과 서비스를 생산하여 고객에게 제공하는 과정에서 자신의 의도와 상관없이 지역사회와 관련된 영역에 영향을 미친다. 영향을 미친다는 것은 권력을 행사한다는 의미이다. 권력의 정당성은 그에 합당한 책임을 질 때 비로소 존재할 수 있다. 의도와 상관없이 영향력에 해당되는 만큼 책임을 지는 것은 건강한 사회의 기본 원칙이다.

또한 기업은 사회적 · 질적 향상에도 관심을 가져야 한다. 기업은 지역사회의 일원, 생계 수단인 일자리의 제공자, 또는 국가 재정의 원천인 세금 납부자로서의 역할을 한다. 하지만 한편으로는 환경오염의 제공자로 사회에 손해를 입히기도 한다. 기업은 인간이 필요로 하는 물질의 제공뿐만이 아니라, 인간의 보다 나은 삶을 위한 사회적인 순기능 역할에 있어서도 적극적인 관심을 기울여야 한다.

기업의 목표 달성을 위한 활동

사람들에게 기업의 목표에 대해서 물어 보면 흔히 '이윤 추구' 또는 '이윤의 극대화'로 대답을 한다. '이윤 추구' 또는 '이윤의 극대화'의 구체적인 의미는 '싸게 사서 비싸게 판다.'이다. 이 답변에 대해 피터 드러커는 기업의 목표는 이윤 추구가 아니라고 주장한다. 이윤 추구는 기업 경영에 있어 '제약 조건'일 뿐이며 진정한 기업의 목적은 '고객 창조'라고 한다. 고객들은 기업이 가지고 있는 단순한 자원을 효용성(Utility)이 있는 재화와 용역으로 인정하고 기꺼이 가격을 지불해 기업에게 이익을 안겨 주기 때문이다. 기업의 목표가 바로 이런 고객을 확보하는 것이라고 할 때, 기업의 기본적인 활동은 저절로 정해진다. 바로 마케팅과 혁신이다.

피터 드러커는 많은 기업들이 마케팅을 강조하고 있지만, 제대로 행하는 기업들은 별로 없다고 말한다. 마케팅은 그저 구호로만 존재할 뿐이라는 이야기이다. 그 증거로 제시하는 것이 바로 소비자보호운동이다. 여기에 참여하는 사람들은 자기들이 주장하는 것들을 기업에서 내거는 '고객 만족'의 표본으로 삼으라고 요구한다. 결과적으로 소비자보호운동이 기업에게 요구하는 것은 마케팅이 해야 할 활동과 정확히 일치한다. 뒤집어서 말하면 이 소비자보호운동이 존재하는 것 자체가 바로 마케팅 부재의 증거이다.

기업이 성장을 추구하는 존재라고 할 때 변화는 자연스러운 것이다. 따라서 변화를 위한 혁신은 기업의 필수 활동이다. 더 훌륭한 가치를 제공하기 위해 기업은 제품의 가격을 인하하고, 새로운 만족을 제공할 수 있는 제품이나 서비스 창조, 새로운 용도 개발 등 다양한 영역에서 혁신을 추구해야 한다. 또한 혁신은 제조업에만 해당되는 것이 아니라 유통업, 보험업, 금융업, 정부 기관, NGO 등 어떤 조직에서든 이루어져야 한다.

혁신의 개념에 추가해야 할 것은 사회적 수요가 발생할 경우 이를 새로운 사업을 위한 기회로 활용하는 것이다. 사회 변화에 따라 사회, 교육, 의료, 도시, 환경에 관련된 각종 새로운 욕구가 발생하고 있다. 당연히 기업의 입장에서는 이런 새로운 사회적 욕구에 적극적으로 나서 혁신을 통해 새로운 사업 기회를 창출해야 한다.

이런 기업의 본질적인 활동인 마케팅과 혁신을 지속적으로 해

나가기 위해서 기업은 끊임없이 내부 관리 역량을 향상시켜 나가야
한다.

어떤 사업이 되어야 하는가?

'어떤 사업이 되어야 하는가?' 라는 질문에 답하기 위해
서는 사회, 경제, 시장의 변화와 자기 자신의 혁신과
경쟁 기업들의 혁신에 대한 고려가 있어야 한다. 또한 기존의 제품,
서비스, 생산과정, 시장, 최종 소비자, 그리고 유통 과정을 체계적
으로 분석하는 것이 필수적이다. 그러나 이 모든 것보다 먼저 선행
되어야 할 작업은 기업의 목표와 관련된 사항들을 분명하게 정하는
것이다. 목표는 방향이기 때문에 목표와 관련된 사항들이 분명히
정해져 있지 않으면 잘못된 것을 지향할 위험이 있고, 자원의 집중
도가 떨어질 수도 있기 때문이다. 목표와 관련해 정해야 할 사항으
로 피터 드러커는 다음과 같이 조언하고 있다.

- 목표는 우리의 사업이 어떤 것이며, 그리고 어떠한 것이 되어야
  하는가? 라는 질문에서 도출되어야 한다.
- 목표는 구체적인 실행으로 옮길 수 있어야 한다.
- 목표는 회사의 모든 자원과 노력을 최대한 한곳에 집중시킬 수

있어야 한다.

- 목표는 한 가지가 아니라 여러 가지여야 한다.
- 기업의 성패를 좌우하는 요소는 모두 목표를 필요로 한다. 마케팅, 혁신, 인적 자원, 재정 자원, 물적 자원, 생산성, 사회적 책임 및 이익 등과 같은 요소들이다.

목표는 때로 도전의식을 불러일으키지 못하면서 구성원들을 구속하는 역기능만 낳을 수도 있다. 목표는 운명처럼 절대적인 개념이 아니다. 반드시 구성원의 활동에 공헌을 하는 역할을 할 수 있어야 목표로서 진정한 의미를 가질 수 있다.

마케팅에 대한 목표

기업 목표의 중심은 마케팅과 혁신이다. 고객이 기꺼이 대가를 지불하는 것은 바로 이 두 영역에서 기업이 이룩한 성과와 공헌에 대해서이다. 따라서 마케팅에 대한 분명한 목표를 갖는 것은 그 어떤 경영 요소보다도 중요하다. 마케팅에서 성과를 달성하기 위해서는 다음과 같은 여러 가지 목표[4]가 필요하다.

---

4)피터 드러커, 이재규 옮김, 『피터 드러커 미래 경영』, 청림출판, 2002, 59쪽

- 현재 시장에 진출해 있는 기존 제품과 서비스에 대한 목표

- 과거의 제품 및 서비스와 시장의 폐기에 대한 목표

- 기존 시장에 진출해 있는 새로운 제품 및 서비스에 대한 목표

- 새로운 시장에 대한 목표

- 유통 조직에 대한 목표

- 서비스 기준 및 성과에 대한 목표

- 신용 공여 기준 및 성과에 대한 목표

이와 같은 목표를 정하기 전에 먼저 기본적이고 핵심적인 의사 결정 두 가지가 이루어져야 한다. 바로 어떤 분야에 집중할 것인가 와 시장 지위에 대한 결정이다. 특정 시장에서 선두주자가 된다는 것은 중요한 의미를 지닌다. 시장점유율이 낮아지면 그 기업은 자 연히 시장의 중심에서 밀려나게 되고 나중에는 위험한 상황에 빠질 가능성이 있기 때문이다. 반대로 시장 지위에 있어서 지금보다 위 로 올라가는 것이 바람직하지 않은 경우도 있다. 이때 기업들은 추 가적인 노력을 게을리 하게 되며, 이런 자만심은 머지않아 기업의 쇠락을 가져온다. 그 외에도 혁신에 대한 조직 내부의 저항이 있을 수 있다. 또 시장이 단 하나의 지배적 공급자에게 강한 반발을 보이 는 경우도 있다. 경우에 따라 다르지만 대체로 시장은 소수의 경쟁 자들과 함께하는 것이 유리할 때가 많다. 시장 확대 측면에서도 그 렇고 끊임없는 혁신의 필요성에 있어서도 그렇다.

혁신에 대한 목표

'우리의 사업이 어떤 것이어야 하는가?' 라는 질문에 대한 답은 혁신 목표가 있음으로써 구체적인 활동으로 바뀔 수 있다. 기업에 있어서 혁신의 목표[5]는 다음과 같은 세 가지를 들 수 있다.

- 제품 및 서비스의 혁신에 대한 목표
- 시장, 소비자 행동, 가치와 관련된 혁신에 대한 목표
- 제품 및 서비스의 시장 공급에 필요한 다양한 기술과 활동에 관련된 혁신에 대한 목표

이 세 가지 혁신들은 간단히 각각 제품 혁신, 사회적 혁신 및 관리 혁신이라고 부를 수 있다. 이 같은 혁신 목표들을 수립하는 데 있어서 주의해야 할 것은 세 가지 혁신들 간의 영향력과 상대적 중요도를 파악하는 문제이다. 상대적인 영향력과 중요도는 기업에 따라 각각 다르다.

---

5)위의 책, 62쪽

자원에 대한 목표

자원에 대한 목표는 기업 활동에 필요한 자원의 조달과 이용, 그리고 생산성에 관한 것이다. 기업은 생산의 3요소인 토지, 노동, 자본을 확보하여 이것들을 생산적으로 이용할 수 있어야 한다. 세 가지 자원 중에서도 인적 자원인 노동과 자본 자원이 특히 중요하다. 산업이 쇠락할 경우 최초에 나타나는 징후는 야망이 있고 유능한 인재들이 그 산업을 외면하는 현상이다. 자본 요소와 관련해서는 투자와 차입의 구성, 자기 자본의 구성, 대출의 장단기 등 자본 자원의 성격에 대해서도 시간 여유를 두고 미리 정해 놓아야 한다.

자원에 대한 목표는 기본적으로 기업 자체의 수요와 해당 자원의 공급 시장 상황을 고려해서 설정한다.

생산성에 대한 목표

생산성 향상은 기업의 중요한 과제 중에 하나이다. 그러므로 기업은 토지, 노동, 자본에 대한 각각의 생산성 목표와 함께 기업 전체적인 생산성 목표를 정해야 한다. 기업의 성과를 가르는 것은 자원 자체가 아니다. 기업이 획득하는 자원들 간에는 별 차이가 없다. 동일 산업 내의 경쟁 기업들 간에 격차를 만드는 유일한 원인은 바로 경영의 질적 수준이다. 지속적인 생산성 향상은 경영자가 달성해야 할 중요한 숙제 중 하나이자 또한 어려운 과제이기도 하다

사회적 책임에 대한 목표

최근 들어서까지도 경영자들은 사회적 책임이라는 것에 대해 막연하게 생각했다. 가장 큰 이유는 사회적 책임이라는 것이 구체적이지 않았기 때문이다. 그런데 언제부터인가 기업이 사회적 책임을 다하지 않을 경우, 기업이 감수하지 않으면 안 될 손실이 상당히 구체적인 상황으로 나타나기 시작했다. 즉, 기업을 상대로 벌이는 소비자운동이나 환경운동과 같은 활동들이 심한 경우에는 기업의 존폐를 좌우하는 경우까지 발생했다.

따라서 기업의 사회적 책임은 이제 기업이 해결해야 할 문제들 중에서 상당히 중요한 문제로 자리 잡게 되었다. 영리 조직이자 사회적으로 막강한 영향력을 가지고 있는 사회적 존재인 기업은 의도만이 아닌 구체적인 모습으로, 그리고 기업 전략의 일부로 사회적 책임과 관련된 목표를 다루어야 한다.

이익에 대한 목표

모든 성과에는 대가가 따른다. 이익도 마찬가지이다. 무조건 최대 이익을 추구할 것이 아니라 어느 정도의 자원을 투입해서 어느 정도 수준의 이익을 올릴 것인가를 미리 결정해 이익에 대한 목표를 정해야 한다.

이익을 발생시키지 못하면 그 기업은 존속할 수도 없고 사업을 확장시켜 나갈 수도 없다. 기업의 유지와 성장에 필요한 최소한의 이익 이상을 실현하기 위한 구체적인 계획을 세워야 한다.

비영리 기관이 주는 교훈

조직의 사명을 최우선으로 하라

미국에서 가장 많은 사람들이 일하고 있는 곳은 기업이 아니라 비영리 기관이다. 미국의 성인 2명 중에 1명은 비영리 기관에서 매주 5시간씩 봉사 활동을 하고 있다. 그런데 이 비영리 기관들이 최근 20년 정도 발전해 오는 과정에서 현재의 기업들이 본받아야 할 많은 장점들을 확보하게 되었다.

1970~80년대만 하더라도 비영리 기관에 근무하는 사람들은 경영이라는 개념을 잘못 이해하여 상당히 경원시하는 경향이 있었다. 그러나 최근 들어서 경영에 대한 올바른 이해를 통해 일반 기업보다 오히려 비영리 기관에서 경영이라는 개념이 더욱 필요하다는 인식이 대두되고 있다. 단순히 선한 의도만으로 비영리 기관이 추구하는 목적을 효과적으로 달성할 수 없다는 것을 절실하게 느끼게

된 것이다. 경영 개념을 통해 그들이 가장 먼저 배운 것은 경영은 조직의 사명을 분명히 인식하고 그 사명을 완수하는 것에서 출발한다는 것이었다. 사명을 먼저 분명하게 함으로써 조직의 목표를 설정하고, 행동에 초점을 맞출 수가 있으며, 목적을 달성하기 위한 구체적인 전략을 세울 수 있게 되었다.

피터 드러커는 미국에서 구세군, 걸스카우트, 자원보호단체인 자연보호회 같은 비영리 봉사단체들이 오늘날과 같이 사회적으로 중요한 역할을 하게 된 주요 원인을 구성원들의 사명 의식에서 찾는다. 신생 교회가 불과 15년 만에 1만 3천 명의 신도를 가진 큰 교회로 성장하게 된 원인도 알고 보면 젊은 목사의 사명감에서 시작되었다. 즉, 어떻게 하면 신자가 될 가능성이 있는 잠재 고객의 욕구를 충족시켜 줄 수 있을까 하는 경영 마인드가 오늘날의 결과를 가져온 것이었다.

그는 비영리 기관이 일반 기업보다 사명 의식이 훨씬 더 강하다고 평가한다. 따라서 지금까지 기업이 비영리 기관들에 경영 개념을 가르쳐 주었다면, 앞으로는 반대로 기업들이 비영리 기관들로부터 '사명'과 '사명의 완수'에 대해서 배울 차례라고 말한다.

이사회를 효과적으로 운영하라

이사회 조직은 비영리 기관이나 일반 기업 모두 가지고 있다. 그러나 그 활성화 정도나 역할에 있어서는 큰 차이를 보인다.

법적으로 기업의 이사회는 매우 중요한 의사 결정 기관이다. 따라서 학자들이나 경영에 관한 유명 저술가들은 최근 20여 년 동안 이사회가 회사 경영에 적극적으로 참여해야 한다고 꾸준히 주장해 왔다. 그러나 대기업의 최고경영자들은 계속해서 의도적으로 이사회의 기능과 권한을 제한하고 독립을 방해해 왔다. 그 결과 대부분의 이사회는 기업이 돌아가는 상황을 가장 늦게 알아차리는 별 볼일 없는 기관으로 전락하고 말았다.

그에 반해 비영리 기관 이사회는 조직 운영에 적극적으로 참여해 왔을 뿐만 아니라, 오늘날과 같이 비영리 기관이 성장하는 데 큰 기여를 해 왔다. 비영리 조직의 이사들은 기부와 적극적인 헌신으로 조직 활동에 참여해 오는 과정에서 초기에는 경영진과 불편한 부분도 있었다. 그러나 그런 과정을 통해 이사회와 최고경영자들은 서로를 인정하고 견제하는 바람직한 관계로 발전하고 있다.

이런 부분은 기업들이 적극적으로 배워야 할 부분이다. 지금까지 대기업에서 진행되어 온 이사회 기능의 약화는 조직의 안정적인 경영 능력 전체를 약화시키는 결과를 가져왔다. 최고경영자에 대한 견제는 물론이고 최고경영자가 외부로부터 보호를 받을 필요성이 발생했을 때도 이사회는 아무런 역할을 할 수가 없었다. 경영자의 균형 있는 경영 능력 회복과 보호를 위해 기업 조직들은 이사회를 명실상부 효과적인 기관으로 만들어야 한다.

성취 욕구를 충족시켜라

자원 봉사자들은 자신이 하는 일에 대해 기업 조직의 구성원들보다 더 많은 만족감을 느끼고 더 많은 공헌을 하기 위해서 노력한다. 역설적이지만 그 이유는 자신들이 조직으로부터 아무런 보수도 받지 않기 때문이다. 직장에서는 대가를 위해 일을 하지만 자원 봉사 기관에서는 자신의 성취 욕구를 충족시키기 위해 일을 하고 있다. 따라서 비영리 기관은 자원 봉사자들의 성취 욕구를 충족시켜 줄 수 있는 의미 있는 기회를 지속적으로 제공할 수 있어야 한다.

기업은 경제적 성과를 만들어 내기 위해 존재하는 조직이고, 사원들은 자신의 노동에 대해 급여라는 형태로 대가를 받는다. 그러나 대가적 관계라고 해서 언제나 조직이 조직원들에게 성취 욕구를 제공할 수 없다거나 제공하지 않아도 된다는 의미는 아니다. 어떻게 조직을 경영하느냐에 따라 급여 외에 조직원들이 원하는 성취감도 함께 제공할 수 있다. 기업은 모범적으로 성취감을 제공하는 기업이나 제대로 운영되고 있는 다양한 비영리 기관에서 그 해답을 찾을 수 있다.

체계적인 교육과 훈련을 시행하라

비영리 기관에서 봉사 활동을 하는 자원 봉사자의 가장 적절한 커리어는 아마추어 자원 봉사자로 시작하여 전문적인 무급 스태프로 발전해 나가는 것이라고 할 수 있다. 이런 커리어를 만들어 나가는 과정에서 가장 중요한 것이 바로 체계적인 교육 훈련이다. 따라서 비영리 기관에서는 자원 봉사자들이 전문적인 업무를 수행할 수 있도록 하기 위해 여러 가지 필요한 교육 훈련을 실시하고 있다. 이런 교육 훈련은 단계별로 목표와 기준이 필요하다.

비영리 기관에 있어서 교육 훈련은 두 가지 의미를 갖는다. 기관 입장에서는 보다 효과적인 봉사 활동을 할 수 있으며, 봉사자 개인 입장에서는 교육 훈련을 통해 보다 책임 있는 일을 할 수 있게 되어 더 큰 보람과 성취감을 갖게 되는 것이다. 그렇게 함으로써 봉사자는 힘이 들지만 의미 있는 과업을 수행할 기회가 주어지길 기대할 수 있다.

인간은 단순히 대가에 의해서만 움직이는 존재가 아니다. 기업
역시 조직의 생산성 향상과 개인의 보람과 성취감을 위해 체계적인
교육과 훈련을 시행할 필요가 있다.

기업에게 주는 경고

비영리 기관들은 지역사회의 유대감 형성, 시민 의식과 사
회적 책임, 그리고 올바른 가치관 정립을 위해 항상 노력
을 한다. 비영리 조직이 봉사자들에게 부여하는 이 같은 여러 가
지 기회나 가치는 봉사자들이 조직에 기여하는 봉사만큼이나 중
요하다.

비영리 부문의 이런 점들은 기업에 좋은 교훈이 되고 있다. 지식
사회의 지식근로자들에게 일에 대한 건강한 책임감과 성취감을 가
질 수 있는 기회를 지속적으로 제공함으로써 조직의 목표 달성에
그들이 보다 헌신적인 자세를 갖게 할 수 있다.

비영리 기관에서 보람과 성취감을 찾는 사람들은 특별한 부류의
사람들이 아니다. 주중의 낮 시간에 기업 조직에서 일을 하던 바로
그 사람들이다. 비영리 기관은 그 사람들에게 보람과 성취감을 주고
있는데, 기업은 줄 수 없다고 생각하는 것은 합리적이지 않다.

비영리 기관과 일반 기업의 가장 큰 차이는 조직 내 인적 요소의

중요도와 인적 요소에 대한 관심의 차이라고 할 수 있다. 기업이 비영리 기관이 사람에 대해 어떻게 이해하고 있는지를 알게 되면, 기업 역시 비영리 기관들이 구성원들에게 제공하는 보람과 성취감을 똑같이 제공할 수 있을 것이다.

사회적 책임의 이행

사회적 영향에 대한 책임

모든 조직은 '사회 속'에 존재한다. 따라서 조직의 성격에도 불구하고 어떤 조직도 사회적 책임에서 벗어날 수 없다. 책임은 두 가지 영역에서 발생한다.

첫 번째는 조직이 사회에 미치는 영향과 관련해서 조직이 사회에 대해 책임을 지는 부분이다. 이 부분은 권한과 책임의 균형이라는 관점에서 볼 때 기업의 영향력 행사 의도 여부와는 관계없이 반드시 기업이 책임져야 할 부분이다.

두 번째는 기업의 영향력과는 직접적인 관계없이 사회 자체적으로 존재하는 문제에 대해 조직이 책임을 지는 부분이다. 이 부분은 기업이 직접적인 책임을 져야 할 영역은 아니다. 다만 기업이 자청해서 기꺼이 책임을 지겠다고 나서야 한다. 병든 사회는 기본적으로 건전한 기업, 건전한 대학, 건전한 병원이 존재하지 않는다. 따라서 경영자는 여러 가지 사회적 문제의 원인이 설사 기업 조직에서 기인한 것이 아니다 할지라도, 여러 가지 사회적 문제들에 대해 관심을 갖지 않으면 안 된다. 이 기업의 두 번째 책임에 대한 근거는 바로 공공사회의 건전한 구성원으로서 갖춰야 하는 시민 의식의 발로라고 하겠다.

사회적 영향에 대한 경영자의 약속

조직이 사회에 좋지 않은 영향을 미치고 있다면 그 사실을 명료하게 파악하고 난 다음, 기업은 그 영향력으로 인해 발생하는 문제에 대해 책임을 져야 한다. 문제에 대한 완벽한 해결책은 당연히 문제를 야기하는 기업의 활동을 중단하는 것이다.

그러나 계속해서 진행해 오던 조직 활동을 갑자기 중단하는 것은 현실적으로 불가능한 일이다. 당분간은 일단 문제의 원인이 되는 활동을 지속하면서 그로 인해 발생하는 문제를 해결해 나가는 방법을 취할 수밖에 없다.

물론 이때 기본 원칙은 있다. 조직의 목적과 사명을 달성하는 과정에서 불가피하게 발생하는 것이 아니라면 가능한 그 원인을 완전히 제거하거나 최소화해야 한다.

문제를 제거한다는 것은 곧 비용이 증가한다는 것을 의미한다. 사회가 부담했던 외부 비용(Externality)을 기업의 비용으로 바꾸는 것이다. 이때 기업은 가급적 법적 규제 등을 통해 동 업계가 외부 비용을 기업의 내부 비용으로 함께 전환하도록 노력해야 한다. 그 이유는 동 업계가 비용의 내부화를 받아들이지 않는데 혼자만 받아들이면 추가 비용이 발생하여 경쟁에서 크게 불리한 처지에 놓기 때문이다. 문제를 해결하기 위한 공적 규제는 책임감 있는 기업들에 오히려 이익을 올리고 경쟁 우위를 점할 수 있는 좋은 기회가 된다.

공적인 규제가 없는 상태에서는 정상적인 기업만 문제 해결에 나섬으로써 수익성 하락을 감수할 수밖에 없고, 부도덕하고 욕심 많은 기업들은 아무 노력도 하지 않기 때문에 반대로 이익을 보기 때문이다. 기업이 사회에 끼치는 문제가 적정선을 넘어서면 기업들이 이른 시기에 대처했을 때보다 훨씬 더 높은 대가를 치르게 된다.

사회 문제를 사업의 기회로 전환하라

기업 입장에서 사회 문제를 해결하는 가장 바람직한 방법은 사회 문제를 사업의 기회로 전환하는 것이다. 이렇게 함으로써 기업은 사회의 요청에 부응할 수 있고 아울러 기업의 목적도 달성할 수 있다.

다우 케미컬(Dow Chemical)의 대기 및 수질 오염 문제 해결 과정이나, 뒤퐁의 공업독성 연구소(Dupont Industrial Toxicity Laboratory)에서 시행해 온 공업 제품의 독성 제거 사업은 바로 문제를 기회로 전환한 모범적인 사례에 해당된다.

19세기에 성장한 주요 산업들도 이 사례에 해당하는 경우가 많다. 공업 도시에서 새롭게 발생하는 사회 문제를 해결해 나가는 과정에서 많은 사업 기회가 마련된 것이다. 가스, 조명, 시내 전차, 교외 전차, 전화, 신문, 백화점과 같은 사업들이 바로 기업이 사회의 중요한 문제를 해결해 나가는 과정에서 큰 사업의 기회를 확보한 경우들이다.

건강한 기업과 문제 있는 사회는 양립할 수 없다. 건강한 사회를 지향하는 것은 곧 기업의 성장과 성공을 위한 필요조건이며 때로는 충분조건이 되는 경우도 있다.

사회적 책임의 한계

기업에 있어서 수익 창출은 기본적인 제약 조건에 해당된다. 전문 경영자는 이런 조직에 고용되어 조직의 목적을 수행하는 역할을 한다. 따라서 경영자의 첫 번째 책임은 자신을 고용한 조직에서 의무를 다하는 것이다. 조직 내부에서 자신이 맡고 있는 책임은 소홀히 하면서 공적인 일에 지나치게 나선다면 그는 이미 경영자가 아니다. 단지 무책임한 한 명의 조직원에 불과할 뿐이다. 경영자의 첫 번째 역할을 소홀히 하면서 기업이 감당할 수 있는 능력을 넘어서서 사회적 책임을 떠맡는다면, 그 기업은 반드시 어려움에 빠지게 될 것이며 결과적으로 사회 전체에 해악을 끼치는 존재가 되고 만다.

또한 조직은 사회적 책임을 수행할 때, 조직 자신의 가치 체계를 고려할 필요가 있다. 조직의 가치 체계와 어울리지 않는 사회적 책임이라면 효과적인 역할 수행을 기대하기 어렵기 때문이다.

아울러 조직의 경영자는 책임의 한계를 분명하게 설정할 필요가 있다. 소비자보호운동 단체들이 기업의 책임 범위를 넘어서 책임을 추궁하거나 기업에 사회적 보모 역할을 기대하는 요청에 대해서는 거절을 해야 한다. 기업은 정부 자체 또는 명분에 있어서 무조건적인 약자가 아니기 때문이다. 기업이 해야 할 가장 큰 사회적 책임은 그들 본연의 역할을 제대로 해내는 것이다.

전문가로서의 책임과 윤리

'해악 금지'라는 것은 전문가로서 반드시 지녀야 할 핵심적인 기본 원칙이다. 전문가에게 많은 보수를 지급하는 것은 그 전문가의 전문적인 기능이 보수를 지급하는 의뢰인을 위해 '올바르게 쓰여진다'는 기대가 있기 때문이지, 단순히 전문성이 높기 때문에 보수를 지급하는 것이 아니다. 만일 전문성이 고객의 의사에 반해서 사용된다면 그것은 고객에게 해악을 끼치는 것이다. 이런 경우 비전문가인 고객은 그 기능이나 내용에 대해 잘 알지 못하기 때문에 전문가가 자신에게 해악을 끼치고 있는데도 전문가가 자신을 위해 최선을 다하고 있다고 믿고 비용을 지불한다. 따라서 고객이 전문가에게 일을 의뢰하고 보수를 지급할 때는 전문성도 중요하지만, 그보다 전문성이 없는 고객을 위해 최선을 다하는 전문가의 책임과 윤리 의식이 더 중요하다.

경영의 새로운 패러다임

경영에는 기업 경영만 있는 것이 아니다

경영하면 사람들은 흔히 기업 경영만을 생각한다. 경영에 대한 이런 편견이 그리 오래된 것은 아니다. 1930년 이전에 경영을 다루었던 이론가들은 기업 경영을 다른 조직과 별도의 경영으로 분류하지 않았다. 경영하면 곧 기업 경영을 의미하는 것으로 받아들이게 된 것은 1929년 발생했던 미국의 대공황에 크게 기인한다. 사람들은 대공황이 발생하면서 기업에 대해 반감을 갖기 시작했고 기업 경영자들을 부정적으로 보기 시작했다. 그러자 공적인 영역에 속하는 조직들은 기업과 함께 취급되기를 꺼려하여 자신이 속한 조직의 경영을 공공 행정(Public Administration)이라는 이름으로 구별하기 시작했다. 이름뿐만이 아니라 내용에 있어서도 기업 경영과는 구별되는 별도의 경영 원칙을 선포하였다. 이런 분위기 때문에 대공황 시절에는 조직들에 있어서 아예 '경영'이라는 용어를 사용하지 않는 것이 정치적인 공격을 피하기 위한 최선의 방법이었다.

그러나 제2차 세계대전을 계기로 상황이 바뀌었다. 제2차 세계대전에서 미국의 승리가 다름 아닌 기업의 경영 활동에 의한 생산성 향상 때문이라는 것이 알려지면서 '기업'은 다시 사람들에게 긍정적인 이미지로 각인되었고, 기업 경영은 전문가나 보통 사람들에게 다른 조직들의 경영과 구별 없이 받아들여지기 시작했다. 그러나 제2차 세계대전 전에 인식된 기업에 대한 부정적인 이미지는 경영이라는 것이 기업에서만 존재하는 개념이라는 고정관념을 일부 남겨 놓기도 했다.

현실의 모든 조직들은 조직의 기능이 다른 만큼 경영 방식도 제각각이다. 전략은 조직의 사명에 근거하여 정해지고, 조직구조는 바로 전략에 의해 정해지기 때문에 경영 방식은 조직에 따라 자연히 달라질 수밖에 없다. 그러나 이런 차이는 원칙 자체가 아닌 원칙의 적용에서 발생되는 것들이다. 수익을 키우고 비용을 줄이거나 또는 어떤 특수한 목적을 위해 조직이 존재할 때, 목적을 달성하기 위해 합리적으로 조직을 운영하는 경영 원칙에 있어서는 차이가 있을 수 없다.

올바른 조직 구조는 하나만 존재하는 것이 아니다

기존의 정부기관, 상비군 조직에 이어 19세기 후반 기업이라는 조직이 출현하면서, 사람들은 조직 경영에 대해 관심을 가지며 바람직한 조직에 대해 연구하기 시작했다. 이런 연구에 힘입어 시대와 상황에 따라 여러 가지 조직 형태가 등장했다. 사람들은 새로운 조직 형태가 등장할 때마다 그것을 올바른 조직 형태로 생각하고 받아들이는 경향을 보였다. 앙리 파욜(Henry Fayol)과 앤드류 카네기(Andrew Carnegie)가 주장한 기능별 조직 구조(Functional Structure)가 그러했고, 제1차 세계대전 이후 피에르 뒤퐁(Pierre S. Dupont)과 알프레드 슬로언이 개발한 분권화 원리(The Principle of Decentralization)가 그러했다. 그리고 사람들은 최근 들어서 팀 조직만이 올바른 경영을 하기 위한 유일한 해결책인 양 생각하고 있다.

사람과 자원을 다루는 데 있어서 단 하나의 올바른 방법만이 존재한다고 생각하는 것은 터무니없는 일이다. 모든 존재는 나름대로의 강점과 약점을 가지고 있기 때문에 그 성격에 따라 유효한 조직 구조는 달라질 수밖에 없다. 그러나 다양한 형태의 조직 구조에 있어서도 준수해야 할 몇 가지 원칙[6]이 있다.

---

6)위의 책, 121쪽

- 조직은 투명해야 한다.

- 조직에는 최종 결정을 내릴 권한을 가진 사람이 필요하다.

- 상사는 한 사람이어야 한다. '주인이 셋인 노예는 자유인이다.' 라는 로마의 격언은 진리이다.

- 명령 계층의 수를 최소화해야 한다. 즉, 조직을 가능하면 수평적으로 만드는 것이 합리적인 조직 구조의 원칙이다.

'명령 전달 단계가 한 단계 늘어날 때마다 잡음은 두 배로 늘어나고 메시지는 반으로 줄어 든다.'는 말은 언어유희가 아닌 조직의 현실이다.

조직 구조를 정하는 데 있어서 특히 관심을 가져야 할 부분은 최고경영자를 비롯한 경영진의 조직 구조이다. 적지 않은 조직들의 최고경영자는 자기 자신이 신이라도 되는 양 착각하고 있다. 조직 내에서 자신이 모든 것에 대해 가장 잘 알고 있는 것처럼 행동한다. 최고경영자를 비롯한 경영진의 조직 구조 역시 업무의 성격에 따라 합리적으로 조정되어야 한다. 한마디로 모든 조직 구조는 조직의 과업에 맞추어 설정해야 한다.

올바른 인적자원 관리 방법은 하나만 있는 것이 아니다

인간에 대한 이해처럼 다양한 것은 없다. 맹자의 성선설과 순자의 성악설을 필두로 인간에 대한 해석은 100이면 100 각각 다르게 이해한다.

조직 경영도 알고 보면 결국 인간에 대한 이해 문제로 귀착된다. 조직의 목적을 달성하기 위해 인간을 어떻게 이해하고 다룰 것인가 하는 문제는 경영 개념의 등장과 함께 현장 경영자는 물론 경영학자들의 큰 관심거리였다. 고민의 결과 그들은 지금까지 여러 가지 해법을 제시해 왔다. 그런데 문제는 다양한 인간에 대한 해석을 가지고 고민했음에도 불구하고 제시된 해법은 꼭 단일 해법이었다는 점이다. 즉, 제시된 해법만이 유일하게 올바른 인적자원 관리 방법이라는 주장이었다.

피터 드러커는 이런 단일 해법 주장에 대해 반론을 편다. 기본적으로 사람은 그 숫자만큼이나 서로 다르기 때문에 단일 해법은 존재할 수가 없을뿐더러, 근로자의 성격이 오늘날과 같이 다양화된 상황에서는 단일 해법 적용은 더더욱 무리라는 것이다. 더구나 새로운 다수로 등장하고 있는 지식근로자는 조직과 주종관계가 아닌 동반자 관계로, 일종의 마케팅 업무와 유사한 인력관리 방법이 요구되고 있다. 즉, 고객을 대하는 자세로 지식근로자를 대할 필요가

있다고 주장을 한다

결국 인적 관리는 각 개인이 가지고 있는 특유의 강점과 지식을 어떻게 하면 생산적으로 만들 것인가에 초점을 맞추어 방식을 달리하지 않으면 안 된다.

기술, 시장, 최종 용도는 정해져 있는 것이 아니다

20세기 초까지 사람들은 어느 한 가지 기술은 하나의 제품 또는 하나의 분야에만 사용되고, 제품 또한 특정 시장에 한정되어 팔린다고 생각했다. 그뿐만 아니라 제품의 최종 용도도 매우 한정적으로 이해를 하였다.

그러나 시간이 지나면서 이런 고정관념은 잘못된 것으로 증명되었다. 제약 산업에서는 유전학, 미생물학, 분자 생물학, 의료 전자 공학과 같이 다른 분야의 기술을 차용하기 시작하였고, 당초 전화 통화를 위한 기술로 개발된 트랜지스터는 전혀 다른 분야인 전자 산업에서 꽃을 피웠다. 그런가 하면 유리 회사에서 개발된 광섬유가 전화나 통신에 획기적인 수단으로 사용되었다. 최종 용도에 있어서도 마찬가지이다. 맥주나 음료수를 담는 데 유일하다고 여겨졌던 유리병이 물러나고 캔이 등장하였으며, 급기야 최근에는 등장 초기의 이질감이 옅어지면서 수지가 맥주와 음료수의 일반적인 용기로 자리 잡고 있다. 제품뿐만이 아니라 서비스에 있어서도 마찬가지이다. 제2차 세계대전이 시작될 무렵까지 유일한 뉴스 원이었던 신문은 라디오에 자리를 비켜주다, 이제는 TV와 인터넷에 의해 급속하게 뉴스의 제왕 자리에서 밀려나고 있다.

결과적으로 이제 특정 산업에만 유일하게 적용되는 기술은 존재하지 않게 되었다. 모든 기술은 자기 고유의 분야를 떠나 다른 산업에 영향을 미치고 있고, 또 다른 분야에서 매우 중요한 기술로 활용되는 경우도 흔하게 되었다. 이런 상황에서 기업들에 요구되는 것은 바로 고객이 원하는 것을 파악하는 것이다. 고객이 어떤 제품과 서비스를 원하는지 정확히 파악하여 다양한 기술을 동원하여 거기에 맞는 상품을 만들어야 한다.

오늘날의 경영자가
알아야 할 것들

기본적으로 기업은 '부의 창출'을 목표로 한다. 부를 창출하기 위한 의사 결정 과정에서 경영자는 정보를 필요로 한다. 정보는 네 가지 종류로 나눌 수 있다. 기본 정보, 생산성 관련 정보, 역량 관련 정보, 자본과 인재의 배분 관련 정보 등이다. 이 네 가지 정보의 의미에 대해 순서대로 살펴보자.

첫 번째, 기본 정보란 현금 흐름, 유동성, 회전율, 이자율 및 수익률과 같이 경영 진단에 필요한 정보를 의미한다. 기업 운영과 관련해 가장 오래되고 보편적으로 사용되는 정보들이다

두 번째, 생산성 관련 정보는 근로자의 생산성에 관한 정보이다. 육체근로자에 대한 생산성 측정 방식은 제2차 세계대전 중에 많이 개발되었으나, 지식근로자의 생산성 측정 방식은 아직까지

완벽하지 않다.

생산 요소들 전체의 생산성을 측정하는 수단으로는 경제 부가 가치 분석(EVA : Economic Value-added Analysis) 기법이 많이 활용되고 있다. 이 EVA 방식은 자본 비용을 포함하여 모든 원가들에 대한 부가가치를 측정하는 방식이다. 즉, 많은 기업들이 이익을 계산할 때 흔히 자본 비용을 고려하지 않는 경우가 많은데, EVA 방식은 이런 자본 비용까지 포함해서 부가가치를 분석하는 기법이다. 이익이 자본 비용도 초과하지 못할 정도라면 그 기업은 투입된 원가조차 보상하지 못한 경우에 해당된다. 결과적으로 이런 기업은 부를 창출한 것이 아니라 부를 없애는 일을 한 것이다.

자신의 생산성이 높은지 낮은지를 알기 위해 사용되는 도구는 벤치마킹(Benchmarking)과 같은 기법이다. 동종 업계 중 가장 높은 생산성을 달성하는 회사와 자신의 실적을 비교해 보는 것이다. 벤치마킹 기법을 사용할 때 세계대전제는 어느 한 조직이 이루어 낸 성과는 다른 조직도 똑같이 해낼 수 있다는 가정이다. 이 벤치마킹을 통해 기업은 자신의 생산성 수준을 알고, 문제점을 파악하고, 나아가 더 높은 생산성을 이룰 수 있는 방식을 터득하게 된다.

세 번째 도구는 조직의 역량 관련 정보이다. 선두주자의 지위를 획득한다는 것은 다른 경쟁자들은 절대로 할 수 없거나 하더라도 어렵게 할 수밖에 없는 일을 자신은 쉽게 할 수 있는 능력을 갖추고 있다는 것을 의미한다. 선두 기업이 되기 위해서는 생산자 및 공급자로서 자신만이 가지고 있는 특별한 능력을 시장 및 고객의 가치에 가장 효과적으로 결합시킬 수 있는 능력을 갖추고 있어야 한다.

마지막 네 번째 도구는 희소 자원인 자본과 유능한 인재의 배분에 관련된 정보이다. 사업과 관련된 어떤 훌륭한 정보도 자본과 사람이 없으면 구체적인 활동으로 바뀔 수가 없다.

자본 사용에 관한 정보는 투자 수익률(ROI), 회수 기간, 현금 흐름, 현재 가치(PV) 등 네 가지 기준을 모두 적용하여 결정한다. 인재 사용에 있어서는 기본적으로 기업의 목적에 비추어 인적 자원의 배분을 결정해야 한다

목표와 자기 관리에 의한 경영

목표는 어떤 것이어야 하는가?

기업은 성과를 내기 위해 모든 구성원의 노력을 하나의 초점에 맞추어 결합시켜야 한다. 이때 개개인의 노력과 공동의 노력을 성과로 연결시키는 것이 목표이다. 즉, 기업 전체의 목표가 있고, 이 전체의 목표를 다루기 위한 각 사업 부문 또는 개개인의 목표가 있는데, 사업 부문 또는 개개인의 업무 성과는 기업 전체의 목표 달성에 어느 정도 공헌했는가를 기준으로 평가하게 된다.

전체와 부분을 목적 지향적으로 연결시키면서 각자가 목표를 설정하여 이를 기준으로 업무를 추진하고 성과를 평가하는 목표 관리에 의한 경영(MBO : Management By Objectives)은 단순한 의도만 가지고는 효과적으로 진행할 수 없다. 적절한 수준의 목표 설정을 위해서는 전체 목표에 정확하게 초점을 맞추어 부분 목표를 설정해야 한다.

모든 목표는 명확하게 설정해야 하고, 아울러 목표에는 목표 달성을 위해 다른 부문들로부터 협조받게 될 사항들이 분명하게 나타나 있어야 한다. 조직은 기본적으로 개인이 아닌 다수가 함께 일을 추진해 나가는 곳이기 때문에 팀워크와 팀 성과는 기본적으로 고려되어야 할 사항이다.

목표를 제시할 때는 당사자의 목표는 물론 관련 있는 다른 부문의 목표와 기업 전체의 목표에 대한 자세한 내용이 함께 제공되어야 한다. 그렇게 해야만 당사자가 자신의 목표가 조직 전체적으로 성과를 추진해 나가는 데 있어서 어떤 의미를 지니는지, 이웃 부문과는 어떤 관계를 지니는지를 명확하게 이해할 수 있다. 단순한 목표치에 대한 수긍이 아니라 목표에 대한 정확한 이해가 있을 때에야 비로소 기업 조직은 유기적인 움직임과 함께 높은 생산성을 만들어 낼 수 있다.

목표를 정할 때에는 유형의 목표만 정할 것이 아니라 무형의 목표도 함께 설정해야 한다. 특히 인적 자원이나 사회적 책임과 같은 영역에 있어 무형의 목표를 함께 가지고 있지 않으면 기업 활동이 근시안적으로 이루어지기가 쉽다. 근시안적인 기업 활동은 장기적으로 유형의 목표 달성을 어렵게 만드는 원인으로 작용한다.

캠페인은 실패한다

기업 경영자들은 조급한 마음에 충격요법적인 또는 단발의 불균형적인 집중 방식에 유혹을 느낄 때가 많다. 이런 유혹에 빠지다 보면 경영자는 마약에 중독된 것처럼 장기적이고 체계적인 탄탄한 기업 운영보다는 일시적이고 변칙적인 '눈에 띄는 실적 드러내기' 방식에 집착하게 된다. 그런 기업 운영의 대표적인 방식이 바로 '캠페인'이다.

캠페인은 어떤 내용이든 종료되고 3주일만 지나면 다시 캠페인 이전의 상태로 되돌아간다. 또한 캠페인을 실시하는 중에도 실질적인 효과를 거두는 경우는 많지 않다. 비용 절감을 위해서 이면지를 사용하자는 캠페인을 실시할 경우, 직원들의 스트레스와 복사기의 잦은 고장, 이면지 활용 문서를 받은 고객들의 불쾌감을 고려할 때 효과는 오히려 마이너스이다. 인건비 절감을 위해 여직원과 기사를 해고하고 임원이 직접 컴퓨터를 치고 손수 운전을 하는 것은 지식근로자에 대한 몰이해임은 물론이고 임원들로 하여금 임원 고유의 기능을 포기하게 만드는 일이다. 이 경우 역시 눈에 보이는 인건비는 줄어들었을지 모르겠지만, 보이지 않는 곳에서 조직의 성장 모터는 서서히 회전 속도가 줄어들면서 생산 능력이 약화될 것이다.

그러나 캠페인의 가장 큰 문제점은 다른 데 있다. 특정 부문을 강조함으로 인해 다른 나머지 부문들이 무시되거나 심한 경우는 위태로운 상황에 처할 수 있다는 것이다. 실제로 캠페인이 전개될 경우 조직원들은 캠페인 대상 업무 이외에 대해서는 거의 손을 놓고 있는 것이 현실이다. 물론 이런 분위기 속에서 조직원은 당연하고 경영자도 무엇인가 열심히 일을 하고 있다는 만족과 뿌듯한 느낌을 갖는다. 그러나 이런 만족감과 뿌듯함 속에서 조직은 서서히 캠페인이 있으면 움직이고 캠페인이 없으면 움직이지 않는 캠페인 체질의 조직으로 바뀌게 된다. 또한 캠페인이 벌어지면 해당 부문은 활발히 움직이지만 다른 부문들은 모두 기능이 정지된다. 기업 경영에 있어 습관적인 캠페인은 기업이 혼란을 겪고 있다는 징후이다. 경영자가 무능하고 계획성이 없을 때 나타나는 것이 바로 이 습관성 캠페이다.

누가 어떻게 목표를 설정해야 하는가?

경영자는 자신에게 주어진 일에 대해 책임을 짐으로써 상위 계층의 목표 달성, 나아가서는 기업 전체의 목표 달성에 공헌을 하는 사람이다. 경영자는 자신의 목표를 스스로 설정함과 동시에 상위 계층의 목표 설정에도 책임감을 가지고 참여해야 한다. 이때 경영자들은 상위 부문의 목표에 대해 많은 생각을 하게 된다. 그렇게 함으로써 상급 경영자도 자신의 입장에서 부하 경영자에게 기대할 수 있는 것이 무엇인지를 알게 된다. 목표 설정 관련해서 상급 경영자와의 원활한 커뮤니케이션을 하기 위한 방법으로 사용되는 수단으로 '경영자의 편지(Manager's Letter)'라는 것이 있다.

이 경영자의 편지는 부하 경영자가 1년에 2회 정도 상급 경영자에게 쓰는 편지로서, 내용은 상급 경영자와 자신의 직무, 스스로가 정한 자신의 업무에 대한 성과 기준, 그 성과 기준을 이루기 위해 자신이 해야 할 일, 일을 추진해 나가는 데 있어서의 문제점, 회사 내부에서 이루어지는 일들 중에서 자신의 일에 도움이 되는 것과 방해가 되는 일들, 그리고 마지막으로 자신의 목표 달성을 위해 향후 1년 동안 해야 할 일과 대략적인 계획과 같은 내용이다. 상급 경영자가 이 경영자의 편지를 받아 보고 수락하면, 그 내용들은 곧 바로 부하 경영자 본인이 수행해야 할 직무 지침이 된다.

경영자의 편지는 자칫 부하 경영자의 목표 실현을 방해할 수 있는 상급 경영자의 잘못을 미리 알 수 있게 하는 효과뿐만 아니라, 조직과 상급 경영자가 요구하는 것들에 존재하는 모순들을 분명하게 인식하게 해 주는 기능도 한다. 스스로 목표를 설정하는 과정에서 상급 경영자와 부하 경영자 간에 솔직하고 생산적인 커뮤니케이션을 하는 것은 현실적으로 쉬운 일이 아니다. 상급 경영자의 지속적인 경청 의지와 실질적인 하의상달을 위한 조직 내부적인 시스템 두 가지가 전제되지 않으면 불가능한 일이다.

자기 관리에 의한 경영

목표 관리의 가장 큰 장점은 자신의 성과를 스스로 관리할 수 있도록 한다는 점이다. 사실 '명령에 의한 경영(Management By Domination)'이 아닌 '자기 관리에 의한 경영(Management By Self-Control)'이 가능하게 된 것은 다름 아닌 이 목표 관리에 의해서이다.

자기 관리에 의한 경영의 현실적인 의미는 '하위 계층으로의 권한 이양'과 '성과에 따른 보수 지급'이라고 할 수 있다. 자신이 만들어 낸 성과를 상급 경영자의 동의를 받은 목표치와 비교하여 성과를 측정함으로써 부하 경영자는 더 많은 책임과 권한을 부여받을 수 있다. 그리고 보수는 노력치에 비례하여 받게 된다. 자기 관리에 의한 경영에 있어 중요한 것은 평가 기준이다. 평가 기준은 꼭 숫자가 아니더라도 명백하고, 단순하고, 합리적이며 동시에 신뢰할 수 있는 내용이어야 한다.

지식사회의 기업에 절실한 것은 조직원으로 하여금 스스로의 책임하에 자신의 장점을 최대한으로 발휘하고, 조직은 공동의 비전으로 구성원들의 노력을 한곳에 집중시키는 경영 원리, 즉 개인의 발전과 기업의 목적이 조화를 이루는 경영 원리이다. 목표 관리와 자기 관리에 의한 경영은 바로 이런 경영 원리를 실천할 수 있는 유일한 경영 방법이다.

인사 관리의 기본 원칙

인사 관리의 4가지 기본 원칙과 의사 결정의 5단계

궁극적으로 경영자의 역할은 사람을 뽑아 관리하는 것이다. 그러나 현실적으로 사람을 뽑아 관리하는 것이 제대로 이루어지는 경우는 많지 않다. 기껏해야 3분의 1정도라고 한다. 즉, 인사 관련 의사 결정의 3분의 1은 제대로 된 결정이고, 3분의 1은 그저 그렇고, 나머지 3분의 1은 실패한 경우이다.

경영의 역사에서 가장 모범적인 인사 관리를 한 인물로는 조지 마샬(George C. Marshall)과 알프레드 슬로언(Alfred P. Sloan)을 들 수 있다. 마샬 장군은 제2차 세계대전 당시 미국의 참모총장직에 있으면서 그 큰 조직을 일사불란하게 지휘하여 전쟁을 승리로 이끌었다. 그는 군대 조직의 중추적 역할을 하는 장교들을 선발할 때 자신이 직접 나서서 후보들을 일일이 만나보았다.

알프레드 슬로언은 제너럴 모터스에서 회사의 모든 간부들을 직접 선발하였다. 두 사람은 조직이 목적을 달성하는 데 인사 관리가 얼마나 중요한지를 분명히 알고 있었던 것이다.

그렇다면 좋은 인사 관리의 모범인 이 경영자들에게 배울 원칙에는 어떤 것들이 있을까?

첫 번째, 한 직무에 배치된 사람이 제대로 일을 수행하지 못하면 거기에 대한 책임은 일을 맡은 직원이 아닌 인사 관리자에게 있는 것이다.

두 번째, 줄리어스 시저(Julius Caesar)는 '병사는 유능한 지휘관을 가질 권리가 있다.'고 말했다. 어떻게 하면 조직 구성원들이 성과를 제대로 달성할 수 있을까 고민하는 것은 경영자에게 주어진 중요한 임무 중 하나이다.

세 번째, 사람에 관한 의사 결정은 경영자가 내리는 의사 결정 가운데 가장 중요하다. 왜냐하면 사람에 대한 의사 결정이 결국 조직의 목표 달성 능력을 결정하기 때문이다.

네 번째, 절대로 조직의 신참자에게 중요한 임무를 부여해서는 안된다. 그 이유는 실패할 가능성이 높기 때문이다. 중요한 임무는 그 사람의 행동 양식과 습관을 경영자가 잘 알고 있거나 이미 능력이 검증된 사람에게 맡겨야 한다.

이러한 원칙을 가지고 인사 관리를 하는 데 있어서 효과적인 의사 결정을 하기 위해서는 다음 5단계를 따를 필요가 있다.

첫 번째, 직무의 내용에 대해 철저하게 생각하라.[7]

직무의 내용은 상황에 따라 항상 달라진다. 그럼에도 불구하고 많은 사람들은 직무 내용이 바뀌지 않는다는 고정관념을 가지고 있다. 실제로 심한 경우 가톨릭의 주교 직무기술서처럼 13세기 교회법이 성문화될 때 정해진 이래 한 번도 바뀌지 않은 경우도 있다. 이런 점을 생각해 마샬 장군은 제2차 세계대전 당시 사단장을 선발할 때마다 사단장에게 맡겨질 임무의 본질에 대해 항상 새로 검토를 하게 했다고 한다.

오늘날 조직을 둘러싼 환경은 제2차 세계대전 때와는 비교도 안 될 정도로 빨리 바뀌고 있다. 여기에 대처하는 조직의 기능도 환경 변화에 따라 빠른 속도로 달라지고 있다. 당연히 직무 내용에 대해 수시로 검토해야 한다. 잘못 설정된 직무로는 조직원이 아무리 일을 열심히 해도 조직은 그만큼 빨리 망하는 상황에 처한다.

두 번째, 잠재력을 갖춘 여러 명의 후보자들을 검토하라.[8]

한 명의 유능한 인재를 찾기 위해 경영자는 기본적인 자질을 갖춘 세 명 이상 다수의 후보들을 검토해야 한다.

세 번째, 후보자들의 강점을 파악하라.[9]

후보자들이 어떤 강점을 가지고 있으며, 그런 여러 가지 강점들

---

7)위의 책, 200쪽
8)위의 책, 201쪽
9)위의 책, 202쪽

가운데 새로 맡길 직무에 가장 적합한 것은 무엇인가를 생각해 보아야 한다. 이때 주의해야 할 사항으로는 경영자 입장에서 후보자들의 약점부터 먼저 찾으려고 해서는 안 된다는 점이다. 마샬과 슬로언 두 사람은 인재를 찾을 때 해당 업무를 수행할 능력이 있는가를 다른 어떤 요소보다도 우선적으로 고려하였다. 루스벨트(Franklin Roosevelt)나 해리 트루먼(Harry Truman)과 같은 미국의 유능한 대통령들은 내각 인사를 할 때 "중요한 것은 그 사람에게 어떤 약점이 있는가가 아니다. 중요한 것은 그 사람이 가장 잘할 수 있는 일이 무엇인가라는 점이다."라고 말했다.

네 번째, 후보자들과 함께 일해 본 경험이 있는 사람들에게 그 각각의 후보자들에 대한 의견을 들어라.[10]

한 사람을 제대로 파악하기까지는 상당히 많은 시간과 노력이 필요하다. 따라서 어떤 사람을 알아보기 위한 가장 현명한 방법은 그 사람과 오랫동안 일을 같이 해 본 사람을 통해 알아보는 것이다.

마지막 다섯 번째로, 새로 임명된 사람이 직무의 내용을 제대로 이해하고 있는지 확인을 해야 한다.[11]

새로운 일을 맡은 지 3~4개월 정도 지나면 사람들은 대체적으로 일의 핵심을 파악한다. 그러나 3~4개월이 지난 후에도 새로운 일에 적응하지 못하거나 핵심을 파악하고 있지 못하면 그것은 문제가 있

---

10) 위의 책, 203쪽
11) 위의 책, 204쪽

는 것이다. 인사가 잘못된 경우이다. 이때 경영자는 자신의 잘못을 인정하고 곧바로 다시 인사를 해야 한다.

또 같은 자리에서 같은 사람이 계속해서 일을 하고 있는데 어느 때 갑자기 성과가 크게 떨어지기 시작하는 경우가 있다. 이때에는 특별한 일이 담당자에게 발생한 경우가 아니라면 일의 성격이 바뀐 경우이다. 이 경우 역시 곧바로 인사를 실시해야 한다.

인사는 만사라고 했다. 사실 경영 자체가 인사라고 해도 과언이 아닐 정도로 인사는 조직 운영에 있어서 매우 중요하다. 따라서 인사에 있어서 원칙을 정하고 그 원칙을 준수할 것인지 말 것인지는 단순히 인사에서 끝나는 것이 아니라, 조직원의 사기, 조직의 생산성, 나아가 조직의 생명을 결정짓는 중요한 일이다.

벤처기업의 성공 원칙

시장에 초점을 맞춰라

신생 벤처기업이 성공을 거두는 것은 대부분, 예상 외 시장에서, 예상 외 고객이, 예상 외 제품이나 서비스를, 예상 외 용도나 목적으로 구매함으로써 이루어진다. 따라서 벤처기업은 예상 외 시장을 활용할 수 있도록 항상 준비하고 있어야 한다. 예상치 못했던 시장을 활용할 수 있도록 준비한다는 것은 바로 시장에 초점을 맞추는 시장 지향적인 경영을 의미한다. 시장 지향적인 경영이 이루어지지 않을 경우 벤처 기술은 경쟁자를 위해 좋은 기회를 제공하는 역할로만 끝나기가 쉽다.

1905년 독일의 어느 화학자가 일반 의사들을 위해 처음으로 국부마취제로 개발한 노보카인(Novocain)을 당초 의도와는 달리 치과에서 사용하게 된 경우나, 유니벡이 순수한 과학용으로 개발한 거대한 초기 컴퓨터가 IBM에 의해 일반 기업용으로 쓰이게 된 경우, 인쇄 회사를 위해 만들어진 복사기가 일반 기업에서 사용된 경우 등은 시장 지향적으로 사고하는 것이 벤처기업의 성패를 가르는 데 얼마나 중요한 것인가를 보여 주는 좋은 예이다.

시장 지향적인 경영을 통한 사업 기획 확보를 위해서는 경영자들이 가급적 현장에서 많은 시간을 보내야 한다. 제품이나 서비스의 가치를 결정하는 것은 고객이지 생산자이나 공급자가 아니기 때문이다. 기업은 항상 고객의 니즈를 파악할 수 있는 환경 안에 있어야 한다.

또 하나 벤처기업 경영자가 주의해야 할 것은 '자신이 고객보다 더 잘 알고 있다.'고 생각하는 것이다. 이런 경영자들은 생각지 않았던 사업 기회가 발생했을 때 그것을 자연스럽게 받아들이지를 못한다. 돈을 버는 것은 제품이나 서비스를 잘 만들어서 또는 고객의 요구를 변화시킨 노력에 대한 대가가 아니다. 기업이 돈을 버는 것은 고객을 만족시킨 것에 대한 대가이다.

재무 계획을 가지고 있어야 한다

벤처기업의 초기 단계에 나타나기 쉬운 실수가 시장 지향적인 자세의 부족이라면, 두 번째 단계에서 발생하기 쉬운 질병은 재무 지향적인 자세의 부족이다. 이 재무 지향적인 자세의 부족이라는 질병은 특히 빠르게 성장하고 있는 벤처기업일수록 더욱 치명적이다. 제품 개발과 시장 진입에 성공한 많은 벤처기업들이 언론에 몇 배의 성장을 이루겠다는 요란스런 장밋빛 기사를 내보내고, 몇 년 뒤 소리 소문도 없이 사라지는 경우가 허다하다. 그렇게 전도양양하던 벤처기업들이 갑작스럽게 문을 닫는 이유는 대부분 재무 계획에 대한 미숙한 대처 때문이다.

재무 정책에 대한 미숙한 대처는 세 가지 형태로 나누어진다. 즉, ① 현금 부족, ② 사업 확장을 위한 자본 조달 능력 부족, ③ 지출, 재고, 채권 관리의 미숙이다.

이 세 가지 재무상의 문제는 기업에 많은 고통과 어려움을 준다. 그러나 알고 보면 이 세 가지로 인한 문제들은 충분한 재무 계획만 있었다면 사전에 얼마든지 막을 수 있는 문제들이다. 흔히 신생 기업들이 이익 발생에 중점을 두는 경우가 많은데 이는 적절치 않다. 신생 기업에 있어서 가장 중요한 것은 이익이 아니라, 현금 흐름, 자본 조달, 그리고 재무 관리이다. 사람이 육체적 성장을 위해 영양 공급을 필요로 하듯이 신생 기업 역시 지속적인 자금 유입을 필요로 한다. 특히 좋은 제품과 서비스로 급성장하는 기업들은 더 짧은 시간 내에 더 많은 자금을 신속히 조달하지 않으면 안 된다.

신생 기업에 있어서 재무 계획을 위한 자금 관리는 항상 안정적인 현금 흐름을 예측해야 한다. 즉, 희망 사항이 아닌 최악의 경우를 가정한 현금 흐름 예측이 필요하다. 채무는 예상보다 빨리 상환하는 것으로, 채권은 예상보다 더 늦게 결제되는 것으로 예측해야 한다. 이렇게 예측함으로써 기업에 어떤 문제가 발생한다면 그것은 기껏해야 현금 과잉 정도이다. 그리고 성공 가능성이 높은 벤처기업일수록 자금 수요는 예상을 크게 벗어난다.

신생 벤처기업이 어느 정도 성장을 하게 되면 그때부터는 창업자 개인의 자금 능력으로는 감당할 수 없는 상태가 된다. 이런 기업은 대규모 자금이 필요한 상황이 되기 전에 미리미리 주식 공개나 기타 다른 방법을 통해 큰 자금을 조달할 수 있는 방법을 모색해야 한다.

또한 신생 벤처기업은 자금을 관리하기 위해 적절한 재무 통제 시스템을 구축해야 한다. 미수금, 재고, 제조원가, 일반 관리비, 애프터서비스, 유통 등과 관련된 자금의 지출과 수입을 적절하게 통제할 수 있어야 한다. 통제가 제대로 이루어지지 않아 어느 한 분야에서 자금이 막힐 경우 나머지 다른 분야도 한꺼번에 통제 불능 상태로 빠질 수 있다.

경영진을 구성해야 한다

신생 벤처기업이 성공해 어느 정도의 단계에 접어들었는데 갑자기 회사가 어려움에 빠지는 경우가 있다. 많은 경우 그 원인은 회사의 규모나 성격이 창업자 한두 사람의 능력을 넘어섰기 때문이다. 몸은 성장하였는데 입고 있는 옷은 성장하기 전 입었던 옷 그대로인 것이다. 회사가 실제로 이런 상황에 처해 있다면 문제를 해결하기에 이미 늦은 것이다.

신생 벤처기업은 기업의 성장 속도를 예상하여 미리 경영진을 구성해 놓아야 한다. 그런데 이때 염두해야 할 것은 경영진이 한 팀이 되어 제대로 기능을 발휘하기까지는 상당한 시간을 필요로 한다는 것이다. 동일한 목적을 추구하며 한 몸처럼 유기적으로 움직이기 위해서는 상호 신뢰와 이해를 바탕으로 구축되어야 한다.

신생 벤처기업이 3~5년 만에 두 배로 성장할 가능성이 있다면, 창업자는 성장에 대비해 경영진을 구성하는 것을 긴급하고 중요한 일로 인식해야 한다. 훌륭한 경영진을 구성하기 위해 창업자는 다음과 같은 단계를 밟을 필요가 있다.

첫 번째, 조직의 주요 활동들에 대해 사내에 영향력을 가진 사람들과 진지하게 토론을 한다. 기업의 주요 활동은 조직에 따라 모두 다르게 나타난다. 대부분의 벤처기업에 있어서 공통적으로 중요한 활동은 인적 자원 관리와 자금 관리이다.

두 번째, 창업자를 포함하여 토론에 참가하는 사람들이 모두 자신이 잘하는 분야가 어떤 것인지, 다른 동료들이 잘하는 분야는 어떤 것이 있는지 질문하여 의견을 나눈다. 일치하지 않을 경우에는 철저하게 검토한다.

세 번째, 여러 주요 역할 중에서 각자 자신의 강점에 부합하여 우선적으로 책임질 수 있는 역할은 어떤 것인가? 누가 어떤 역할에 적합한가? 와 같은 질문들에 대해 의견을 모은다.

이렇게 세 단계의 질문을 거쳐 경영진 구축 작업이 시작된다. 이때 주의해야 할 사항으로는 경영진 구축 과정에서 창업자가 자신의 강점에 부합하지 않는 주요 역할들에 대해서는 관여하지 않겠다는 원칙을 세우는 것이다.

마지막 네 번째 마무리 단계로는 주요 역할들에 있어서 구체적인 목적과 목표를 정하는 것이다.

어디에 공헌할 것인가를 결정하라

창업자는 기업을 일으키는 큰일을 했지만 기업의 성장 과정에서 자신의 의도와는 달리 스스로가 걸림돌로 작용하는 경우가 적지 않다. 결과는 많은 사람들이 직장을 잃고 자신도 돈을 벌 큰 기회를 잃게 된다. 따라서 벤처기업 창업자는 스스로에게 끊임없이 질문을 해야 한다.

첫 번째, 지금 단계에서 회사가 필요로 하는 것이 무엇인가?

회사 규모가 확대되고 사업의 방향이나 성격이 바뀔 때마다 이 질문을 해 보아야 한다. 즉, 제품, 서비스, 시장 또는 회사가 필요로 하는 사람의 부류를 바꿀 때마다 이 질문을 해야 한다.

두 번째, 창업자인 본인의 강점은 무엇인가?

회사가 필요로 하는 것 중에서 내가 할 수 있는 것은 무엇이며, 특히 남다르게 잘할 수 있는 것으로는 무엇인지 생각해 보아야 한다.

세 번째, 위 두 질문에 대해 답을 얻은 다음에는 다음과 같이 좀 더 깊은 질문을 해 보아야 한다. 내가 원하는 것은 무엇인가? 내가 가치를 두고 있는 것은 무엇인가? 인생 전체를 통해 또는 향후 몇 년 동안 내가 하고 싶은 일은 무엇인가? 그런 일들은 회사가 필요로 하는 것들인가? 등과 같은 질문들이다.

위 세 가지 질문을 통해 창업자는 '회사에서 필요로 하는 것'과 창업자인 '자신이 잘할 수 있는 일', 그리고 '스스로가 가장 하고 싶어 하는 일' 사이에 차이가 있다는 것을 알게 된다.

기업가 전략

전면 전략

전면 전략은 많은 사람이 기업 경영에 있어서 최고로 간주하는 전략으로 영구적인 시장 지배를 목표로 하는 전략이다. 그러나 실제로 전면 전략은 성공률도 낮고 안전하지도 않으며, 특별히 탁월한 전략도 아니다. 오히려 반대로 전략 가운데 가장 도박적인 요소가 짙은 전략이며 실패할 경우 재기가 불가능한 전략이기도 하다. 물론 성공했을 경우 주어지는 보상은 여러 가지 전략 중에서 가장 크다.

세계 비타민 시장의 절반 가량을 차지하고 있는 스위스의 호프만 라 로슈(Hoffmann-La Roche)와 합성 섬유인 나일론을 개발하여 총력전을 벌여 세계적인 대기업으로 성장한 뒤퐁과 같은 회사는 전면 전략을 통해 큰 성공을 거두었다. 3M과 존슨앤드존슨과 같은 기업들은 대기업에 연연하지 않고 전면 전략에 의해 시장 지배를 시도하여 성공한 기업들이다.

전면 전략에 있어 가장 중요한 것은 목표를 정확하게 공략하는 것이다. 정확하게 목표를 공략하지 못할 경우 그 결과는 완전한 실패이다. 따라서 전면 전략에서 성공하기 위해서는 신중하고도 철저한 분석을 통해 한 가지 정확한 목표를 정한 다음 집중하여 노력해야 한다. 그리고 그 성과가 나올 경우를 대비해 대량 자원을 투입할 준비를 해 놓아야 한다.

전면 전략에 성공했을 경우에는 경쟁자 진입을 막기 위해 서둘러 자신의 제품 또는 프로세스를 진부화시켜야 한다. 그리고 후속 제품과 프로세스를 개발하는 데 다시 처음과 같은 노력과 자원을 투입해야 한다. 제품과 서비스의 가격도 낮추어야 한다. 가격을 높게 유지해 경쟁자들이 우산 속으로 들어오게 해서는 안 된다.

중요한 혁신 분야가 아니면 사실 전면 전략은 사용하기가 너무 위험하고 어렵다. 실제로 이 전면 전략보다 다음에 나오는 다른 전략들이 훨씬 더 많이 사용된다. 그 이유는 단순히 전면 전략에 비해 덜 위험하기 때문만은 아니다. 현실적으로 대규모의 비용과 노력 투입을 합리화해 줄 만한 전면 전략 차원의 혁신 기회가 그다지 많지 않기 때문이다.

창조적 모방 전략

창조적 모방 전략은 다른 사람의 성과를 모방하는 것이다. 단순한 모방이 아닌 창조적 모방 전략이 되기 위해서는 모방을 하는 사람이 당초 시도했던 사람보다 그 성과물에 대해 훨씬 더 잘 이해하고 있어야 한다.

창조적 모방 전략을 가장 잘 실천에 옮긴 기업은 IBM과 일본의 하토리이다. IBM은 당초에 대학의 천문학자들을 위해 컴퓨터를 만들었으나, 자신이 만들어 낸 모델을 포기하고 나중에 시장에 진입한 에니악(ENIAC)이 개발한 컴퓨터 모델을 채택하여 개발하였다. 에니악 모델이 기업에서 사용하는 데 훨씬 더 적합했기 때문이다. IBM은 에니악을 새로운 방식으로 설계, 생산, 공급 및 사후 서비스하여 평범한 계산 업무에 더 쉽게 사용할 수 있도록 하였다. 1953년 IBM이 에니악 모델의 신기종을 출시하자 이 기종은 즉각 기업용 다목적 대형 고속 컴퓨터의 표준이 되었다.

일본의 하토리는 스위스에서 개발된 반도체 이용 방식의 수정 발전식 시계를 모방해 수정 시계를 시계 산업의 표준으로 만들어 버렸다. 바로 세이코 시계의 탄생이다. 두 경우 모두 '창조적 모방 전략'으로 성공한 전형적인 기업 모델이다.

같은 전략을 구사하거나 같은 제품을 활용한다

앞선 기업이 구사한 전략을 그대로 사용하면서 그 기업이 소홀히 한 부분을 파고듦으로써 성공을 거두는 전략이다. 소니가 미국에서 트랜지스터 기술을 가지고 와서 성공했던 경우나, 미국의 MCI와 스프린트(Sprint)가 AT&T의 요금 체계를 그대로 이용하여 장거리 전화 시장의 상당 부분을 빼앗은 전략, 롬(ROLM)이 구내전화기(PBX) 시장의 상당 부분을 AT&T로부터 빼앗았을 때 쓴 전략, 시티 은행이 독일에서 소비자 은행을 시작할 때 사용한 전략이 바로 이 방식이었다. 후발주자들이 이렇게 같은 전략으로 성공을 거두는 것은 바로 선발주자들이 다음과 같은 실수를 저지르기 때문이다.

첫 번째, 새로운 발명에 대해 별것이 아니라고 생각하는 기업들의 오만함이다. 트랜지스터 기술이 미국의 전기회사들로부터 외면당한 것이 이 경우에 해당된다.

두 번째, 기업들은 일반적으로 시장에서 높은 이익을 제공하는 부분에만 관심을 가진다. 제록스가 소규모 소비자들에게 관심을 두지 않아 결국 고객을 경쟁사들에 내준 것이 이 경우에 해당한다

세 번째, 기업들이 '가치'에 대해 잘못 판단하는 경우가 있다. 제품 또는 서비스의 가치를 결정하는 것은 공급자가 아니다. 고객이 기꺼이 지불하려는 대가에 의해 가치는 결정된다. 따라서 생산과정

이 복잡하고 비용이 많이 든다고 해서 그 제품의 '가치'가 높아지는 것은 아니다. 단순히 생산이 어렵고 비용이 많이 소요된다는 것은 그 기업이 경쟁력이 없다는 것을 의미할 뿐이다.

네 번째, 제품 개발자가 '개발자의 적정 이익을 보상하는 가격'에 집착하는 경우이다. '개발자의 적정 이익을 보상하는 가격'은 새로운 경쟁자를 시장으로 불러들이는 초대장 역할을 한다. 결국 자기 자신을 망치는 원인이 된다.

다섯 번째, 기업을 최적화(Optimize)가 아닌 최대화(Maximize)하려는 습관이다. 제록스는 바로 이런 착각을 한 전형적인 회사였다. 일본 복사기 업체들은 미국을 공략할 때 제록스의 전략을 간파하여 제록스가 소홀히 하는 소규모 사무실용 복사기나 가격이 낮고 사용이 간편한 복사기를 공급하는 전략을 선택했다. 그렇게 해서 어느 하나의 시장을 안정시키고 난 다음, 다른 시장을 또 공략해 나갔다.

같은 전략 또는 같은 제품을 가지고 선발 업체가 소홀히 하고 있는 부분을 후발 업체가 공략해 나가는 전략은 섬을 점령하기 위해 처음에는 교두보를 확보하고 그 다음 섬 전체를 차례차례 장악해 나가는 방식이다. 특정 세분화된 시장에서 기존 것들과 한 가지 이상 구분되는 특징을 지닌 시장에 적합한 제품과 서비스를 가지고, 기존의 주도적 기업들과 경쟁하지 않으면서 단계적으로 시장을 확대해 나가는 방식이다.

틈새 전략

앞의 세 전략이 업계 또는 시장에서 주도적 지위 확보를 목표로 하는 것에 비해, 이 틈새 전략은 한정된 시장을 대상으로 완벽한 통제를 목표로 한다. 즉, 일정한 영역에서 실질적으로 독점을 해서 다른 업체들의 도전을 받지 않는 것을 목표로 한다. 이 전략을 택한 기업은 명성보다는 실속에 관심이 있다.

틈새 전략에는 톨게이트 전략, 전문 기술 전략, 전문 시장 전략 세 가지가 있다.

미국의 알콘(Alcon)이라는 회사가 발명한 노인성 백내장 수술에 쓰이는 효소는 전형적인 톨게이트 전략에 해당한다. 해당 분야에서 사용하지 않으면 안 되는 필수적인 제품이면서, 시장이 별로 크지 않아 경쟁 업체가 새로 진입하여 시장을 양분하면 둘 다 수지가 맞지 않는 아이템이다.

톨게이트 전략이란 일단 틈새시장이 확보되고 나면 그 기업은 더 이상 크게 성장할 일이 없다. 곧바로 '성숙기'에 접어들며, 최종 수요의 성장 속도에 따라 성장과 쇠퇴의 속도가 좌우된다.

전문 기술 전략이란 독점적인 전문 기술을 가지고 틈새시장에서 지배적 지위를 획득하여 유지하는 전략을 말한다. 미국의 델코(Delco), 독일의 보슈(Robert Bosch), 영국의 루카스(Lucas)와 같은 자동차용 전기 및 조명 시스템 부품 회사들이 바로 이런 전략을 취한 회사들이다.

제품 또는 서비스에 관한 전문 지식을 중심으로 구축되는 전문 기술 전략 외에 시장에 관한 전문 지식을 중심으로 구축되는 전문 시장 전략이 있다.

최초의 여행 대리점이었던 유럽의 토마스 쿡(Thomas Cook)과 미국의 아메리칸 익스프레스(American Express)의 여행자 수표 시장은 바로 이런 전문 시장 전략으로 성공한 경우에 해당한다. 모두 자신이 이미 잘 알고 있던 시장에 소화 가능한 추가 제품을 선보인 것이다.

제품 및 서비스에 대한 효용 창조 전략

이 전략은 제품 및 서비스의 효용, 가치, 경제적 특성을 변화시킨다. 물리적인 변화가 아닌 경제적인 면에서 무엇인가 새로운 효용과 가치를 창조하는 전략이다. 전략의 목적은 다름 아닌 고객 창조이다.

이 목적을 달성하기 위한 전략으로는 효용 창조 전략, 가격 전략, 고객의 사회적 경제적 현실에 대한 적응 전략, 고객이 필요로 하는 가치 제공 전략과 같은 네 가지가 있다.

첫 번째, 효용 창조 전략은 고객이 자신의 목적 달성을 위해 필요로 하는 서비스를 제공함으로써 이루어지는 전략이다.

즉, 고객이 필요로 하는 진짜 서비스가 무엇인지, 그리고 진정한 효용은 무엇인지를 파악하여 거기에 대응하는 전략이다.

두 번째, 가격 전략은 가격 설정에 있어서 동종 업체들의 기존의 일반 전략에 차별을 두어 소비자의 니즈에 부응하는 방식이다.

질레트면도기의 경우 면도기 자체는 생산 원가보다 더 싸게 팔면서 면도날을 고가 정책으로 취한 것은 바로 이 전략에 해당된다. 물론 질레트사는 질레트에서 생산된 면도날이 아니면 질레트면도기를 사용할 수 없도록 하였다. 뉴욕의 한 작은 무명 회사 할로이드(Haloid)가 오늘날의 제록스로 성장하게 된 것도 이 전략 덕분이다.

즉, 복사기 자체를 팔지 않고 복사량을 기준으로 복사기 임대료를 받은 것이다. 가격 정책을 다르게 함으로써 소비자 입장에서 한꺼번에 큰돈을 들이지 않고 고가의 복사기를 사용할 수 있는 기회를 창출해 낸 것이다. 결국 가격 정책에서 가장 중요한 핵심은 소비자의 필요와 현실에 맞게 대금 지불 방식을 다시 설정하는 것이다.

세 번째, 현실 적응 전략은 고객이 처해 있는 상황에 맞추어 제품이나 서비스 판매 방식을 세우는 전략이다.

GE가 대형 증기 터빈의 날개를 팔 때 소비자들이 별도로 부담하기 난감해 하는 컨설팅 비용을 날개 가격에 얹혀 파는 방식을 채택한 것이나, 1840년대 사이러스 맥코믹(Cyrus McCormick)이 농부들에게 농기계를 팔고 대금을 수확기에 맞추어 할부로 납부하도록 한 것은 매우 훌륭한 현실 적응 전략에 해당한다.

이 세상 어디에도 '비합리적인 고객'은 존재하지 않는다. 다만 생각이 없거나 게으른 제조업자와 공급자들만이 존재할 뿐이다. '고객은 언제나 합리적으로 행동한다.'는 가정을 제조업자와 공급자들은 순순히 받아들여야 한다.

네 번째, 가치 제공 전략이다.

이 전략은 고객의 현실 상황을 제품의 일부로 만들어 고객 니즈의 본질에 부응함과 동시에 자신의 수익 창출 기회를 확대하는 전략이다. 예를 들어 윤활유를 많이 사용하는 건설 기계가 윤활유를 사용하는 진정한 이유는 건설 장비를 아무런 문제없이 가동하기 위한 것이다.

따라서 윤활유 판매회사에서는 단순히 윤활유를 판매하는 대신 연간 일정 기간 동안 기계의 가동에 문제가 없게 할 것을 보장하는 계약을 건설업자와 체결할 수 있다. 당연히 건설업자는 이 회사의 윤활유만 사용한다는 약속을 한다. 이렇게 되면 건설업자가 궁극적으로 구매한 것은 윤활유만이 아니라, 일정 기간 '중단 없는 장비의 가동'이라는 자신이 원하는 가치이다.

데이비드 리카도(David Ricardo)는 "이윤은 남다른 현명함에서 나오는 것이 아니라 다른 사람들의 어리석음 때문에 발생한다."고 말했다. 전략이 효과를 발휘하는 것은 그 전략 자체의 우수함 때문이 아니라 경쟁자들의 생각이 부족하기 때문이다.

사람들이 고객 니즈의 본질에 대해 깊이 생각하지 않는 가장 큰

이유는 다름 아닌 경제학자들의 혼란스런 태도 때문이다. 경제학
교과서에서 소비자가 재화와 서비스를 사는 것은 그것이 제공하는
효용 때문이라고 이야기하면서도, 경제학자들은 언제나 가격에 대
해서만 이야기하고 있다. 그것은 한마디로 경제학자들이 소비자가
재화와 서비스를 사는 이유인 효용에 대해서 별로 관심이 없다는
증거이다. 사업을 하는 사람들 역시 이런 경제학자들의 영향을 받
아 특별히 노력하지 않으면 자연스레 소비자의 효용을 그리 중요하
지 않게 생각하게 된다.

고객이 필요로 하는 것은 효용이다. 무엇 때문에 고객이 가격을
지불하려고 하는지를 생각하는 것이 마케팅에서 고려해야 할 전부
이다.

피터 드러커의 '조직 경영' 말말말

∨ 경영의 정확한 정의는 단 한 가지, '고객의 창조'이다.

∨ 측정할 수 없으면 경영할 수 없다.

∨ 경영자에게 천재적인 영감이 있다는 것은 신화에 불과하다. 천재적인 영감에 의존하는 경영자 역시 그것처럼 순식간에 사라진다.

∨ 의사 결정을 행할 수 있는 사람이라면 배움을 통해 기업가적으로 행동하는 것이 가능하다. 기업가 정신이란 기질이 아닌 행동이다.

∨ 효율적인 경영자는 일을 할 때 절대로 업무 계획부터 세우지 않는다. 먼저 자신의 시간이 어떻게 사용되고 있는지를 철저하게 검토한다. 그럼으로써 비생산적으로 소비되는 시간을 최대한 줄인다.

∨ 기업은 물질에 지배되어서는 안 된다. 인간을 위해 물질이 기여하는 사회를 만들어야 한다.

∨ 이윤은 기업이 존속하기 위한 필요조건이지만 궁극적인 목적이 아니다. 기업 및 기업 문명의 궁극적인 목적은 훌륭한 인간을 만드는 것이다.

Chapter 4

혁신

피터 드러커는 혁신 없이 기업은 발전할 수 없다고 하였다. 즉, 기업에게 혁신은 선택이 아닌 기업이기 위한 필수 조건이며 존재이유라고 주장하였다. 이 장은 피터 드러커가 주장한 혁신 기회의 7가지 원천 및 경영 혁신에 필요한 추진 원칙을 설명하고 있다. 현실적으로 많은 기업들이 혁신을 추구하면서 전혀 체계적이지 못한 모습으로 추진하는 경우가 많다. 결론은 비싼 수업료를 치를 뿐이다. 이 장을 정리하면서 많은 기업들이 드러커가 주장한 혁신의 원칙 중 몇 가지만 유념하였어도 몇억, 몇십억을 낭비하지 않을 수 있었을 텐데 하는 아쉬움이 남는다.

혁신의 의미

혁신은 흔히 개선과 대비되어 사용되며 '새로운 것' 을 의미한다. 즉, 점진적인 발전이 아닌 근본적인 변화이다. 최근에 등장한 블루오션 이론도 결국은 치열한 경쟁이 전개되고 있는 레드오션에서 벗어나 비경쟁 상태의 새로운 시장인 블루오션을 만드는 '혁신' 을 의미한다.

그런가 하면 최초로 패러다임이라는 용어를 '세상의 흐름을 읽는 기본적인 틀 또는 시각' 이라는 의미로 사용한 『과학 혁명의 구조(The Structure Of Scientific Revolution)』의 저자 토마스 쿤(Thomas S. Kuhn, 1922~1996년)의 주장도 결국은 혁신을 의미하는 것이다. 즉, 천동설이 지동설로 바뀌면서 천체의 움직임을 보는 틀이 새롭게 바뀌고 뉴턴의 만유인력 법칙이 양자 역학, 상대성 이론 등으로 대체됨으로써 자연현상을 이해하는 틀이 완전히 혁신되었다. 이로써 천체의 움직임과 자연현상을 이해하는 사고의 틀이 통째로 뒤집어진 것이다. 따라서 혁신은 기업은 물론 개인이나 사회의 모든 부문에 있어 발전을 위한 기본 전제라고 할 수 있다.

자본주의 사회를 기본적으로 규정하는 역할을 하고 있는 기업은 특히 이런 혁신의 중심에 서 있다. 지구 차원으로 전개되는 경쟁 환경에서 잠시라도 혁신에서 비켜서 있으면 그것은 곧바로 경쟁력 상실로 이어지고 경쟁력 상실은 순식간에 법인(法人)의 사망으로 직결된다. 따라서 기업은 끊임없이 혁신을 추구하지 않으면 안 되는 운명에 처해 있다

미국이나 일본과 같은 선진국을 중심으로 한 기업 혁신의 흐름을 살펴보면 다음과 같다. 1960~70년대는 생산만 하면 저절로 판매되었던 생산자 위주의 기업 환경이었다. 따라서 모든 기업들은 대량생산을 통해 제품의 단위당 원가를 줄이는 데 초점을 맞춘 경험 곡선(EC : Experience Curve) 이론, 한정된 자원을 조직 목표에 맞게 전략적으로 배치하여 집중시키는 전략사업단위조직(SBU : Strategic Business Unit) 이론, 제품의 시장점유율과 시장성장률을 두 축으로 기업의 경쟁 전략을 세우는 제품 포트폴리오 매트릭스(PPM : Product Portfolio Matrix)와 같은 경영 혁신 기법들이 각광을 받았다

1980년대 들어서 고도 성장기가 끝나면서 선진국들은 성장 대신 수익성을 주요 목표로 삼았다. 따라서 80년대는 비용을 줄이고 수익성을 향상시키기 위한 리스트럭처링(Restructuring), 구조조정납

품 업체와의 협력을 통해 재고를 없애는 적기생산(JIT : Just In Time) 시스템, 제조 부문의 품질관리(QC : Quality Control) 개념을 전사적인 경영 차원으로 확대시킨 전사적 품질 경영(TQM : Total Quality Management), 근거리 통신망(LAN)을 활용해 기업 내부에 있는 정보 시스템의 합리화를 통한 정보시스템 다운사이징과 같은 혁신 기법들이 등장했다.

인간이 영양분을 섭취하여 육체적 성장을 하고 경험이나 사고를 통해 정신적으로 성장을 하듯이, 기업은 혁신을 통해 생명을 영위하고 성장해 나간다. 따라서 기업의 역사는 혁신의 역사라고 해도 과언이 아니다. 18세기 산업혁명이 시작되고 1881년 테일러(Fredrick W. Tayler, 1856~1915년)가 작업장의 시간 연구와 동작 연구를 기초로 한 '과학적 관리법'을 시도한 이후 끊임없이 새로운 혁신들이 연구되고 실천되어 왔다.

그렇다면 현대 경영학의 구루(Guru)로 일컬어지는 피터 드러커는 혁신에 대해 어떤 원칙을 가지고 있을까? 피터 드러커가 주장한 혁신 기회의 원천과 그 추진 원칙에 대해서 알아본다.

혁신 기회의 7가지 원천

예상치 못했던 일

경영자들은 예상치 못한 성공이나 실패가 발생하거나 주변 환경에 변화가 생기면 이를 쉽게 수용하지 못하는 경향이 있다. 그것은 특정한 상황이 오랫동안 지속될 경우 그 현상이 '정상'이며 앞으로도 '영원히 지속'될 것이라고 착각하고 있기 때문이다. 즉, 자연법칙인 양 우리에게 익숙한 것들과 모순되는 현상이 등장하면, 사람들은 그것이 어떤 것이든 불합리한 것으로, 건강하지 않는 것으로, 그리고 비정상적인 것으로 여겨 거부하는 경향이 있다. 기업 경영에 있어서 이런 예상치 못했던 일의 발생은 '예상치 못했던 성공', '예상치 못했던 실패', 그리고 '예상치 못했던 외부의 사건'과 같은 모습으로 발생한다.

먼저 '예상치 못했던 성공'은 혁신을 성공적으로 추진하기 위한 가장 좋은 기회이다. 혁신을 추진하는 데 있어서 어떤 다른 기회보다도 낮은 위험과 저렴한 비용이 들기 때문이다. 그러나 조직 경영에 있어서 이런 '예상치 못했던 성공'은 무시되는 경우가 너무 많다. 아니 무시하는 정도가 아니라 적극적으로 부정하는 경향마저 보인다.

미국의 한 제철 회사가 1970년대에 '미니밀(Mini-Mill, 전기로爐)'을 도입하는 것을 거부했는데, 이것도 여기에 속한다. 이 회사는 당시 빠른 속도로 진부화되어 가고 있는 제철 설비를 기존 방식의 종합제철공정으로 해결하려면 회사가 감당할 수 없을 정도의 큰 자금이 필요하다는 것을 알고 있었다. 또 종합제철공정으로 새로 시설할 경우 시설 단위당 처리 물량이 적지 않으므로 증설 초기에는 생산성이 크게 떨어질 수밖에 없다는 것도 알고 있었다. 문제를 해결할 수 있는 방법은 결국 적은 비용으로 시장의 수요에 맞추어 설비 증설을 단계적으로 해 나갈 수 있는 미니밀밖에 없었다. 분명한 해법이 존재함에도 불구하고 최고경영자는 미니밀 도입안을 강력하게 거부하였다. 최고경영자는 종합제철공정 방식만이 철을 만드는 방법의 정석이며, 다른 방법들은 모두 정도를 벗어난 얄팍한 트릭에 불과하다고 생각하였다. 얄팍한 트릭은 한때 유행할 뿐 결국 장기적으로 지속되지도 못하고 수익도 내지 못할 것이라는 것이 최고경영자의 지론이었다. 최고경영자의 이런 주장이 있고 10년이 지나 미국의 많은 제철 회사들은 미니밀 제철 방식을 당연하고 보편적인 방식으로 받아들였다.

'예상치 못했던 성공'을 자연스럽고 현명하게 받아들이지 못하는 이유는 그 현상의 배후에 있는 비전이나 지식을 제대로 읽지 못하기 때문이다

반면 예상치 못한 성공뿐만이 아니라 예상치 못한 실패도 혁신의 기회를 제공한다. 실패는 대부분 실수나 무능력 때문에 발생한다. 그러나 신중하고 계획적으로 진행하였고 충분한 능력이 뒷받침되었는데도 실패를 하는 경우가 있다. 이런 실패는 우리가 추진한 것을 둘러싸고 있는 주변 상황이 근본적으로 변화하고 있다는 것을 의미한다. 이를 조기 인식할 수 있다면 경영자에게 새로운 기회로 작용되는 것이다.

포드(Ford) 자동차가 1950년대 에드셀(Edsel) 모델 그 실패와 뒤이어 실패를 극복하고 얻은 성공은 예상치 못한 실패를 혁신의 원천으로 활용한 경우이다. 당시까지 포드는 미국의 4개 자동차 시장 중에서 3개 자동차 시장을 석권하고 있었다. 표준 시장에서는 포드로, 중하위층 시장에서는 머큐리(Mercury)로, 부유층 시장에서는 콘티넨털(Continental)로 자신의 위치를 공고히 하고 있었다. 새로 출시한 에드셀은 나머지 하나의 시장인 중산층 시장을 목표로 내놓은 포드의 회심작이었다. 그러나 결과는 완전한 실패였다. 미국의 중산층들은 에드셀을 찾지 않았다. 이에 대한 포드 자동차의 대응은 매우 현명하였다. 그들은 자신들의 예상을 벗어나는 '비합

리적인 소비자' 들을 탓하지 않고, 뭔가 자신들이 생각하지 못한 변화가 일어나고 있는 것은 아닌가 하고 생각하기 시작했다. 지금 까지 당연한 원칙이라고 생각했던 가정들에 변화가 일어나고 있다면 이것을 신속하게 파악하여 대처할 필요가 있었다. 최고경영자인 알프레드 슬로언은 소비자들을 대상으로 시장 조사를 하도록 하였다. 물건만 만들면 저절로 팔려 나가던 당시에 소비자를 대상으로 시장 조사를 한다는 것은 매우 드문 일로 시장 조사 자체부터가 진정한 경영 혁신이라고 할 수 있었다. 조사 결과 중요한 사실이 발견되었다. 소비자들이 소득 수준에 따라 소비를 하던 방식에서 자신의 라이프 스타일에 따라 소비를 결정하는 방식으로 바뀌고 있다는 사실이었다. 포드는 시장의 변화에 발맞추어 선더버드(Thunderbird)라는 새로운 모델을 출시하였다. 결과는 대성공이었다. 헨리 포드가 1908년 모델 T를 출시한 이래 가장 성공한 작품이되었다.

무엇이 이런 소비자의 소비 변화를 초래했는지 그 이유는 확실히 알 수 없다. 굳이 이유를 찾자면 여러 가지 복합적인 내용들로 근거를 제시할 수 있겠지만, 그 근거들은 결과를 가지고 꿰어 맞추는 식이지, 그 근거들 때문에 소비의 변화를 가져왔다고 설명하기에는 무리가 있다. 중요한 것은 무엇인가 소비자들에게 변화가 일어났다는 것이고, 기업은 이 변화를 신속하게 파악하여 현명하게 대처했다는 점이다.

　　예상치 못한 일이 가져오는 혁신의 기회로 세 번째 살펴볼 것은 '예상치 못했던 외부의 사건'이다.

　　예상치 못했던 외부의 사건을 혁신의 기회로 삼은 가장 모범적인 예는 IBM의 개인용 컴퓨터 시장의 진입이다. 1970년대 중앙집중식 '메인 프레임' 컴퓨터에 전력 추구하던 IBM은 어린 아이들이 컴퓨터 게임에 몰입하는 현상이나 일반 회사원들이 메인 프레임 컴퓨터보다 용량은 작으면서 개인적으로 사용할 수 있는 형태의 컴퓨터를 갖기를 바란다는 시장 조사 결과를 진지하게 받아들였다. 당시 출시되어 있는 개인용 컴퓨터는 사용하는 데 여러 가지 문제가 많았고 개인용 컴퓨터 전체 시장 규모도 2억 달러 미만이었다. IBM이 용기 있게 시장 조사 결과를 수용한 것은 IBM에게 결정적인 행운을 안겨 주었다. 1980년 개인용 컴퓨터를 출시한 이래 3년 만에 업계 선두가 되어 기존 메인 프레임 컴퓨터 시장에서 누렸던 업계 1위의 지위를 새로운 시장에서도 그대로 유지할 수 있게 되었다

　　사업에 있어서 기회는 끊임없이 찾아온다. 때로는 큰 기회가 오기도 한다. 그리고 기회는 사람들이 생각하는 것보다 훨씬 더 자주 다가온다. 그런 기회를 경영 혁신의 기회로 활용하는 것은 경영자의 몫이다. 단순히 기회가 행운이 되기를 바란다거나 직관으로 판단하려 든다면 그것은 바람직한 경영자의 자세가 아니다.

불일치

불일치(Incongruity)는 지금 처해 있는 상황과 당연히 그렇게 되어야 할 것으로 여기는 상황 사이의 괴리이자 부조화이다. 이런 불일치가 왜 발생하는지 그 이유를 정확히 알기란 어렵다. 때로는 그런 불일치가 있는지조차 제대로 느끼지 못하는 경우도 있다. 조직 경영에 있어 중요한 것은 이런 불일치 현상이 발생하면 그때가 바로 경영 혁신의 적기를 알리는 징조라는 것이다. 기업 경영의 입장에서 이런 불일치는 4가지 형태로 나타난다. 일치하지 않는 경제적 현실, 현실과 예상 사이의 불일치, 소비자에 대한 인식과 실제 사이의 불일치, 마지막으로 프로세스상의 리듬 또는 논리상의 불일치이다.

첫 번째, '일치하지 않는 경제적 현실' 이란 제품 또는 서비스에 대한 수요가 지속적으로 증가하고 있는데도 그 상품을 공급하는 업계 입장에서는 수익성이나 경제적 성과가 나아지지 않는 상황과 같은 경우이다. 이런 불일치를 기회로 활용하는 혁신 기업은 다른 경쟁자들이 현실을 정확히 인식하고 대처에 나설 때까지 경쟁이 없는 상황에서 독점적으로 이익을 향유할 수 있다.

앞서 예로 들었던 철강 산업에 있어 미니밀의 경우, 초기에 도입하여 신속하게 혁신을 이룬 기업들은 이 '일치하지 않는 경제적 현실' 을 제대로 활용한 경우라고 할 수 있다. 철강 수요는 전쟁이나 특별한 일이 없는 이상, 산업의 발전과 함께 수요가 조금씩 지속적으로 늘어나게 되어 있다. 여기에 대처할 수 있는 철강 생산 방식으로는 종합제철공정 방식과 미니밀 방식이 있다.

종합제철공정 방식은 대규모 투자로 대규모 설비가 들어간다. 따라서 설비가 완성되고 난 직후 가동률은 상당히 떨어질 수밖에 없고 시간이 지나면서 수요 증가와 함께 가동률은 점점 높아진다. 그러나 미니밀 방식은 투자 규모도 작을뿐더러 생산량도 크지 않기 때문에 대규모 전쟁 발발과 같은 특별한 일이 발생하지 않는 한은 경제 성장에 따른 철강 수요를 맞출 수 있는 가장 적절한 방법이다. 물론 이외에도 두 방식 사이에는 제조 공정과 비용면에서 여러 가지 차이가 있다. 철강 수요의 증가에도 불구하고 이익은 그대로 머물러 있던 제철 업계에서 이 불일치를 해소하기 위해 신속하게 혁신을 시도하여 미니밀 방식을 택한 업체는 당연히 투자 효율성을 높이고 수익률을 올릴 수 있었다.

두 번째, 현실과 예상 사이의 불일치는 글자 그대로 기대하는 예상과 현실과의 불일치이다. 이 경우에는 열심히 일을 하면 할수록 기업은 빨리 망하게 된다. 그 이유는 필요없는 곳에 힘을 쓰고 있기 때문이다.

1950년대 초 많은 사람들은 대양을 횡단하는 해운업이 머지않아 쇠퇴의 길로 접어들 것이라고 생각했다. 부피가 커서 싣기 곤란한 화물을 제외한 나머지 화물은 모두 항공화물로 대체될 것이라는 생각이었다. 사람들이 그렇게 생각하는 데는 이유가 있었다. 항구마다 화물이 적체되어 화물을 내리고 싣는 데 점점 더 많은 시간이 소요되었으며, 여러 가지 이유로 해상 운송 비용이 빠른 속도로 증가하고 있기 때문이었다. 물론 해운업계는 여러 해 동안 이런 문제를 해결하기 위해 많은 노력을 해 왔다. 그런데 그 노력이라는 것이 어떻게 하면 좀 더 빨리 운행할 수 있을까, 어떻게 하면 적은 연료와 적은 수의 선원들로 운항을 할 수 있을까에 대한 연구였다.

해운업계의 고민이나 일반 사람들의 해운업계 쇠퇴 예상은 전혀 다른 방향에서 해결되고 진행되었다. 화물을 미리 담아 놓아 화물을 싣고 내리는 시간을 대폭 줄이는 컨테이너가 등장하고 이런 컨테이너를 전문적으로 실어나르는 선박이 등장한 것이다. 부두에 접해 하역하고 적재하는 시간이 대폭 줄어듦으로 해상 운임은 낮아지고 당연히 해상 화물이 항공 화물로 옮겨 가는 상황도 발생하지 않게 되었다. 뒤에 와서 생각해 볼 때, 해운업계의 선박 운항 속도를 높이기 위한 노력이나 적은 인원으로 운항할 수 있는 선박 설계와 같은 노력은 문제의 핵심을 제대로 짚은 것이 아니었다.

컨테이너라는 경영 혁신은 엄청난 성과를 가져왔다. 수송량의 증가는 물론이고 해상 운송비가 60%나 낮아지는 결과를 가져왔다. 배가 항구에 정박하는 시간을 4분의 3이나 줄였으니 당연한 결과였다.

세 번째, 소비자에 대한 인식과 실제 사이의 불일치에 의한 경영 혁신의 포착이다. 1956년 미국을 방문한 소련의 공산당 서기장 흐루쇼프(Nikita Sergeevich Khrushchyov, 1894~1971년)는 '소련인들은 절대로 자동차를 원하지 않을 것이다. 값싼 택시를 이용하는 것이 훨씬 더 유리하기 때문이다.'[12]라고 말했다. 그러나 그의 예상은 보기 좋게 빗나갔다. 시간이 지나면서 소련은 자동차 부족 현상에 시달렸고, 이런 현상은 소련 내에 거대한 자동차 암시장을 만들어 냈다. 흐루쇼프의 가장 큰 실수는 소비자들이 자동차를 그냥 단순한 물건으로 여기고 있다고 생각한 점이었다. 현실에 있어서 자동차는 단순한 물건 이상이다. 사회적 지위를 나타내는 물건일 수도 있고, 문화일 수도 있고, 어떤 경우는 삶 자체일 수도 있다. 흐루쇼프의 소비자에 대한 잘못된 인식은 결국 차에 대한 정확한 의미를 알고 있는 일부 소련 사람들에게 경영 혁신의 기회를 제공하여, 결과적으로 거대한 자동차 암시장을 형성하게 하였다.

실제 현실과 예상 사이에 불일치가 존재하는 배경으로는 흔히 지적 오만이나 지적 독단이 자리 잡고 있는 경우가 많다. 제품과 서비스를 구입하는 사람은 일반 소비자인데도 불구하고 그들에게 물어보지 않고, 기업 경영자가 자기 멋대로 생각하고 추측하면서 불일치를 만들어 내고 있는 것이다. 그리고는 돈을 들이고 시간을 들여 어찌 될지도 모를 물건을 만들어 내고 있다. 이런 경영자는 경영

---

12)피터 드러커, 이재규 옮김, 『미래사회를 이끌어가는 기업가정신』, 한국경제신문사, 2004, 93쪽

자가 아니라 자원 낭비자에 불과하다.

마지막으로, 프로세스의 리듬 또는 논리상의 불일치를 활용한 경영 혁신이다. 이 네 번째 불일치에 대한 혁신은 소비자가 제품이나 서비스를 사용하는 과정에서 겪는 절차상의 문제점을 해결하는 경영 혁신이다.

1950년 이전 미국에서는 안과 의사들이 노인들의 백내장 수술을 할 때 인대 절개 과정에서 항상 불편을 느꼈다. 일관되는 수술 과정에서 수술 리듬을 깨지게 했을 뿐만 아니라, 위험 때문에 불안한 마음으로 부담감을 안고 수술을 했다. 이때 윌리엄 코너(William Connor)라는 제약회사 직원이 이 인대 절개 프로세스에 대해 관심을 가지고 그 과정을 간단하게 처리하는 방법을 찾았다. 조사를 해본 결과 윌리엄 코너는 1890년대에 이미 근육 조직을 순식간에 용해시키는 효소가 발명되었다는 것을 알 수 있었다. 윌리엄 코너는 이 효소를 오랫동안 보존할 수 있는 방부제를 개발하여 안과 수술에 이 효소를 편리하게 사용할 수 있도록 하였다. 결과는 대성공이었으며, 모든 안과 의사들이 이 효소를 사용하기 시작했다. 안과 의사들은 수술 리듬이 끊기지 않으면서 심적 부담 없이 편하게 수술을 할 수 있었다. 당연히 불일치를 해결하기 위한 윌리엄 코너의 혁신은 큰돈을 버는 기회가 되었다.

불일치를 활용한 경영 혁신에는 현실적인 한계가 있다. 해당 분야에 종사하는 사람들만이 활용할 수 있다는 것이다. 외부 사람들

의 입장에서는 불일치를 찾기도 쉽지 않을뿐더러 찾더라도 관련 지
식이 없기 때문에 쉽사리 해법을 제시할 수 없다는 것이다.

프로세스상의 필요성

앞의 두 혁신 원천이 기회를 활용한 혁신 원천이라면, 이 세 번째 원천은 '기회'가 아닌 '필요'에 근거한 원천이다. 프로세스상의 필요성은 환경의 변화를 근거로 삼지 않고, 앞으로 해 나가야 할 일을 기본으로 삼는다. 즉, 상황이 아닌 과업에 초점을 맞춘다.

1885년 오트마르 머건탈러(Ottmar Mergenthaler, 1854~1899년)는 조판 기계에 사용되는 자동 주조 식자기(Linotype)를 발명했다. 머건탈러가 살던 19세기 후반에는 산업의 발전으로 인쇄물이 폭발적으로 증가하고 있었다. 따라서 인쇄 업계도 많은 발전이 있었다. 고속 인쇄 기계가 발명되었고 고속 제지 기계로 종이를 생산하고 있었다. 그런데 묘하게도 조판 기술만은 구텐베르크 인쇄술에서 아무런 발전 없이 그대로 사용하고 있었다. 조판 과정은 완벽한 수공업으로 6~8년간의 도제 훈련을 통해 기술을 익히는 극히 비생산적인 방식 그대로였다. 머건탈러는 무엇이 필요한지를 정확하게 파악하여 자동 주조 식자기를 만들었다. 당연히 장인 식자공들의 강력한 반발

이 있었다. 발명된 지 5년이 되기 전에 머건탈러의 자동 주조 식자기는 인쇄 업계의 표준이 되었다.

1909년 벨 텔레폰 시스템(Bell Telephone System)사의 통계 담당 직원은 15년 후에 미국의 인구 증가와 수동으로 전화 회선을 연결해주는 교환수의 숫자, 이 두 가지 요소가 어떻게 바뀌게 될 것인지를 추정해 보았다. 결과는 상상을 넘어섰다. 당시의 수동 교환체제로 그대로 갈 경우 15년이 지나면 17~60세의 미국 여성들이 모두 전화교환수로 일하지 않으면 미국의 전화 교환 시스템은 마비가 될 상황이었다. 이 조사가 실시되고 2년이 지나 벨사는 세계 최초로 자동 전화 교환기를 만들었다.

프로세스상의 필요성이라는 원천을 가지고 혁신에 성공하기 위해서는 적용 대상이 부분적이고 명확해야 한다. 연구 범위가 한정되고 초점에 명확히 집중할수록 더 좋은 결과를 얻을 수 있다. 제1차 세계대전이 종료되고 난 뒤 미국에서 국내외 뉴스에 대해 깊은 관심을 가지는 사람들이 많아졌다. '타임 지(誌)'가 등장하여 성공한 것은 바로 이런 부분을 명확하게 인식하여 혁신을 한 결과였다. 타임 지는 뉴스에 대한 사람들의 궁금증을 어떤 방식으로 풀어 줄 수 있을까 하고 고민했다. 일단 독자들도 많지 않고 광고주들도 확보하기 어려운 지방지는 해법이 아니었다. 또한 대중들이 큰 관심을 가질 뉴스거리가 매일같이 대량으로 생산되지 않는 상태에서 일간지로 가는 것은 위험한 일이었다. 고민한 결과 타임 지는 사설 형식의 주간지 방식을 생각해 냈다. 이렇게 해서 세계 최초의 뉴스 전문 잡지인 '타임 지'가 탄생하게 되었다. 대성공을 거둔 세계적인 타임 지 역시 혁신의 원천에 대한 충분한 계획에서 탄생한 것이다.

프로세스상의 필요성을 경영 혁신에 활용하는 데는 5가지 기초적인 잣대[13]가 필요하다.

- 독립적인 프로세스여야 한다.
- 하나의 '약한' 또는 '잃어버린' 연결고리여야 한다.
- 목적이 무엇인지 분명하게 정의할 수 있어야 한다.
- 문제 해결을 위해 명확한 방법을 규정해야 한다.
- '반드시 좋은 해결책이 있을 것이다'라는 여러 사람들의 보편적인 믿음이 있어야 한다.

산업 구조와 시장 구조의 변화

흔히 사람들은 산업과 시장 구조가 고정불변하다고 여기는 경우가 많다. 특히 해당 산업에 종사하는 사람들은 그런 생각이 더욱 강한 경향을 보인다. 그러나 일반적인 믿음과 달리 산

---

13)위의 책, 104쪽

업과 시장 구조는 생각보다 쉽게 변한다. 약간만 외부의 충격이 있어도 산업과 시장 구조는 해체되며 그 해체 속도 또한 평소의 예상을 벗어난다.

산업 구조와 시장 구조가 얼마나 쉽게 변화하는지를 자동차 업계의 변화를 통해 살펴보자. 자동차 산업은 시장에 등장한 이후 빠른 속도로 성장해 오면서 급격한 시장 변화와 함께 4번의 큰 전략 변화가 있었다

첫 번째 단계에서는 자동차라는 상품이 등장한 초기, 자동차는 오랫동안 부유한 이들을 위한 사치품의 대명사였다. 그러다 헨리 포드가 시장의 변화를 읽고 자동차를 대중화하면서 자동차 산업은 두 번째 단계로 접어든다. 헨리 포드가 시장 변화를 읽고 새로 만들어 낸 T형 자동차는 기존에 가장 싼 자동차의 5분의 1 가격에 공급되었다. T형 자동차는 운전하기도 쉽고 수리하기에도 간편하였다. 이로써 자동차의 대중화 시대가 시작된 것이다.

세 번째, 자동차 시장의 전략 변화는 미국의 듀랜트(William Crapo Durant, 1861~1947년)에 의해서 시작되었다. 듀랜트는 시장 변화를 읽고 모든 소비자 계층을 만족시킬 수 있는 종합 자동차 회사를 설립하였다. 그래서 회사 이름도 종합자동차 회사(General Motors)로 하여 1905년에 창업을 하였다. GM은 다른 자동차 회사들을 인수하기 시작하면서 대규모로 몸집을 키워 나갔다.

네 번째, 자동차 산업의 전략 변화는 이탈리아의 아넬리(Giovanni

Agnelli, 1866~1945년)에 의해 시작되었다. 아넬리는 자동차가 군대의 지휘관들을 위한 필수품이 될 것이라고 생각하였다. 그래서 1899년 토리노에서 피아트(Fiat)를 창업했다. 몇 년이 지나지 않아 이탈리아, 러시아, 그리고 오스트리아나 헝가리 같은 국가의 군대에서 대부분의 지휘관들이 피아트를 타고 있었다.

이 네 가지 시장 변화와 전략 외에 세계 자동차 산업은 1960~80년대 사이에 또 한 차례의 시장 구조의 변동을 경험한다. 제1차 세계대전 이후 40여 년간 각각 자국을 중심으로 발전하던 자동차 시장이 갑자기 세계화되기 시작한 것이다. 이런 지각 변동과 같은 시장 변화에 따라 자동차 제조업체들은 자국 바깥으로 진출하기 시작했다. 국내외로 치열한 경쟁이 벌어지면서 오랫동안 안정적인 성장을 구가해 오던 자동차 제조 회사들이 갑작스럽게 부침(浮沈)을 거듭하기 시작한다.

산업 구조에 변화의 시기가 다가오면 징후가 나타나기 시작한다. 그런 징후 중에서 중요한 네 가지를 살펴보면 다음과 같다.

첫 번째, 가장 일반적인 징후로 산업 성장 속도가 빨라진다. 어떤 산업이 경제성장률이나 인구성장률보다 빠르게 성장하고 있으면, 그 산업 구조는 앞으로 크게 바뀔 가능성이 높다. 그런데 대부분의 기존 시장 참여자들은 성공을 향유하고 기뻐할 뿐이지 이것을 산업 구조 변화의 전조로 눈여겨보지 않는다.

두 번째, 어떤 산업의 매출액이 급격하게 두 배로 커지면 그 시장에 대한 인식이나 서비스 방식은 더 이상 적절하지 않게 될 확률이 높다.

세 번째, 해당 산업과 전혀 다른 분야의 기술들이 통합되는 현상이 나타나면 산업 구조에 변화가 발생될 가능성이 매우 높다.

네 번째, 한 산업의 사업 방식이 급격하게 바뀌면 그 산업은 근본적으로 구조 변화를 필요로 하는 성숙 단계에 있을 가능성이 높다.

산업 구조가 변할 때 산업의 선두주자들은 빠르게 커지고 있는 특정 시장 부문을 눈여겨보지 않는 경우가 많다. 그리고는 변화한 환경에 어울리지 않는 자신들의 사업 방식을 그대로 고수한다. 이런 현상은 예전에만 발생했던 것이 아니라 지금도 여기저기에서 발생하고 있다. 산업 구조와 시장의 변화를 정확히 읽어 내는 것은 새로운 참여자에게는 사업의 기회를, 기존의 시장 지배자들에게는 시장 상실을 사전에 막을 수 있는 방어의 기회를 제공한다.

인구 구조의 변화

조직을 둘러싸고 발생하는 모든 변화들 가운데 인구 구조 변화처럼 명확한 것은 없다. 명확하다는 의미는 인구 관련 예상이 특별한 일이 없는 이상 예상대로 현실로 나타난다는 것이다. 총인구, 연령 구조, 성별 구조와 같은 요소들이 시간이 지나면서 예상을 벗어날 가능성은 별로 없다. 따라서 이런 요소들이 가져올 여러 가지 현상 또한 상당 부분 예측이 가능하다. 기업 입장에서는 당연히 예상하기 어렵지 않은 인구 구조의 변화를 혁신의 계기로 삼아야 할 필요가 있다.

인구 구조는 잘 팔릴 물건, 주요 소비층 또는 소비 수준 등 기업 경영 환경에 있어 근본적으로 큰 영향을 미친다. 또한 출산율의 급감과 '교육의 폭발적 향상'이 복합적으로 작용하는 과정에서 앞으로 지식근로자의 비중이 높아지고 육체근로자의 비중은 낮아질 것이라고 예측하는 것은 그리 어려운 일이 아니다. 따라서 인구 현상은 사업가든 정치가든 의사 결정자의 위치에 있는 사람이라면 누구나 숙고해야 할 첫 번째 환경 요소이다.

인구 구조의 변화를 미리 내다보고 성공한 몇 가지 경우를 살펴보자. 몇십 년 전에 피터 드러커가 1970년대가 되면 미국의 대학생 수가 1,000만~1,200만 명으로 늘어날 것이라고 예측했을 때 대부분의 대학에서는 이를 무시했다. 결과는 당연히 베이비 붐 세대의 성장으로 대학생 수가 크게 늘어났다. 뉴욕의 페이스대학이나 샌프란시스코의 골든게이트대학은 드러커의 주장을 진지하게 받아들여 교수나 학교 시설을 확장하면서 대비를 했다. 1970년대가 되어 두 학교는 아무런 어려움 없이 늘어난 학생들을 모두 수용할 수 있었다. 한편 미국의 소매 체인점인 시어스 로벅은 남미가 급속하게 도시화되고 있는 현상을 인식하고, 1950년대에 중남미에 미국식

백화점 체인을 만들기 시작했다. 그리고 시간이 지나면서 성공이 입증되기 시작했다. 1970년대에 시티은행은 앞으로 고등 교육을 받은 여성들의 사회 진출이 크게 늘어날 것을 내다보고 여성들의 채용을 대거 늘렸다. 그리고 여성들에게 체계적인 교육 훈련을 시켜, 대출 담당자로서 미국 전역에서 근무하게 했다. 의욕적인 젊은 여성들의 적극적인 활약은 시티은행이 미국 내의 선두 은행이자 진정한 국민 은행으로 변신하는 데 큰 역할을 하였다.

인구 구조의 변화 분석 작업은 인구 통계에서부터 시작된다. 이때 중요한 것은 총인구수가 아닌 연령 분포, 교육 수준에 따른 인구 구조의 세분화, 소득 분포, 특히 일반 소득과 가처분 소득과 같은 좀 더 구체적이고 세분화된 인구 관련 통계들이다. 이런 통계치들은 기업의 사업 기회 포착을 위해서는 물론이고 국가 운영에 있어서도 매우 중요하다. 그러나 이런 인구 통계 역시 그 수치만 가지고는 진정한 사업 기회가 될 수 없다. 현장에 나가 소비자를 직접 대면하고 관찰하는 노력이 뒷받침되어야 한다.

인식상의 변화

인식상의 변화에 의한 혁신은 실제로는 아무런 변화가 없는데 사람들의 인식만 바뀌든지, 사람들이 실제와 다르게 인식할 경우 이것이 바로 경영 혁신의 기회로 연결될 수 있다. 즉, 컵에 물이 반 차 있는 것을 보고 지금까지 '반밖에 없네' 하고 생각하던 사람들이 '절반이나 있네' 라고 인식을 바꾸면, 이 인식의 변화 속에 중요한 혁신의 기회가 존재한다는 것이다.

1960년대 이후 미국인들의 건강 상태는 예전과는 비교도 안 될 정도로 좋아졌다. 신생아 사망률, 수명, 질병 치료율 등 객관적인 모든 지표들이 미국인의 건강이 매우 좋아지고 있다는 것을 보여 준다. 그런데 이 무렵 미국인들은 건강의 객관적인 상황과는 반대로 마치 집단 우울증에 걸린 것처럼 전례 없이 건강에 대해 걱정을 하고 우울해 했다. 물론 그 이유는 객관적인 사실과는 상관없는 건강에 대한 지나친 관심 때문이었다. 육체미에 대한 관심, 질병에 대한 염려, 노화 현상에 대한 민감한 반응이 일종의 강박관념처럼 사람들을 우울하게 만든 것이다.

기업가들에게 일반인의 건강에 대한 인식 변화는 확실한 사업 기회였다. 이런 분위기 속에서 '아메리칸 헬스' 라는 건강 잡지가 창간되었다. 이 잡지는 펴낸 지 불과 2년 만에 발행 부수 100만 부를 돌파하는 대성공을 거두었다. 1960년대 설립된 셀레스티얼 시즈닝스(Celestial Seasonings)라는 허벌 제품을 공급하는 회사는 15년 만에 연간 수억 달러의 수익을 창출하는 회사로 성장하였다. 뒤이어 건강식품 체인회사가 등장했고 조깅 관련 용품을 취급하는 회사들이 대기업으로 성장했다.

시간이 지나자 식사에 대한 사람들의 인식이 바뀌기 시작했다. 과거에 보통 사람들은 단순히 '밥을 먹는 것'이었고 부자들은 '만찬을 즐기는' 개념이었지만, 이제는 소득 수준이 아니라 상황에 따라 사람들이 선택적으로 '밥을 먹기'도 하고 '만찬을 즐기기'도 한다. 동일한 사람이 생존을 위하여 '밥을 먹을' 때에는 가급적 가장 간단한 방식을 찾았고, 삶의 중요한 기쁨인 '만찬을 즐길' 때는 고급 요리를 직접 만드는 것을 즐기는 미식가로 변신하게 된 것이다. 새로운 편의 식품이나 인스턴트 식품에 대한 수요가 갑작스럽게 늘어나는가 하면, 고급 요리를 만드는 TV 프로그램의 시청률이 증가하고 고급 요리 재료 전문 취급 체인점이 등장하였다. 식사에 대한 소비자의 인식 변화를 정확히 읽고 혁신의 기회로 삼은 기업들은 큰 성공을 거두었다.

1950년대 미국인들은 갑자기 자기들 스스로를 중산층으로 인식하기 시작했다. 개인의 소득 수준이나 직업과 관계없이 일반적으로 그렇게 생각하기 시작한 것이다. 자신을 중산층으로 생각하는 미국인들은 당연히 자식들을 잘 교육시켜 사회적으로 더 출세하기를 바랐고 또 그것이 가능하다고 믿었다. 이런 인식의 변화 속에서 벤튼은 사업 기회를 확보하였다. 그는 엔사이클로피디어 브리태니커(Encyclopedia Britanica)라는 백과사전 회사를 사들여 방문 판매를 하기 시작했다. 판매원들은 '중산층'이라는 말을 강조하였다. 중산층이라면 앞으로 큰 성공을 거둘 자녀들에게 이 정도 투자는 해야 한다고 소비자들에게 말한 것이다. 결과는 대성공이었다. 도산 직전의 회사를 인수한 지 3년 만에 벤튼은 회사를 완전하게 정상화시킨 것이다. 이 사례는 일본에 그대로 적용되었고 마찬가지로 성공을 거두었다.

이런 인식상의 변화를 혁신의 기회로 활용하는 데 있어서 첫 번째로 염두해야 할 것이 타이밍이다. 타이밍이 늦으면 애초부터 사업의 기회가 존재하지 않고, 너무 이르면 경쟁자들을 위해 시장 조성을 해 주는 헛고생만 할 뿐이다. 인식상의 변화를 읽는 눈도 중요하다. 사실 인식상의 변화로 여겨지는 많은 현상들이 일시적인 유행으로 그치는 경우가 너무 많기 때문이다. 이런 두 가지 사항을 고려할 때 인식상의 변화를 활용한 혁신은 초기에는 소규모이면서 구체적으로 시작하는 것이 가장 바람직하다.

새로운 지식

지식에 기초한 경영 혁신은 기업가 정신을 발휘하는 방법으로는 가장 훌륭한 혁신이다. 지식을 바탕으로 하는 혁신이 새로운 지식을 필요로 한다고 해서 혁신이 반드시 과학상 또는 기술상의 혁신만을 의미하지는 않는다. 지식에 바탕을 둔 사회 혁신(Social Innovation) 역시 혁신에 포함된다. 지식에 근거한 혁신은 기본적으로 다른 혁신들과 큰 차이가 난다. 지식 경영의 특징을 살펴보면 다음과 같다.

첫 번째로, 지식에 의한 경영 혁신은 여러 경영 혁신들 중에서 리드 타임(Lead Time)이 가장 길다.[14] 새로운 지식이 등장하여 현실적으로 가치가 있는 기술로 바뀌기까지는 긴 시간이 걸릴 수밖에 없다. 그리고 그 기술이 새로운 제품이나 서비스가 되어 소비자의 손에 도착하기까지는 또 많은 시간이 필요하다. 생화학자 파울 에를리히(Paul Ehrlich, 1854~1915년)가 미생물을 화학 합성 의약품으로 처리하는 화학 요법을 개발한 뒤 광범위 세균성 질병 치료제인 설파(Sulfa)제가 시장에 출하되기까지는 25년이라는 긴 시간이 걸렸다. 또한 루돌프 디젤(Rudolph Diesel, 1858~1913년)이 1897년 엔진을 설계한 뒤, 미국의 찰스 케터링(Charles Kettering, 1876~1959년)에 의

---

14)위의 책, 152쪽

해 전면 개조되어 동력 기관으로 사용되기까지는 38년이라는 긴 시간이 걸렸다.

외부적인 충격이 있을 경우에는 리드 타임이 줄어들기도 한다. 1906년 포러스트가 발명한 삼극 진공관이 놀랍게도 1920년대에 라디오에서 사용될 수 있었던 것은 바로 제1차 세계대전으로 인한 국가의 무선통신에 대한 갑작스런 수요 때문이었다. 페니실린 역시 1920년대 중반 플레밍에 의해 박테리아를 죽이는 곰팡이인 페니실륨(Penicillium)으로 발견된 후 채 20년이 지나지 않아 상품화된 것은 바로 제2차 세계대전 때였다. 컴퓨터 역시 제2차 세계대전의 승리를 위해 미국 국방성이 엄청난 돈을 투자하면서 연구를 하지 않았으면 그 탄생은 1946년 훨씬 이후로 미루어졌을 것이다. 토마스 쿤은 그의 명저인 『과학혁명의 구조(The Structure Of Scientific Revolution)』에서 새로운 과학 이론이 새로운 패러다임으로 자리 잡고, 여러 과학자들이 관심을 가지고 자신들의 연구에 활용하는 새로운 학설로 인정하기까지는 대략 30년이 걸린다고 주장하였다. 새로운 지식 역시 기술로 완성되고 시장에서 팔리는 제품으로 바뀌기까지는 25~35년 정도가 걸린다.

지식에 기초한 경영 혁신의 두 번째 특징은 하나가 아닌 여러 가지 요인에 의해, 그리고 과학적·기술적 지식만이 아닌 여러 가지 지식들이 함께 축적되면서 경영 혁신이 이루어진다는 것이다.

곡물 생산성의 혁명을 가지고 온 옥수수의 신품종 개발은 두 가지 지식에 뿌리를 두고 있다. 하나는 미시건 주의 식물 육종가인 윌리엄 빌(William Beal, 1833~1924년)이 1880년 발견한 '잡종 강세' 현상이고, 다른 하나는 네덜란드의 생물학자인 휴고 드 브리스(Hugo de Vries, 1848~1935년)가 그레고리 멘델(Gregor Mendel, 1822~1884년)의 유전학을 더욱 발전시킨 연구 내용이었다.

라이트 형제의 비행기 또한 두 가지 중요한 지식에 바탕을 두고 있다. 하나는 1880년대 중반 칼 벤츠(Karl Benz, 1844~1929년)와 고틀리에프 다임러(Gottlieb Daimler, 1834~1900년)가 만든 가솔린 엔진이었고 다른 하나는 라이트 형제가 글라이더를 실험하던 중에 개발한 기체역학이라는 수학이었다.

짧은 시간에 21세기 현대인의 필수품이 된 컴퓨터는 5가지 기술이 모아지면서 탄생하였다. 19세기 초 찰스 배비지(Charles Babbage, 1801~1841년)에 의한 2진법(17세기에 발견)을 응용한 계산기 발명, 19세기 초 프랑스인 J. M. 자카드(J. M. Jakard, 1752~1834년)의 아이디어를 응용한 1890년 헤르만 홀러리스(Hermann Hollerith, 1860~1929년)의 펀치카드, 1906년 미국인 드 포리스트(Lee De Forest, 1873~1961년)가 발명한 삼극 진공관(Audion Tube), 1913년에 출판된 버트런드 러셀(Bertrand Russell, 1872~1970년)과 앨프리드 노스 화이트헤드(Alfred North Whitehead, 1861~1947년)의 공저 『수학원리』에서 모든 논리적 개념을 숫자로 표현할 수 있는 상징 논리, 그리고 마지막으로 제1차 세계대전 중에 개발된 프로그래밍 및 피드백 개념 등 다섯 가지였다. 이 다섯 가지 지식이 축적되어 모아지면서 1946년 드디어 컴퓨터가 등장한 것이다.

지식에 바탕을 둔 경영 혁신의 성공은 사회와 고객이 경영 혁신을 수용하는 여부에 따라 판가름 난다. 대부분의 혁신은 기존의 고객 욕구를 만족시키는 방식이나 이 지식에 바탕을 둔 경영 혁신은 변화를 불러일으키는 방식으로 새로운 고객의 욕구를 창출한다.

따라서 기업이 제공한 가치를 고객들이 수용할지, 무관심을 보일지 또는 적극적으로 거부할지 미리 알 방법은 없다. 자동차나 컴퓨터가 막 등장했을 때 이 새로운 발명품에 대해 긍정적으로 전망하는 전문가는 거의 없었다. 전화에 대한 일반 소비자들의 수용도 미국의 남북전쟁이나 보불전쟁을 통해 전화가 전보보다 더 나은 통신 방식이라는 것이 알려지면서 비로소 나타나기 시작했다.

기본적으로 지식에 바탕을 둔 혁신을 할 때 고객이 과연 신상품을 수용할 것인가에 대한 문제는 위험을 감수할 수밖에 없다. 다만 기업의 입장에서 도박에 대한 위험을 줄이는 노력은 할 수 있다. 즉, 이 일곱 번째 경영 혁신의 원천인 지식에 기초한 경영 혁신 방식을 앞서 나온 다른 6가지 경영 혁신 원천들과 통합하여 진행하는 것이다. 앞의 6가지 혁신 원천들은 기존에 존재하는 소비자 욕구에 초점을 맞추는 방식이기 때문에 지식에 기초한 경영 혁신 방식과 통합하여 추진할 경우, 지식에 기초한 경영 혁신 방식에 의한 소비자 수용도의 위험은 훨씬 낮은 수준으로 완화될 것이다.

경영 혁신의 추진 원칙

꼭 해야 할 5가지

경영 혁신은 원칙을 가지고 추진해야 한다. 원칙대로 추진하지 않았는데도 불구하고 성공하는 경우가 있다면 그것은 예외에 속한다. 예외는 반복될 가능성이 거의 없다. 경영 혁신을 추진하는 데 꼭 지켜야 할 5가지 조건은 다음과 같다.

첫 번째, 기회를 분석한다. 기회 분석은 혁신 기회의 원천들을 철저하게 파악하는 것에서부터 시작된다. 혁신 대상이 무엇이냐에 따라 원천들의 중요성이 바뀐다.

두 번째, 현장에 직접 나가 살펴보고, 질문하고, 고객들의 말에 귀를 기울여야 한다. 이때는 정량적인 의미의 수치도 확인하고 사람들의 태도도 관찰해야 한다. 고객들의 기대, 중요시하는 가치, 니즈 등을 현장에 나가 직접 확인해야 한다.

세 번째, 목표는 간단하고 초점이 명확해야 한다. 여러 가지에 초점을 맞추면 혼란만 발생할 뿐 목표에 이를 수가 없다.

네 번째, 시작은 작게 출발해야 한다. 기존 산업에 지각변동을 일으키겠다는 식의 거창한 구호는 실제 기업의 경영 혁신에 있어 구두선으로 끝날 뿐이다. 작은 자본과 최소한의 인력, 일정한 범위의 시장을 타깃으로 소규모로 혁신을 출발하는 것이 여러 가지로 유리하다.

다섯 번째, 혁신의 목표를 주도권을 확보하는 데 두어 충분한 효과를 발휘할 수 있도록 해야 한다. 물론 주도권이라는 것이 막연하게 대기업을 지향한다는 의미는 아니다. 산업 또는 시장에서 지배적 위치를 차지하는 것을 목표로 하는 것에서부터 소규모의 틈새시장을 차지하는 것에 이르기까지 다양하다. 중요한 것은 목표로 하는 시장 내부에서 주도권을 확보해야 한다는 것이다. 주도권을 잡지 못하게 되면 혁신은 경쟁자를 시장에 불러들이는 초대장 역할로 끝나고 만다

하지 말아야 할 3가지

경영 혁신에 있어 하지 말아야 할 것 3가지는 다음과 같다. 첫 번째, 너무 수준 높은 방식으로만 혁신을 추진하려고 해서는 안 된다. 혁신이 진행될 경우 실행에 옮길 사람들은 대부분 특별한 사람이 아닌 보통 사람들이다. 따라서 보통 사람들이 실천에 옮길 수 있는 방식으로 혁신을 추진해야 한다.

두 번째로, 너무 혁신을 다각화하거나, 분산시키거나, 한꺼번에 많은 것을 시도하려고 해서는 안 된다. 그것은 현명한 추진 방식이 아니다. 다각화, 분산, 동시다발적인 시도는 사업 활동을 핵심으로부터 벗어나게 할 가능성이 높다. 일상의 관리가 아닌 혁신 과정에서 노력이 통합되지 않고 분산되면 혁신은 성공을 거두기 어렵다. 혁신은 참가하는 사람들 간에 통일성을 유지하면서 공통의 핵심을 위해 개인들이 힘을 집중할 수 있도록 해야 한다.

마지막 세 번째, 혁신은 미래를 위해 하는 것이 아니라 현재를 위해 하는 것이다. 현재의 효과를 위해 추진되는 혁신이 아니라면 그것은 다빈치의 노트에 그려져 있는 여러 가지 아이디어의 설계 도면에 불과하다. 현재가 아니면 동기 부여도 어려울뿐만 아니라 혁신의 성공 가능성도 매우 희박하다.

혁신의 성공을 위한 조건 3가지

혁신을 성공적으로 추진하기 위한 조건은 세 가지이다.

첫 번째 혁신을 성공적으로 끝내기 위해서는 그 일에 대한 관심과 자질, 그리고 지식을 갖추고 있어야 한다. 사람은 자신이 좋아하는 일, 잘 알고 있는 일을 잘할 수 있다. 혁신이 아이디어 단계에서 출발하여 구체적인 결과로 나오기까지는 시간도 걸리고 여러 가지 넘겨야 할 고비들도 많다. 이런 어려움을 모두 극복하고 성공을 거두기 위해서는 혁신의 목표와 추진하는 사람이 서로 맞아떨어져야 한다.

두 번째, 혁신가는 혁신에 성공하기 위해서 자신의 강점을 잘 살릴 필요가 있다. 진정한 혁신가는 언제나 넓은 시야를 가지고 혁신의 기회를 살피다가 자신의 강점을 활용할 수 있는 기회를 포착한다. 그리고는 진지하게 혁신을 추구해 나가면서 자신의 강점을 유감없이 발휘한다.

마지막 세 번째로 혁신은 항상 시장을 중심으로 추진해야 한다. 시장에 초점을 맞추고, 시장 지향적으로 추진해야 한다.

성공적인 혁신가는 보수적이다. 위험에 초점을 맞추지 않고 기회에 초점을 맞춘다. 기회에 초점을 맞춘다는 것은 결국 체계적이고 계획적인 혁신을 추구한다는 것을 의미한다. 혁신의 7가지 원천과 경영 혁신의 추진 원칙에 있어서 꼭 해야 할 것 5가지, 하지 말아야 할 것 3가지, 그리고 혁신의 성공을 위한 조건 3가지는 기업과 경영자들로 하여금 체계적이고 계획적인 경영 혁신을 할 수 있도록 안내한다.

peter druker

3부

개인의 성장

peter druker

Chapter 5

자기 경영

이 장은 21세기를 살아가는 지식근로자가 갖추어야 할 내용이 무엇인지를 설명한다. 일반적인 사람들이 자신의 삶을 경영하는 데 참고해야 할 내용도 많지만, 대체적으로 조직 내의 경영자가 어떤 자질을 갖추어야 하는가에 초점을 맞추고 있다.

현대인은 모두 경제인이다. 조직 내부에서 경제활동을 하든, 자영업으로 경제활동을 하든 생계를 해결하고 꿈을 실현하기 위해 사람들은 누구나 주변과 관계를 맺으면서 경제활동을 한다. 피터 드러커의 자기 경영은 이런 경제활동의 주체인 현대인들이 경제활동에서 높은 생산성을 올리면서 아울러 자신의 삶을 보다 풍요롭게 경영할 수 있는 방법에 대한 지혜를 담고 있다. 자신의 인생을 경영하는 자기 삶의 최고경영자인 개인들이 반드시 알아야 할 귀중한 조언들이다.

목표 달성 능력을 갖춘다

목표를 달성한다는 것은 다름 아닌 '올바른 일을 수행'한다는 것을 의미한다. 단순히 양(量)이나 수(數)를 채우는 것과는 구분된다. 따라서 진정한 목표 달성은 지식근로자의 고유 과업으로 이해할 수 있다. 기업, 병원, 정부기관, 노동조합, 대학, 또는 군대 등 어떤 조직에서든 지식근로자는 올바른 일을 수행하는 것을 목표로 하지 않으면 안 되기 때문이다. 올바른 일을 수행한다는 것은 군대에서 단순히 작전을 열 번 세우는 것보다 반드시 이길 수 있는 한 번의 작전을 세우는 것이며, 교수가 논문을 여러 편 발표하는 것보다 제대로 된 논문 한 편을 발표하는 것을 의미한다.

육체근로자의 경우에는 '올바른 일을 수행하는 능력'보다는 '주어진 일을 올바르게 할 수 있는 능력'이 요구된다. 즉, 이미 정해져 있는 질적 수준 범위에 맞추어 많은 양을 생산하는 것을 목표로 한다. 따라서 육체근로자에게는 목표 달성보다는 양적 비교 개념인 능률이 중요하다. 지난 100년간 사람들은 육체근로의 생산성을 측정하고 품질을 파악하는 방법을 익혔다. 그 결과 육체근로자의 개인당 생산성은 크게 증가하였다.

산업혁명 이후 공장이나 군대 등 모든 조직에서 일하는 사람들의 대부분은 육체근로자였다. 명령을 내리는 사람은 극히 소수에 불과했다. 따라서 명령을 내리는 역할을 하는 소수의 지식근로자들이 목표 달성 능력을 제대로 갖추고 있는지 여부에 대해서 사회는 그다지 관심을 두지 않았다.

그러나 20세기 들어 노동의 성격이 급격하게 바뀌면서 육체근로자의 비중은 줄어들고 지식근로자 숫자가 증가하기 시작했다. 지식근로자의 비중이 늘어나면서 조직들은 지식근로자들에 대한 성과 판단이 육체근로자에 대한 것과는 달라야 한다는 것을 깨닫기 시작했다. 단순히 양적 목표치를 재는 능률이 아니라, '올바른 일'을 제대로 수행하고 있는가를 판단하는 평가 기준으로 바뀌게 된 것이다. 진정한 의미의 목표 달성이 중요해졌다.

그렇다면 지식근로자의 필요조건인 '목표 달성 능력'은 어떻게 갖출 수 있는 것인가? 선천적인가, 후천적인가? 후천적이라면 어떤 과정을 통해 습득할 수 있는가?

피터 드러커는 목표를 달성하는 능력은 하나의 습관이라고 주장한다. 목표를 달성하는 능력은 특정인만의 속성이 아닌 누구나 노력하면 갖출 수 있는 일반적인 능력이라는 이야기이다. 그 증거는 바로 큰 성과를 거둔 많은 지식근로자들의 인간 유형, 개성 또는 재능이 천차만별일뿐더러, 성과를 낸 사람들에게서 발견되는 특성들이 아무런 성과를 내지 못한 사람들에게도 쉽게 발견된다는 점이다. 단 하나 유일한 차이가 바로 '목표를 달성하는 실행 능력'이라는 것이다. 목표를 달성하는 실행 능력이야말로 성과를 낸 사람들만이 가지는 유일한 공통점이다.

목표를 달성하는 실행 능력은 기업에서 성과를 낸 사람이든, 정부 기관에서 큰 업적을 이룬 사람이든 아니면 NGO에서 훌륭한 공헌을 한 사람이든 모두 공통적으로 갖추고 있는 자질이다. 지능, 근면성, 상상력, 지식 등이 아무리 탁월하다 할지라도 목표를 달성하는 실행 능력을 갖추지 못했다면 그 사람은 아무런 성과도 이루지 못한다. 그렇다면 목표를 달성하는 실행 능력은 구체적으로 어떤 습관으로 이루어져 있을까? 그것은 다음과 같은 다섯 가지 습관이다.

첫 번째, 자신의 시간을 통제하는 습관이다. 아무리 작은 시간이더라도 반드시 계획적인 관리하에 시간을 사용한다.

두 번째, 행동의 초점을 항상 결과에 둔다. 즉, 과업을 시작할 때 해야 할 일이 무엇인가, 어떤 기법과 수단을 사용할 것인가와 같은 질문에 초점을 맞추지 않고 자신이 창출해야 하는 궁극적인 가치가 무엇인가에 노력의 초점을 맞춘다.

세 번째, 일을 추진해 나가는 과정에서 모든 사람들의 강점에 기초하여 의사 결정을 한다. 자신의 강점은 물론 동료 조직원들의 강점, 그리고 그 상황에 어울리는 강점을 중심으로 의사 결정을 하여 일을 추진해 나간다.

네 번째, 우선순위를 정하여 핵심 부문에 노력을 집중한다. 한정된 시간과 자원으로 원하는 가치를 창출하기 위해서는 반드시 우선순위를 설정해야 한다. 우선순위가 정해져 있지 않으면 효과적으로 성과를 낼 수 없다.

마지막 다섯 번째, 의사 결정을 할 때 다양한 의견에 기초하여 체계적인 절차를 통해 내린다. 성급한 의사 결정이나 사전에 준비가 갖추어지지 않은 상태에서 내리는 의사 결정은 조직에 큰 재앙이 되어 돌아올 수 있다.

사람이 뭔가를 할 수 있는 능력을 가지고 있다는 것은 꾸준한 노력에 의해 이루어진 하나의 습관이다. 책을 읽는 것이 그렇고, 운전을 하는 것이 그렇다. 요리를 잘하는 것 역시 반복적인 노력에 의한 것이다.

피터 드러커는 목표 실행 능력을 갖추는 것을 자신의 경험을 들어 악보를 보고 피아노를 치는 것에 비유한다. 습관을 들이지 않으면 절대로 음계대로 피아노를 칠 수 없다. 유명 연주가처럼 칠 수는 없겠지만 습관을 들이면 누구나 음계에 맞추어 연주를 할 수 있다. 단순한 손놀림이나 발놀림에 의한 습관적인 기술뿐만 아니라 일을 추진해 나가는 방식 역시 의도적이고 반복적인 노력에 의해 지혜로운 방향으로 향상된다. 보통 젊은이가 장교 훈련을 받고 난 다음 훌륭한 지휘관으로 바뀌는 것이나, 사회 초년생이 몇 년 뒤 조직의 중견 간부로 성장하는 것도 결국 지속적인 문제 해결의 반복에 의한 것이다. 목표 실행 능력 역시 예외일 수는 없다. 제시된 다섯 가지 습관이 자신의 것이 될 때까지 반복해서 노력하면 목표 실행 능력은 저절로 갖추어지게 된다. 21세기 지식사회에서 지식근로자가 필수적으로 갖추어야 할 목표 실행 능력을 갖추는 원리 자체는 의외로 단순하다.

시간을 관리한다

인생을 산다는 것은 시간을 보낸다는 것이다. 따라서 시간을 통제하여 계획적으로 사용하지 않으면 계획 없이 형편에 따라 살게 된다. 그렇게 되면 똑같은 시간을 살더라도 그 삶의 충실도에 있어서 큰 차이가 날 수밖에 없다.

시간은 만인에게 동등하게 주어졌다는 의미에서 가장 보편적인 자원이다. 그러나 다른 모든 자원들과 달리 축적되거나, 대체되거나, 차용할 수 없다는 의미에서는 가장 특별한 자원이기도 하다. 성과를 내기 위한 경제적 자원이라는 시각에서 볼 때는 더욱 특별한 의미를 지닌다. 수요에 대해 시간의 공급은 완전히 비탄력적이며, 가격이 없고, 한계효용곡선도 존재하지 않는다. 게다가 한번 사용하면 재생 불가능한 자원이다. 그리고 항상 만성적인 공급 부족 상태에 있다. 그러나 심각한 공급 부족 상태라고 해서 개인들에게 주어지는 시간이 생산적으로 쓰이고 있다는 의미는 아니다. 인간에게 주어진 자원 중에서 가장 낭비되는 자원이 바로 이 시간이다. 물론 사람에 따라 낭비 정도는 다르게 나타난다. 이런 특성 때문에 시간 은 삶의 충실도 향상, 좀 더 좁혀서 이야기하면 개인의 여러 가지 목표 달성 여부에 가장 중요한 결정적 요인으로 작용한다.

시간을 효과적으로 통제하여 목표 달성 능력을 향상시키고 나아 가서 삶을 충실하게 만들기 위해서는 다음과 같은 세 가지 단계를 거쳐 시간을 관리해야 한다.

첫 번째, 현재 자신이 시간을 어떻게 사용하고 있는지 객관적으 로 파악해 보아야 한다. 즉, 시간을 기록해야 한다.

어떤 기업 회장은 자신은 시간을 크게 세 부분[15]으로 나누어서 사용하고 있다고 자신 있게 말했다. 그는 스스로 3분의 1은 간부들 을 만나고, 3분의 1은 중요한 고객에게 할애하고, 나머지 3분의 1 은 지역사회 활동에 사용하고 있다고 생각했다. 그런데 6주에 걸쳐 실제 시간 사용을 체크해 본 결과 회장은 이 세 가지 부분 어디에도 시간을 거의 사용하지 않고 있었다. 그냥 자신이 그렇게 '사용해야 지' 하고 마음만 먹고 실제로 그렇게 사용하고 있는 것처럼 착각을 하고 있을 뿐이었다. 실제로는 직원들에게 독촉을 하거나, 업무와

---

15)피터 드러커, 이재규 옮김, 『피터 드러커의 자기경영노트』, 한국경제신문사, 2003, 26쪽

별 관련도 없고 중요하지도 않은 일로 전화를 하거나 또는 회장으로서 전혀 할 필요 없는 일을 간섭하는 데 대부분의 시간을 사용하고 있었다.

누구나 자신이 사용하는 시간을 체크해 보면 이 회장처럼 자신의 생각과 실제 사용하는 시간 사이에 크게 차이가 나는 것을 발견하게 된다. 물은 아무리 낭비를 하더라도 눈에 직접 보이기 때문에 사용에 한계가 있지만, 시간은 눈에 보이지 않는다는 편리함(?)으로 인해 아무 부담 없이 아무렇게나 버려지고 있는 것이다.

목표 달성 능력을 위한 시간 관리에서 첫 번째 할 일은 시간 운용표를 작성하는 것이다. 최소한 1년에 두 차례 정도는 자신이 어떻게 시간을 쓰는지 직접 체크해 보아야 한다. 한 번 체크할 때 소요 기간은 3~4주 정도가 적당하다. 체크를 하고 난 후에는 내용을 보면서 분석을 해야 한다. 분석을 해 보면 자신이 생각했던 것보다 훨씬 많은 시간이 그냥 버려지고 있다는 것을 알게 될 것이다. 이 분석 단계에서 아래의 세 가지 질문을 하면서 자기 진단을 할 필요가 있다.

① 자신이 하고 있는 일 중에서 아무런 결과도 얻지 못하고, 전혀 할 필요도 없는 완벽한 시간 낭비형 일로는 어떤 것이 있는가를 알아본다.

결과도 없고 할 필요도 없는 일이 어떤 일인지 판단이 잘 서지 않으면, 했던 일을 짚어 보면서 스스로에게 질문을 해 본다. '이 일을 하지 않았더라면 무슨 문제가 발생했을까?' 특별한 문제가 없었을 것이라고 판단되면 그 일은 완벽한 시간 낭비형 일이다.

② 자신의 시간 운용표에 기록된 업무 관련 활동 가운데, 내가 아닌 다른 사람이 한다면 더 잘할 수 있거나 최소한 나 정도면 할 수 있는 일은 어떤 것이 있을까 점검한다.

그런 일이 있다면 과감하게 그 일을 권한 위임해야 한다. 단, 권한 위임은 단순히 내가 하던 일을 부하 직원에게 떠넘기는 식이어서는 안 된다. 보다 중요한 일에 집중할 시간을 확보하기 위해 책임과 권한을 함께 이전해야 한다.

③ 조직에서 자신이 하고 있는 일 중에서 혹시 조직 내 관계인들의 목표 달성에 도움은 되지 않고 시간만 낭비하고 있는 일은 없는지 알아본다.

이 내용은 관계인에게 직접 물어보아야 한다. 기업에서 상사가 소집하는 잦은 회의가 여기에 해당된다. 특히 준비가 미흡한 회의, 체계적으로 진행되지 않는 회의, 시간만 길게 늘어지는 회의는 목표 달성에 아무런 도움도 안 되면서 자신과 관계인들의 시간만 빼앗고 있을 가능성이 높다.

이와 같이 세 가지 질문에 의한 진단이 끝나면 다음 단계인 시간 관리로 넘어간다.

둘째, 시간 관리는 네 가지 단계를 거쳐 시간 낭비 요인을 없애 나가는 과정이다.

① 시스템적인 문제 또는 미리 준비하지 못해서 발생하는 시간 낭비 요인을 제거해야 한다.

시스템의 문제나 준비 부족에 의해 발생하는 문제들은 속성상 주기적으로 발생하는 경우가 많다. 매번 시일에 닥쳐서 정신없이 하는 재고 조사나 체계적으로 자료를 정리하지 않고 한꺼번에 밤새워서 하는 결산, 예산을 반납하지 않기 위해 회계연도 말에 서둘러서 예산을 집행하는 것과 같은 일들이 이런 부류에 해당되는 일들이다. 이런 일들은 시스템을 바꾸거나 미리 준비하면 시간 낭비를 대폭 줄일 수 있다. 똑같은 문제가 계속해서 발생하는 것은 아무런 생각이 없거나 머리가 나쁜 것 둘 중 하나이다.

② 인력 과잉 때문에 발생하는 시간 낭비를 없애야 한다.

사람이 부족해서 일에 차질이 생기는 경우가 있다. 그러나 보다 일반적인 상황은 사람이 부족한 경우보다 오히려 너무 많아 목표 달성에 방해가 되는 경우이다. 인원이 필요 이상으로 많으면 사람들은 일 자체보다 서로 간에 인간관계에 적지 않은 시간을 보내면서 많은 고민을 하게 된다.

조직 내 최고경영자를 비롯한 간부들이 '인간관계 문제', 예를 들어, 불화와 마찰, 관할권 다툼, 부문 간 협조 문제 등에 적지 않은 시간을 사용하고 있다면 그 조직은 인력 과잉이라고 할 수 있다. 인력이 너무 많아 사람들이 서로 중복해서 일을 하고 있는 상황이다. 생산성을 올리는 데 서로에게 도움이 되는 것이 아니라 방해가 되고 있는 경우이다. 과잉 인력으로 인해 목표에 충실하지 못하고 사람 간에 갈등으로 자원을 낭비하고 시간을 낭비하고 있다면 인력을 조절해야 한다.

③ 조직 구조상의 문제에서 비롯된 시간 낭비를 없애야 한다.

회의가 너무 많다면 그것은 조직 구조가 잘못 설정되었다는 것을 의미한다. 하나의 직무 또는 하나의 요소로 분류되어야 할 일이 여러 직무 또는 여러 부서로 나누어져 있는 상황에서는 당연히 회의가 많아질 수밖에 없다. 따라서 회의가 많다는 것은 책임이 분산되어 있고 해당 정보를 필요로 하는 사람에게 시스템적으로 제대로 제공되지 않고 있다는 사실을 나타낸다. 이런 경우에는 조직 구조를 변경하거나 보완해야 한다. 필요한 사람에게 시스템을 통해 정보가 자동으로 전달되도록 조직 구조를 바꾸어 책임 소재를 단순하고 분명하게 함으로써 잘못된 조직 구조에서 비롯되는 시간 낭비를 막아야 한다.

그러나 조직 구조상의 문제가 아닌 습관에 의한 회의라면 회의를 위한 회의를 없애고 회의를 체계적으로 진행할 수 있는 운영 원칙을 세워야 한다. 회의는 일상적으로 으레하는 것이 아니라 예외적으로 하는 것이다. 구성원들이 업무 시간의 4분의 1 이상을 회의로 보낸다면 그 조직은 결함이 많은 조직이다.

④ 마지막으로 정보와 관련된 기능 장애가 시간 낭비의 주요 요인 중 하나이다.

조직은 살아 있는 생물체를 모델로 한 유기체이다. 여러 가지 기능들이 각각 자기 고유의 기능을 수행하면서 상호 간에 통일성을 가지고 서로 유기적으로 연결되어 하나의 통합 단위로써 고유의 목적을 달성해 나간다. 정보와 관련된 기능 장애에 의한 시간 낭비는 조직 각각의 기능들이 시스템적으로 서로 필요한 정보를 유기적으로 연결되지 못하여 발생하는 시간 낭비이다. 제조업체에 있어서의 부품 재고 현황, 병원에 비어 있는 입원실 수, 금융기관의 자금 현황과 같은 요소들은 해당 업체에서 매우 중요한 정보로써 동시간대 정보가 필요한 부서에 제공되어야 한다. 만약에 이런 정보들이 제시간에 전달이 안 되거나 잘못 전달될 경우에는 많은 혼란과 함께 시간 낭비가 발생한다. 이런 중요 정보들은 컴퓨터를 활용하여 동시간대에 관련 부서들이 공유할 수 있다. 그렇게 되면 시간 낭비가 줄어들 것이다.

셋째, 자유재량으로 사용할 수 있는 시간으로 통합한다.

앞의 두 단계인 시간 기록과 관리를 통해 사람들은 자신의 중요한 일에 투입할 수 있는 시간이 어느 정도 되는지를 알 수 있게 되었다. 즉, 완전한 자기 통제하에 사용할 수 있는 시간이 어느 정도인지를 알게 되었다. 시간 관리에 있어서 세 번째 단계는 이런 자기가 통제할 수 있는 시간들을 한꺼번에 사용할 수 있게끔 모으는 작업을 통해 무의미한 조각 시간들을 의미 있는 큰 시간 단위로 바꾸는 것이다.

활용할 수 있는 시간의 가치는 시간의 절대량에 의존하지 않는다. 한번에 쓸 수 있는 시간의 크기가 얼마나 큰가에 의존한다. 시간이 아무리 많더라도 그것이 10분~20분씩 여러 번 쪼개서 사용할 수밖에 없다면 그 시간들을 활용하여 우리가 할 수 있는 일은 극히 한정된다. 왜냐하면 어떤 일이든지 제대로 매듭을 짓는 데 걸리는 최소한의 시간이 있는데, 그 시간 안에 매듭을 지을 수 있는 일은 별로 없기 때문이다. 더욱이 지식근로자가 하는 창의적인 일들은 아이디어 단계부터 시작해서 부분적으로 매듭을 짓는 데도 상당한 시간을 필요로 하기 때문에, 10~20분짜리 시간 단위로밖에 사용할 수 없는 10시간, 100시간은 사실 아무런 쓸모없는 시간의 집합일 뿐이다. 따라서 시간을 효과적으로 사용하기 위해서는 이 조각 시간들을 이어서 한 단위의 큰 시간으로 만들어야 한다.

구체적인 시간 통합 방법을 살펴보면 여러 가지가 있다. 연구나 편집처럼 상당 시간 동안의 구상을 필요로 하는 사람들은 1주일에 하루 정도 아무에게도 방해받지 않으면서 집에서 일을 하는 방법을 생각해 볼 수 있다. 또 최고경영자들이 사용하는 일반적인 방법으로, 회의나 중요한 고객을 만나는 것은 모두 월요일과 금요일로 모으고, 화·수·목요일 오전에는 중요한 문제에 대한 의사 결정을 하는 시간으로 활용한다. 그리고 이 세 날짜의 오후는 예상치 못한 일에 대비해서 비워 둔다. 그리고 중요한 문제를 결정할 때에는 일체 외부의 방해를 받지 않고 일을 할 수 있는 환경을 만드는 것이다. 또는 출근 전에 집에서 매일 90분 정도 중요한 일을 처리하는 방식을 사용하는 사람들도 있다.

시간은 가장 희소한 자원이다. 시간을 관리하지 못하면 아무것도 관리할 수가 없다. 자신의 삶은 물론이고 조직에서 부하 직원들도 관리[16]할 수가 없다. 부하 직원을 관리한다는 것은 결국 그들의 시간을 관리한다는 의미이다. 자신의 시간도 관리하지 못하는 상황에서 타인의 시간을 관리한다는 것은 처음부터 말이 안 된다. 자신이 시간을 어떻게 쓰는지 정확히 조사하여, 낭비 요소들을 없애고, 활용할 수 있는 시간들을 통합하는 것은 자신의 삶과 타인의 삶을 더 나은 방향으로 이끌어 가는 데 중요한 역할을 한다.

---

16)위의 책, 60쪽

공헌할 목표에 초점을 맞춘다

목표를 달성하는 사람들은 노력 자체가 아닌 공헌에 초점을 맞춘다. '조직의 성과에 긍정적인 영향을 미치면서 내가 공헌할 수 있는 것이 무엇이 있는가?' 라는 질문을 스스로에게 하면서 자신이 할 수 있는 것보다 더 높은 곳을 지향한다. 공헌에 초점을 맞추기 위해서는 조직에서 이루어지는 활동들이 항상 목표 지향적이어야 한다. 업무의 내용, 수준, 기준, 영향력이 목표 지향적이어야 하고, 동료들과의 관계에 있어서도 기본적으로 목표 지향적이어야 하며, 회의나 보고서 작성과 같은 수단들도 목표 지향적이어야 한다.

따라서 조직의 진정한 경영자는 당연히 목표 지향적인 자세를 견지하며 목표 달성 공헌에 모든 일의 초점을 맞춘다. 반대로 공헌이 아닌 노력 자체에만 초점을 맞추고 아랫사람들에 대한 권한 행사를 중요시하는 사람은 설사 최고경영자라 할지라도 진정한 경영자가 될 수 없다. 조직의 목표 달성에 방해가 되는 훼방꾼에 불과하다. 그렇다면 공헌에 초점을 맞추면 구체적으로 어떤 효과가 있을까? 피터 드러커는 구체적인 의미를 다섯 가지로 정리했다.

첫 번째, 스스로 공헌할 바를 찾는다.

공헌할 목표에 초점을 맞추면 사람들은 자신의 전문 분야, 한정된 기술, 자신의 부서만 생각을 하던 자세에서 벗어나 어떻게 하면 조직 전체 차원에서 성과를 올릴 수 있을까 하는 자세로 바뀌게 된다. 그리고 자신의 전문 분야, 자신의 기술 또는 자신의 부서가 조직 전체와 어떤 관계인지, 조직의 목적과는 어떻게 연결되어 있는지를 생각해 보게 된다.

이렇게 관심의 영역이 확대되고 조직 전체적인 관점에서 자신의 역할을 생각하면 사람들은 자신의 잠재력을 발휘할 준비가 끝나게 된다. 그리고 시간이 지나면서 지금까지 자신이 이루었던 것 중에서 대단한 성과로 생각했던 것이 자신의 잠재력 중 극히 일부분에 불과하다는 것을 깨닫게 된다.

조직 내부에서 나타나는 공헌의 구체적인 모습은 세 가지 영역으로 나타난다. 그것은 구체적인 성과 산출, 조직의 가치 창출, 인재 확보 및 육성이다.

구체적인 성과는 수치로 분명하게 측정할 수 있는 조직에 대한 기여로서 매출액이나 이익과 같은 경제적 결과를 말한다. 그러나 조직에 있어서는 직접적이고 구체적인 성과만 중요한 것이 아니다. 인간의 신체 활동에 에너지원인 3대 영양소뿐만 아니라, 이를 태워 주고 조절해 주는 영양소도 중요하듯이 조직에 있어서도 구체적인 성과 말고도 중요한 것들이 있다. 바로 조직의 가치 창출이다. 조직은 유한하지만 무한을 지향한다. 지속적으로 존재하기 위해서는 현재의 이익도 중요하지만, 조직의 존재 이유를 밝히고 확인하는 작업도 이익 못지않게 중요하다. 존재하는 목적을 분명히 하지 않으면 조직은 결국 혼란을 일으켜 마비 증세를 보이면서 해체될 수밖에 없다. 기업 차원에서의 가치는 사람들의 편익 향상이라는 보편적인 성격일 수도 있고, 시장점유율 1위 또는 기술의 리더라는 경쟁적 차원의 성격일 수도 있다. 어떤 가치를 추구하든 그 가치는 분명하게 설정되어 있어야 한다. 추구하는 가치가 분명하지 않거나 여러 개의 가치를 추구함으로써 조직상의 혼란이 발생하면 그 결과는 비용의 과다 지출, 자원의 낭비, 이익 감소로 연결되고 결국은 조직의 생명을 단축시키는 결과를 가져온다.

구체적인 공헌의 세 번째는 인재 발굴과 육성이다. 조직은 많은 시설과 돈, 사람을 포함하고 있지만, 그중 가장 본질적이면서 중요한 것은 사람이다. 사람이 없으면 오늘의 조직도 제대로 운영될 수 없을뿐더러 조직의 내일도 기약할 수 없다. 물론 여기에서 말하는 사람은 조직의 목표 달성에 기여할 수 있는 인재를 의미한다. 따라서 최고경영자가 인재 육성에 적극적으로 힘쓰는 것은 조직에 공헌하는 것이며, 반대로 최고경영자가 조직에 제대로 공헌하기 위해서는 무엇보다 인재 육성에 노력을 기울여야 한다.

두 번째, 지식근로자는 전문가로서 목표 지향적이어야 한다.

21세기 지식근로자가 목표를 달성하기 위해서는 무엇보다 전문가가 되어야 한다. 따라서 지식근로자는 고도로 전문화된 지식을 소유하고, 필요한 도구들을 가지고 있으며, 고유한 관심 분야를 가지고 있어야 한다. 자기 자신의 좁은 분야의 얕은 지식을 모든 영역의 지식과 연결시키는 제너럴리스트는 지식사회에서 조직의 목표에 제대로 공헌할 수가 없다. 조직 내부에서 전문가의 업무는 그 자체로 완결되지 않는다. 각각의 전문가들이 자신이 맡은 분야를 깊이 있게 다루면서 그 결과물들을 상호 보완하여 연결시킬 때 비로소 하나의 가치가 완결되면서 그들이 한 작업들도 의미를 지니는 것이다.

따라서 전문가들은 항상 자신의 결과물을 누가 사용할지 생각해 보아야 하며, 결과물들이 모여 완성품이 될 때 사용자가 어떻게 이해하고 받아들일지에 대해서도 곰곰이 생각해 보아야 한다. 전문성은 사용자에 대한 고려가 없을 때 잘못된 방향으로 가는 결과를 가져올 수 있다.

전문가가 일을 하는 이유는 자기 자신이 아닌 조직의 목표를 위해서이다. 그리고 조직이 추구하고자 하는 목표는 결국 고객 만족이다. 따라서 전문가인 지식근로자들에게 전문성 다음으로 요구되는 것은 목표 지향적인 자세이며, 이런 목표 지향적인 자세는 공헌에 초점을 맞출 때 저절로 형성된다. 목표 지향적인 자세가 결여된 전문성은 조직의 목표 달성을 어렵게 함은 물론이고 고객에게 외면을 당한다. 고객이 없는 조직과 전문가는 존재 근거를 상실하게 된다.

세 번째, 좋은 인간관계를 지향해야 한다.

조직에서 좋은 인간관계는 필수적이다. 조직원들의 마음을 편안하게 하는 것 이전에 조직의 목적 실현상 반드시 필요한 요소이다. 좋은 인간관계가 유지되지 않는 상황에서 조직원들은 자신이 공헌해야 할 부분에 제대로 에너지를 모으기가 어렵다. 더구나 다른 사람들과 협력을 통해 완결된 가치를 창출해야 하는 전문가들 입장에서 좋은 인간관계를 유지하지 못하고 있다는 것은 목표 달성에 치명적인 문제이다. 지식근로자들 사이에서 '생산적'이라는 말의 의미는 개인의 자질이라는 요소를 제외한다면 100% '좋은 인간관계'를 말한다.

그러나 무조건 좋은 인간관계만이 능사는 아니다. 조직 내에서 아무런 성과도 이루지 못하고 있는 상태에서 서로 간에 갖는 따뜻한 감정이나 유쾌한 농담은 아무런 의미도 지니지 못한다. 따라서 좋은 인간관계는 조직의 목표 달성에 충분조건은 아니지만 없어서는 안 될 필요조건이다.

그렇다면 좋은 인간관계를 맺기 위한 필요한 요소에는 어떤 것들이 있을까? 피터 드러커는 커뮤니케이션, 팀워크, 자기계발, 동료들에 대한 자기 계발 동기 부여와 같은 네 가지 요소가 좋은 인간 관계 형성에 꼭 필요하다고 주장했다.

커뮤니케이션 문제는 오랫동안 경영의 중심 과제로 다루어 온 주제이다. 기업을 비롯한 현대사회의 모든 조직들이 커뮤니케이션에 대해 많은 관심을 가져왔다. 그러나 성과는 기대에 훨씬 못 미쳤다. 그 이유는 연구 내용이 주로 조직에서 윗사람이 아랫사람에게 향하는 하향식 커뮤니케이션 방식이었기 때문이다. 연구 결과로 이제는 하향식 커뮤니케이션이 제대로 효과를 발휘하기가 힘들다는 것이 밝혀졌다. 윗사람이 아랫사람에게 무엇인가를 말하려고 하면 할수록 아랫사람이 '잘못 이해할' 위험이 더 커진다는 것을 알게 되었다.

지식근로자들은 자신의 공헌에 책임을 지면서 아랫사람들에게도 그들 자신의 공헌에 대해 책임질 것을 요구한다. 지식사회의 목표 지향적인 조직에서는 상사가 부하에게 다음과 같은 질문을 한다. '당신이 조직에 공헌해야 할 부분에 대해 책임과 권한을 가지고 일을 할 수 있도록 하기 위해 나와 조직이 해 주어야 할 일은 무엇인가?', '상사인 나와 조직이 당신에게 무엇을 기대할 수 있는가?', '어떻게 하면 당신의 지식과 능력을 최대한 활용할 수 있는가?' 등의 질문에 대해 부하 직원이 충분히 생각을 하고 난 후 답변을 하면, 상사는 부하의 공헌에 대한 생각에 대해 책임과 권한을 가지고 판단을 한다.

질문 자체가 모두 목표 달성을 위한 공헌에 초점이 맞춰져 있다. 이런 본질적인 질문에 대한 내용이 상호 간에 명쾌해지면 커뮤니케이션이 한결 단순하고 용이해진다. 그 이유는 기업에 사람이 모여 있는 이유가 기본적으로 조직의 과업을 달성하기 위한 것이기 때문에 기본적인 역할에 초점을 맞추면 나머지 중요하지 않은 문제들은 저절로 해결되거나 비중이 훨씬 낮아지기 때문이다.

좋은 인간관계를 맺기 위한 두 번째 요소는 팀워크이다. 개인 및 각 부서가 공헌에 초점을 맞추면 커뮤니케이션이 횡적으로 이루어지면서 팀워크는 저절로 좋아지게 된다. 조직 전체의 목표 달성을 위해 각자가 해야 할 일이 분명하게 정해져 있다는 것은 조직원들 상호 간에도 각각의 역할이 어떻게 연결되어 있는지에 대해서 분명하게 알고 있다는 의미이다. 따라서 '내가 만든 성과를 누가 어떻게 이용할 것인가?', '내가 필요로 하는 것을 누가 언제까지 나에게 제공해 줄 것인가?' 라는 질문을 하게 되면 명령 계통이나 직위에 상관없이 팀워크는 향상된다. 그리고 지식근로자 한 사람 한 사람은 모두 조직에 있어 소중한 사람들로 인식을 하게 된다.

현실적으로 조직에 있어서 좋은 인간관계의 출발은 개인이 각자의 역할을 다하는 것이다. 자신이 할 역할을 제대로 하지 못하면서 또는 적절하지 않는 일을 하면서 조직 내에서 인간관계가 좋아지기를 기대하는 것은 조직을 놀이터로 생각하고 있는 것과 다름없다. 조직원은 항상 자기 계발이 필요한 분야, 책임 있게 일을 하기 위해 더 갈고 닦아야 할 지식과 기술, 자신의 작업에 적용해야 할 자신의 강점, 스스로에게 적용할 기준이 무엇인지를 항상 생각해 보아야 한다.

조직에서 자신의 자기 계발에만 충실한 것은 절반의 성공으로 끝난다. 동료들에게도 자기 계발을 할 수 있도록 동기부여를 해 주거나 자극을 주어야 한다. 사람들은 함께 성장할 때 제대로 된 시너지 효과를 낼 수 있고 조직도 성장할 수 있다. 상사, 동료, 부하들에게 자극을 주어 함께 목표를 설정하고 성취할 때 조직의 목표달성은 물론 진정한 좋은 인간관계가 형성될 수 있다.

네 번째, 성과 있는 회의를 한다.

회의 또는 설명회 참석과 같은 일은 경영자들이 늘상 하고 있는 전형적인 업무 환경이다. 그런데 많은 경우 그 회의를 왜 했는지 또는 설명회를 왜 했는지 의문을 가질 때가 많다. 분명 돈과 시간을 들여 멋지게 마무리했는데 무엇인가 해냈다는 만족감만 있을 뿐 구체적으로 손에 잡히는 것은 없는 것이다.

회의나 설명을 하기 전에 회의를 개최하는 이유, 얻고자 하는 의사 결정, 전달하고자 하는 정보가 무엇인지를 생각해 보아야 한다. 회의나 설명회의 목적에 대해 철저히 생각하고 내용을 하나하나 검토해 보아야 한다. 그리고 회의나 설명회가 자신들이 이루어야 할 공헌에 분명한 도움이 되는가를 생각해 보아야 한다. 그리고 회의나 설명회 서두에서 이 일의 구체적인 목적과 조직의 목표 달성에 어떤 공헌을 하는가를 설명하고, 회의 진행자는 회의 진행이 목적에 부합하도록 신경을 써야 한다. 그리고 회의를 마무리하면서 다시 한 번 회의를 시작할 때 밝힌 회의의 목적을 거듭 밝히고 최종 결론을 회의 목적과 관련지어 정리해야 한다.

마지막 다섯 번째로, 공헌에 초점을 맞춰 얻을 수 있는 효과로, 안주하고 싶은 유혹에서 탈출해야 한다.

경영자들이 공헌에 초점을 맞추면 조직의 보다 본질적인 문제에 관심을 갖게 되기 때문에 혁신을 시도하고, 외부와 접촉하고, 생각을 더 많이 하는 등 부지런히 움직이게 된다. 결과는 조직의 성장이다.

기본에 충실하면 대부분의 큰 문제는 저절로 해결된다. 조직 역시 조직이 존재하는 이유인 목표 달성에 어떻게 공헌할 것인가에 충실하면 대부분의 문제는 저절로 해결된다. 본질이 아닌 곁가지를 가지고 문제를 해결하려 할 때 문제는 해결되지 않고 오히려 악화될 뿐이다.

강점을 활용한다

목표를 달성하기 위해서는 구성원들의 강점을 잘 활용해야 한다. 동료의 강점, 상사의 강점, 부하의 강점, 그리고 자신의 강점을 활용해야 한다. 조직의 궁극적인 역할은 벽돌, 나무, 시멘트, 유리와 같이 다양한 개인들의 강점을 조합하여 조직의 목표라는 하나의 완성된 집을 짓는 것이다. 이때 각각의 강점만을 고려하여 개인을 벽돌로도 사용하고 시멘트로도 사용하고 유리로도 사용함으로써, 조직은 집이라는 목표 달성을 추구해 나가는 과정에서 자연스럽게 개인들의 약점을 걸러낸다. 즉, 개인들의 약점을 성과에 아무런 영향을 미치지 않는 무의미한 것으로 만드는 역할을 한다.

그렇다면 구체적으로 목표 달성을 위해 강점을 활용하는 방법에는 어떤 것이 있을까?

강점에 기초한 인력 배치, 상사의 강점을 활용하는 방법, 자신을 목표 달성에 능력이 있는 사람으로 만드는 방법 등 개인의 강점을 극대화하는 내용에 대해서 알아보자.

첫 번째, 강점에 기초한 인력 배치이다.

목표 지향적인 최고경영자는 사람을 고용할 때 그 사람의 단점을 중요시하지 않는다. 강점을 보고 의사 결정을 한다. 즉, 단점을 찾아내 불가한 이유를 만들기보다는 장점을 보고 가능한 근거를 삼는다. 아무런 단점이 없는 사람을 찾아 승진시키거나 배치를 한다면 결국 인사는 가장 무난하고 평범한 인사가 될 것이다. 평범한 인사라는 것은 곧 평범한 조직을 만드는 지름길이다.

평범한 조직은 외부에서 나쁘다는 평가를 받지 않고, 승진하거나 배치를 받은 사람이 큰 사고를 칠 염려는 줄어들지 모르겠지만, 약점들이 가려지고 강점들이 모두 배제된 상태이기 때문에 혁신이나 경쟁력 확보는 기대할 수 없다. 이렇게 되면 조직은 스스로가 발전하고 존재하는 이유를 상실한다. 어느 한쪽이 잘 발달되어 있으면 다른 한쪽은 약하듯이, 큰 강점을 가진 사람 역시 큰 약점도 가지고 있게 마련이다.

미국 남북전쟁 때 남군의 리 사령관은 자신의 명령을 어기고 전략을 망쳐 놓은 부하 지휘관에게 심하게 화를 냈다. 평소 침착하기로 소문난 리 장군이 자제력을 잃을 정도로 화를 내는 것을 보고 나중에 부관이 왜 화만 내고 그 지휘관을 해임시키지 않느냐고 물어

보았다. 그러나 리 장군은 무슨 뚱딴지 같은 소리를 하느냐는 표정을 지으면서 "무슨 얘기야? 그는 전쟁에서 이기고 있잖아." 하고 말했다. 강점을 원칙으로 하는 인사의 모범적인 예이다.

강점에 기초한 인사를 하기 위해서는 조직 내 인간관계가 개성이 아닌 직무에 초점을 맞추어야 한다. 개인의 업적은 자신의 직무에 대한 공헌이나 성과와 같은 객관적인 기준에 따라 측정되어야 한다. 이렇게 될 때 조직에서는 '누가 옳으냐?'가 아닌 '무엇이 옳으냐?'로 사람관계가 아닌 직무를 판단 기준으로 삼게 된다. 강점에 기초한 인사가 보다 효과적으로 이루어지기 위해서는 조직은 사람과 관련된 결정에 있어서 공평성과 공정성을 항상 유지해야 한다. 공평성과 공정성이 유지되지 않으면 우수한 인력을 확보할 수 없고, 운 좋게 확보하더라도 그들의 일할 의욕을 꺾게 되는 결과를 가져온다.

사람이 아닌 직무를 원칙으로 하면서 강점에 기초하여 인사배치를 하기 위해서는 다음과 같은 네 가지 원칙이 있다.

① 모든 직무는 평균적인 사람들을 기준으로 설계해야 한다.

하나의 직무가 너무 높은 수준의 자질을 요구하거나, 너무 다양한 성격의 일을 하도록 설계되어 있다면 보통 사람들은 수행할 엄두도 못 낸다. 이런 업무는 사람들에게 좌절감을 주고 도전 의욕 자체를 꺾어 버리고 만다. 두세 사람이 계속해서 어느 특정 업무를 수행하는 것을 실패한다면 문제는 사람이 아닌 업무에 있는 것이다.

그런 업무는 다시 직무 설계가 되어야 한다. 따라서 최고경영자 입장에서는 사람들에게 일을 맡기기 전에 해당 직무가 적절하게 설계되어 있는지 먼저 확인해야 한다. 조직의 성공은 천재들이 만드는 것이 아니라, 보통의 사람들이 힘을 합하여 비범한 성과를 냄으로써 이루어진다.

② 직무 목표 수준은 보통 사람들이 할 수 있는 것보다 약간 높게 설계되어야 한다.

사람들은 자신이 할 수 있는 것보다 목표를 약간 높게 설정해야 도전 의식을 갖고 잠재력을 발휘한다. 지식근로자의 입장에서는 자기가 하고 있는 업무의 성격이나 수준이 자신에게 적절한지를 빨리 판단해야 한다. 판단 근거는 그 직무에 대한 자신의 능력이며, 능력의 적합성 여부는 성과를 통해 알 수 있다. 능력 이외에 개인의 직무에 대한 적절성을 판단하는 요소로 조직이 추구하는 가치가 있다. 동일한 일을 하더라도 조직이 추구하는 가치가 개인이 추구하는 가치와 일치할 때 개인은 더 높은 성과를 달성할 수 있다.

③ 경영자는 평소에 조직원들이 무엇을 잘할 수 있는지 파악해야 한다.

대부분의 조직들이 사용하고 있는 인사고과제도는 개인의 장점보다는 약점을 노출시키는 데 초점이 맞추어져 있다. 조직이 직원들에게 급여를 주는 것은 약점이 적기 때문이 아니라, 그 직원이 조직에 유용한 강점을 가지고 있기 때문이다. 인사고과제도 역시 개인의 장점을 중심으로 개선되어야 한다. 그리고 인사고과에 있어서 인사권자가 피인사권자를 직접 만나 면접을 실시하는 것은 매우 중요하다. 직접 만나 이야기를 나누고 상대방을 정확하게 파악하고 조직에 보다 유용한 역할을 할 수 있도록 인사를 할 수가 있다. 보편적인 인사고과제도의 또 다른 문제점은 인간의 잠재적 능력에 너무 관심을 많이 두고 있다는 점이다. 잠재력이란 가능성일 뿐 조직의 목표를 달성하는 현실이 아니다.

강점을 활용하여 목표를 달성하는 유능한 경영자들은 직원을 평가할 때 다음의 4가지 사항[17]에 대해서 질문을 한다.

- 그는 무엇을 잘했는가?
- 그가 앞으로 잘할 수 있는 것은 무엇인가?
- 자신의 강점을 최대한 활용하기 위해 그는 무엇을 배우고 습득해야 하는가?
- 나의 아이들이 그 사람 밑에서 일을 해도 좋겠는가? 그리고 각각의 답에 대한 이유는?

이 질문들은 사람의 강점에 초점이 맞추어진 것들이다.
④ 경영자는 조직원의 강점을 확보하기 위해 약점에 대해서는

---

17) 위의 책, 110쪽

눈을 감을 수 있어야 한다. 약점은 개인이 강점을 최대한으로 활용하는 데 있어서 일종의 제약 요소 정도로 인식될 뿐이다.

제2차 세계대전 중 뛰어난 활약을 한 마샬 장군은 1930년대에 영향력을 행사할 만한 자리에 오른 이후 가장 먼저 유능한 지휘관을 양성하는 데 모든 노력을 기울였다고 한다. 그런 노력의 결과로 그는 제2차 세계대전을 승리로 이끌 수 있었다.

훌륭한 지휘관을 배출한 업적 외에 그는 뛰어난 용병술로도 유명하다. 항상 사람을 쓸 때 '이 사람은 무엇을 할 수 있는가?'를 판단의 근거로 삼았다. 그 예로 거만한 성격에 여러 가지 문제를 일으키는 패튼 장군을 끝까지 옹호하여 큰 성과를 내게 한 일화를 들 수 있다. 마샬 장군은 개인적으로 저돌적인 성격의 패튼 장군을 싫어하면서도 그의 전쟁 수행 능력을 높이 샀기 때문에 그가 마음껏 능력을 발휘할 수 있도록 배려를 한 것이다. 마샬은 사람에 대한 판단을 도박에 비유했다. 그러나 그 사람이 무엇을 할 수 있는가를 기준으로 판단하면 그 결과는 가장 안정적이고 합리적인 판단이 될 것이라고 말했다.

두 번째, 상사의 강점을 활용하는 방법이다.

개인과 조직의 관계는 기본적으로 승/승의 관계이다. 직장 상사와 부하 직원과의 관계도 기본적으로는 승/승의 관계이다. 강제적으로 조직에 속해 있어야 하는 상황이 아니라면 결국 자신의 필요에 의해 선택적으로 맺게 된 관계들이다. 또한 길게 볼 때도 조직과 개인의 관계, 상사와 부하의 관계가 승/패의 관계라면 이런 조직 형태는 지금까지 100년 이상 지속될 수 없을 것이다. 다만 사람의 불완전성으로 인해 현실에서 승/패의 개념으로 이해되는 경우가 있을 뿐이다.

지식근로자는 목표 달성을 위해서 이런 승/승의 관계를 바탕으로 자기 상사의 강점을 최대한 활용해야 한다. 상사의 강점을 활용한다는 것은 상사가 상사 자신의 목표를 달성할 수 있도록 부하가 도와주는 것이다. 아울러 이것은 부하 자신의 목표를 달성하는 데도 도움이 된다. 그러나 이런 성과를 거두기 위해서는 부하는 먼저 상사의 업무 처리 방식을 이해해야 한다. 정보 취득에 있어 서면 방식에 익숙한지 또는 구두 보고 방식에 익숙한지 등을 파악하여 거기에 맞게 상사를 도와주어야 한다.

세 번째, 자신을 목표 달성 능력이 있는 사람으로 만들어야 한다.

자신을 목표 달성 능력이 있는 사람으로 바꾸어 나가기 위해서는 부정적인 것에 초점을 맞추지 말고 항상 '내가 할 수 있는 것은 무엇인가?' 라는 질문부터 시작해야 한다. 이런 긍정적인 질문을 스스로에게 던지다 보면 자신이 할 수 있는 일이 생각했던 것보다 훨씬 많다는 것을 알 수 있게 된다. 이런 자세 전환과 함께 필요한 것은 자신을 좀 더 정확하게 아는 일이다. 자신이 아침에 집중이 더 잘 되는지 혹은 밤에 집중이 더 잘 되는지, 많은 사람들을 앞에 두고 발표를 할 때 완전하게 정리된 내용을 가지고 하는 것이 좋은지 간단한 메모만 가지고 하는 것이 편한지, 아니면 아예 아무런 준비 없이 하는 것이 더 편한지, 혼자 일할 때가 더 생산적인지 여럿이 할 때가 더 생산적인지 등을 스스로 확인해 보아야 한다. 이런 자신의 강점과 긍정적인 측면을 보려는 사고방식이 습관화되면 사람들의 목표 달성 능력은 한층 향상된다.

최고경영자의 역할은 인간을 개조하는 일이 아니다. 사람들 간에 차이를 인정하고 각각의 강점을 활용해 전체적인 성취 능력을 향상시키는 것이 바로 최고경영자가 해야 할 임무의 핵심이다.

중요한 것을 먼저 한다

사람들은 언제나 주어진 시간보다 해결해야 할 일이 더 많다. 더구나 현대인은 물질적으로 풍요롭고 편리하게 사는 대신 예전에 비해 해결해야 할 일도 훨씬 더 많아졌다. 따라서 현대인들의 대부분은 만성적인 시간 결핍증에 빠져 있다. 그러나 소수의 사람들은 그렇지 않다. 시간이 부족해 허둥대고 있는 대부분의 사람들과 달리 똑같이 주어진 하루 24시간을 좇기지 않고 여유롭게 살고 있다. 그렇다고 해서 그들이 해야 할 일을 미루거나 포기하고 있는 것은 아니다. 자신에게 관련된 중요한 일들을 모두 하면서도 시간 여유를 갖는 것이다. 오히려 항상 시간에 좇겨 허둥대는 다수의 사람들이 자신과 관련된 중요한 일들을 제대로 해결하지 못하면서 몸만 바쁘다.

그 차이는 무엇일까? 피터 드러커는 잘라서 말한다. 시간을 여유 있게 사는 사람은 '중요한 것부터 먼저 하는 습관'을 가진 사람이고, 허둥대면서 늘 시간이 없다고 불평불만을 터뜨리는 사람들은 시간을 계획적으로 쓰지 않고 되는 대로 사용하는 사람들이라는 것이다. 자신과 관련된 중요한 일들을 모두 해결하면서 여유를 가지고 생활하는 것은 누구나 원하는 바람이다.

그러면 지식근로자가 자신의 삶을 풍요롭게 하기 위해 '중요한 것부터 먼저 하기'란 구체적으로 무엇일까?

첫 번째, 지나간 것을 잊는 것이다.

지식근로자가 자신의 노력을 중요한 일에 집중시키기 위한 제1의 법칙은 생산성이나 삶의 향상과는 아무런 관련이 없는 과거와 단절하는 것이다. 그리고는 과거의 일에 집착하면서 사용될 시간과 자원을 모두 내일의 기회에 투자하는 것이다.

지식근로자들은 하는 일의 성격상 자신의 의도와 상관없이 늘 습관적으로 과거에 묶여 있다. 과거에 묶여 있는 것이 자신이 한 일에 대한 분석과 반성을 통해 앞으로의 발전에 기여하는 것이라면 상관없지만, 대부분은 불평불만과 안타까움의 토로이다. 현재는 물론이고 미래의 발전과 아무런 관련이 없는 에너지 낭비이다. 과거에 실패했거나 성공했던 일들은 과거의 일일 뿐 더 이상 현재나 미래에 영향력을 미치지 못한다.

과거에 대한 집착은 개인적인 차원에서 뿐만 아니라, 조직적인 차원에서도 발생한다. 과거에 유효했던 규칙이나 서식을 환경이 크게 바뀐 현재에도 고집스럽게 유지함으로써 조직의 흐름을 원활치 못하게 한다. 또 과거에 크게 성공했던 제품이 시장 흐름의 변화로 바뀌었음에도 불구하고 앞으로도 괜찮을 것이라고 생각하면서 그대로 유지하려고 한다. 이러한 과거에 대한 집착은 피터 드러커가 말한 것처럼 '마차용 채찍 공장도 효율적으로 잘만 운용하면 시장이 있다.[18]'는 식의 '시대착오적 과거 집착증'이라고 할 수 있다.

그릇에 새 물을 담기 위해서는 기존에 있던 물을 버려야 한다. 목표 지향적인 지식근로자는 새로운 활동을 시작하기에 앞서 반드시 낡은 것을 정리한다. 조직 역시 시장의 흐름에 맞추어 새로운 상품을 선보이기 위해서는 과거에 성공했던 상품들을 서둘러 폐기하지 않으면 안 된다. 그렇게 하지 않으면 새로운 프로젝트로 인력과 자원을 이동할 수 없을뿐더러 집중할 수도 없다. 과거와의 현명한 단절이야말로 소중한 미래에 자원을 집중하기 위한 출발점이다.

두 번째, 우선순위를 정해야 한다.

개인의 삶을 향상시키고 조직의 생산성을 올리기 위한 의사 결정의 핵심은 우선순위의 결정이다. 문제 해결 방식에 대한 의사 결정은 어디까지나 문제를 해결하는 순서를 정하는 우선순위 다음의 문제이다. 여러 가지 문제들이 개인의 삶과 조직의 생산성에 관련되어 있다고 할 때, 개인과 조직에 장기적으로 영향을 미치는 것은

---

18) 위의 책, 139쪽

문제 해결 방식보다는 문제 해결 순서이다. 또한 문제 해결 방법은 어느 정도 사회적으로 이미 제시되어 있는 경우가 많지만, 문제 해결 순서는 제로 상태에서 개인이 스스로 결정해야 할 문제이다. 따라서 문제 해결 순서를 정하는 것이야말로 진정한 지식근로자가 해야 할 역할이며 이 역할의 차이가 장기적으로 개인 간 또는 조직 간의 차이를 가져온다고 할 수 있다.

그렇다면 어떻게 하면 우선순위를 현실적으로 지혜롭게 정할 수 있을까. 실제로 우선순위를 '적절하게' 정하는 것은 쉽지 않다. 만약 우선순위를 지혜롭게 정하는 것이 쉬운 일이었다면 이 개념은 누구에게나 익숙한 습관이 되었을 테고, 개인의 삶이나 조직의 생산성은 더 이상 개선할 여지가 남아 있지 않을 것이다. 피터 드러커는 우선순위를 정하는 데 있어서 가장 중요한 것은 이성적인 분석이 아니라 용기라고 주장한다. 대부분 사람들이 우선순위 설정의 중요성을 머리로는 받아들이면서도 실제로 우선순위 설정하기를 포기하는 경우가 너무 많기 때문이다. 드러커는 용기를 가지고 우선순위를 설정하는 데 필요한 네 가지 법칙[19]을 제시한다.

- 과거가 아닌 미래를 판단 기준으로 하라.
- 문제가 아니라 기회에 초점을 맞추어라.

---

19)위의 책, 144쪽

- 자신의 독자적인 방향을 선택하라. 인기나 분위기에 편승하지 마라.
- 무난하고 달성하기 쉬운 목표가 아니라, 뚜렷한 차이를 나타낼 수 있는 좀 더 높은 목표를 설정하라.

현대인은 늘 바쁘다. 죽는 그 순간까지 바쁘다. 그러나 사람들은 자신이 왜 그토록 바쁜지 알지 못한다. 왜냐하면 사람들은 너무 바빠 자신의 삶이 왜 이렇게 바쁜지 생각할 여유가 없기 때문이다.

'중요한 것을 먼저 하는' 습관은 가속화로 인해 터질 것 같은 삶의 엔진을 잠깐 식히는 작업이다. 자동차의 RPM(자동차의 엔진 회전수)이 너무 높아지면 엔진에 무리가 가듯이 삶의 속도 역시 적정 범위를 넘어서면 삶이 나아지는 것이 아니라 오히려 손상된다. '중요한 것 먼저하기' 는 적정 범위의 RPM을 유지하면서 자신의 풍요로움과 생산성을 높일 수 있는 방법이다. 그러면서도 투입되는 에너지는 그 이전의 혼란스러웠던 때보다 훨씬 적게 들어간다. 한마디로 현명한 인생 운행을 위한 지혜이다.

의사 결정 과정에 영향을 준다

의사 결정은 경영자가 해야 할 여러 가지 업무 중 하나이면서 경영자 고유의 일이기도 하다. 즉, 경영자가 아닌 사람은 지시를 받아 실행에 옮길 뿐 의사 결정을 하지 않는다.

목표를 효과적으로 달성하는 경영자들은 크고 작은 모든 일들을 자신이 직접 결정하지 않는다. 중요한 것만 직접 나서서 의사 결정을 한다. 의사 결정 과정에 있어서는 문제 해결 자체도 중요하지만, 전략적이고 근본적인 부분에 대해 항상 많은 생각을 해야 한다. 또한 그들은 영리한 의사 결정자가 되기보다는 건전한 의사 결정자가 되기 위해 노력한다.

의사 결정은 의사 결정 자체로만 완성되지 않는다. 반드시 다음 단계인 실천에 대한 계획까지 포함하고 있어야 한다. 의사 결정과 실천은 성격상 다른 모습을 보인다. 의사 결정 자체는 높은 수준의 개념적인 이해를 바탕에 깔고 있는 데 반해, 실천은 행동에 옮기는 실무자들이 실행 가능하도록 단순하고 명확해야 한다. 기업 역사에서 모범적인 의사 결정이 내려진 사례 두 가지를 살펴보자.

위대한 경영자로 알려진 벨 전화 회사의 시어도어 베일(Theodore Vail)은 1900년대부터 1920년대 중반까지 벨 전화 회사의 최고경영자로 있으면서, 이 회사를 세계 최대 민간 기업으로 성장시켰다. 당시 선진국 중 대부분의 국가들은 전기 통신 사업을 국영으로 운영하고 있었다. 그러나 벨사가 영업을 하고 있는 미국 전역과 캐나다의 퀘벡, 몬테리아 주는 민간 기업에게 전기 통신 사업을 맡기고 있는 상황이었다.

벨은 전기 통신 사업이 국영화되지 않고 계속해서 민간 기업으로 남아 있을 수 있기 위해서는, 국영기업일 경우 고객들에게 제공할 수 있는 이점을 민간 기업인 자신의 회사가 미리 제공하지 않으면 안 될 것이라고 생각했다. 이런 판단에 근거하여 벨은 다음과 같은 네 가지 정책을 마련했다.

첫 번째, '벨 전화 회사가 할 일은 사회가 필요로 하는 서비스를 찾아서 그것을 만족시키는 것이다.' 는 규정을 내부적으로 정했다. 즉, 당장 눈앞의 이익보다는 공중에 대한 서비스 향상에 주력하기로 한 것이다. 회사 구조도 공중에 대한 서비스 향상이 곧 회사 이익 실현의 기회로 연결될 수 있도록 다시 설계했다.

두 번째, 베일은 전국 규모 독점 형태의 전기통신 사업은 기본적으로 민간 기업이 아닌 국영 기업 형태가 더 적절하다는 것을 스스로 인식하고 있었다. 따라서 빌 전화 회사의 사업 내용을 자발적으로 공익 차원으로까지 끌어올려 스스로 규제를 하였다.

세 번째, 벨 연구소를 설립했다. 독점 기업은 경쟁력을 필요로 하지 않기 때문에 벨 전화 회사와 같은 독점 기업은 당시 연구소를 설립할 필요가 없었다. 현 상태만 유지하면 충분했다. 그러나 베일은 '현재'와 경쟁하여 '미래'를 더 낫게 만들기 위해 연구소를 설립했다. 벨 연구소는 제1차 세계대전 중 오늘날 전기 통신 분야의 핵심 기술에 해당되는 많은 연구 결과를 내놓았다.

네 번째, 베일은 1920년대 초에 일반인을 대상으로 보통주를 발행하여 거액의 자본금을 확보함으로써, 벨 전화 회사의 발전 토대를 마련함은 물론 일반 대중들이 자본 시장에 참여하게 되는 계기를 만들었다.

베일이 기업인으로서 삶을 마감할 무렵인 1922년 또 한 명의 탁월한 경영자가 등장했다. GM의 사장으로 취임한 슬로언 2세였다. 슬로언 2세는 GM에 분권형 사업부제(Decentralized Organization Structure)를 도입했다. 여러 회사들을 합병하여 이루어진 GM은 슬로언 2세가 사장으로 들어설 당시 독립적인 부족들이 각각 족장을 중심으로 할거하고 있는 느슨한 연방 정부 같은 분위기였다. GM이라는 이름 아래 모여 있기는 했지만 몇 해 전까지 독립된 자기 회사였던 지금의 사업부를 그대로 기존의 오너들이 개인회사처럼 운영하고 있었다. 그야말로 거대한 빙산이 약간의 외부 충격만 가하면 금방이라도 조각조각 붕괴되어 무너지기 일보 직전이었다. 슬로언 2세는 각각의 사업부에 책임과 권한을 부여하여 자치권을 주었다. 그러면서 회사 전체적인 전략과 방향은 최고경영진이 중앙에서 직접 통제하는 방식을 취했다. 이른바 분권형 사업부 조직이었다. 슬로언 2세의 의사 결정은 훌륭한 결과를 가져왔다.

그렇다면 이런 훌륭한 의사 결정들은 공통적으로 어떤 특징을 지니고 있을까?

첫 번째, 기업에 발생한 문제를 구태의연한 방법이 아니라, 새로운 방식이나 원칙에 입각해서 해결하려고 하였다.

두 번째, 문제의 해결이 현실적으로 충족시킬 부분이 무엇인지 그 내용을 명확히 했다.

세 번째, 의사 결정된 내용을 모든 사람들이 수긍하고 따르게 하기 위해서는 그 해결책이 옳아야 한다. 베일과 슬로언 2세 두 사람은 의사 결정 내용에 대한 동의를 얻기 위해 타협, 적응, 양보와 같은 기술적인 내용을 고려하기에 앞서, 선택한 해결책이 진정으로 옳은 것인가를 먼저 생각했다.

네 번째, 의사 결정 내용에 결정된 사항의 실천 방법 및 절차까지 포함시켰다.

마지막 다섯 번째로, 의사 결정의 타당성과 목표치를 실제적인 결과와 비교 검증할 수 있도록 피드백 시스템을 활용하였다.

지식사회의 지식근로자는 누구나 경영자이다. 그리고 의사 결정
은 경영자에게만 주어지는 고유의 업무이다. 따라서 지식근로자는
누구나 '어떻게 하면 좋은 결정을 내릴 수 있을까?' 를 항상 생각한
다. 의사 결정의 특성을 충분히 이해하고, 적절한 절차에 따라 의사
결정을 반복해 나가다 보면 보통 지식근로자들도 베일이나 슬로언
2세처럼 좋은 의사 결정을 할 수 있을 것이다.

목표를 달성하기 위한 의사 결정

의사 결정은 보통 여러 가지 대안들 중 하나를 선택하는 경우가 많다. 완전하게 올바른 것과 완전하게 틀린 것 사이의 선택인 경우는 드물다. 대안 사이에 크게 차이가 난다면 '거의 올바른 것'과 '거의 잘못된 것' 사이의 선택 정도라고 할 수 있다. 실제로 어느 것이 더 나은 대안인지를 판단하기 어려운 경우가 대부분이다.

지식근로자의 의사 결정은 객관적 사실에서 출발하는 것이 아니라 자신의 견해에서 출발한다. 어떤 사람들은 의사 결정이 사실에서 출발해야 한다고 주장한다. 그러나 실제로 사실에서 시작한다고 하지만, 그 사실은 여러 가지 사실들 중에서 자신의 의도 또는 자신의 견해에 맞는 사실만 편파적으로 취한 경우가 대부분이다. 따라서 어떤 식으로 표현을 하든 현실적으로 개인의 견해가 개입되는 것을 배제할 수는 없다. 문제는 이 개인의 견해가 글자 그대로 검증되지 않은 의견에 불과하기 때문에 실제적인 현실과 비교할 필요가 있다는 것이다. 그리고 무엇이 사실인지를 확정하기 위해 적절한 평가틀인 유의성 기준(Criteria of Relevance)이 있어야 한다. 유의성 기준은 의사 결정을 통해 목표 달성을 하는 데 있어서 요점이며 논의의 핵심이기도 하다.

목표 지향적인 사람들은 지식근로자의 견해를 검증하기 위해 '이 견해의 타당성을 검증하기 위해 우리는 무엇을 알아야 하는가?', '이 견해가 타당성을 유지하기 위해서는 사실이 어떤 것으로 드러나야 하는가?', '평가 기준은 무엇인가?' 와 같은 질문들[20]을 한다. 앞의 벨 전화 회사의 경우 베일은 평가 기준을 이익이 아닌 '서비스' 라고 생각했다. 공공성을 띠면서도 민간 기업인 벨 전화 회사가 앞으로도 민간 기업으로 남아 계속해서 수익을 추구하기 위해, 미리 '공공에 대한 서비스' 를 목표 설정의 평가 기준으로 정한 것은 현명한 생각이었다.

케네디 정부 시절 국방부는 군수품 관리에 골치를 썩고 있었다. 신임 장관인 맥나마라는 군수품 조달과 재고 관리에 있어 전통적인 평가 기준인 군수품의 총액, 품목 수 및 재고와 같은 척도에 문제가 있을 것이라는 견해를 내놓았다. 확인해 본 결과 조달 총액 중 90%

---

20) 위의 책, 191쪽

가 불과 4%의 품목에 해당되고, 전력의 90%를 결정하는 품목 또한 수량 기준으로 4%에 불과하다는 사실을 확인하였다. 국방부는 10% 미만에 해당하는 군수품만 세심한 주의를 기울여 관리를 하고 나머지 금액 및 전투력 측면에서 별로 의미가 없는 품목은 확률이나 평균치로 관리를 하였다. 비용 대비 성과 측면에서 획기적인 결과를 가져왔다.

두 경우 모두 최고경영자가 의사 결정에 대한 하나의 의견을 가지고 '이 견해의 타당성을 검증하기 위해 우리는 무엇을 알아야 하는가?', '이 견해가 타당성을 유지하기 위해서는 사실이 어떤 것으로 드러나야 하는가?', '평가 기준은 무엇인가?'와 같은 질문들을 하였다. 그 결과 평가 기준을 변경하였다. 단순히 평가 기준만을 변경하였는데도 결과는 엄청난 차이를 가져왔다.

벨사는 장기적으로 독점을 유지하면서 수익을 향유할 수 있는 기회를 창출하였고, 미 국방부는 엄청난 비용의 절감을 가져왔다. 그런데 여기서 중요한 것은 의사 결정을 위한 질문의 답을 찾기 위해 의존한 것은 다름 아닌 현장 확인이었다. 소비자들이 무엇을 원하는지를 직접 살펴보고, 정확한 현장 분석을 통해서 군수품 현황 관리에 대한 기존의 평가 기준이 적절치 않았음을 알게 된 것이다.

목표를 달성하기 위한 의사 결정은 현실적으로 만장일치로 이루어지는 경우는 없다. 혹 있다면 많은 사람들이 생각하기를 그만두거나 자신의 의견 제시를 포기한 경우에 해당될 뿐이다. 의사 결정은 항상 견해의 충돌, 갈등, 논쟁과 같은 과정이 있을 수밖에 없다. 그런데 다행스러운 것은 바로 이런 과정을 거쳐 결정된 의사만이 가장 올바른 의사 결정이 될 수 있다는 것이다. 이 같은 핵심을 파악한 GM의 슬로언 2세와 같은 사람은 의견의 불일치가 없는 상황에서는 항상 의사 결정을 보류하였다. 올바른 의사 결정을 하는 과정은 법정에서 동일한 사실을 두고 변호사와 검사가 법리 논쟁을 벌이는 것과 같은 것이기 때문이다.

의견의 불일치가 중요한 이유는 세 가지로 설명된다.

첫 번째, 의사 결정이 충분한 토론 없이 한 사람의 입장만 반영되어 이루어지는 것을 막는 유일한 안전장치이다

두 번째, 의사 결정을 내리고 난 뒤 상황 변화에 따라 다른 대안이 필요할 경우 의견 불일치는 큰 도움이 된다. 시행해 본 원래의 안건 말고 충분히 검토하고 이해된 다른 대안이 이미 준비되어 있기 때문이다.

세 번째, 반대 의견은 회의에 참석한 사람들에게 상상력을 자극한다. 따라서 반대 의견 자체가 대안으로 채택되지 않는다 하더라도 반대 의견은 보다 충실하고 훌륭한 의사 결정을 내리는 데 크게 도움이 된다.

목표 지향적인 의사 결정자는 의사 결정을 위해 마지막으로 '진짜로 의사 결정이 필요한가?' 라는 질문을 스스로에게 해 본다. 그 이유는 의사 결정에 있어서 우리들 곁에는 항상 '아무런 의사 결정

도 하지 않는 것'이라는 훌륭한 '대안'이 마련되어 있기 때문이다. 모든 의사 결정은 외과 수술과 같아서 언제나 쇼크사라는 위험을 동반한다. 따라서 훌륭한 외과 의사가 불필요한 수술을 하지 않는 것처럼 목표 지향적인 의사 결정자 역시 불필요한 의사 결정은 하지 않는다.[21]

의사 결정은 조직의 최고경영자만 하는 것이 아니다. 조직의 모든 지식근로자는 전문가로서 다양한 종류의 의사 결정을 끊임없이 해야 한다. 현명한 의사 결정을 위해 스스로에게 필요한 질문을 하고, 현장 확인을 통한 적절한 평가 기준을 마련하고, 의사 결정 수행에 대한 원칙을 충실하게 준수해 나가는 과정에서 사람들은 자연스럽게 훌륭한 의사 결정 전문가가 된다. 목표 달성을 훌륭하게 해내는 의사 결정 전문가로.

---

21)위의 책, 205쪽

커뮤니케이션 능력을 향상시킨다

기업이나 정부 기관을 비롯한 모든 조직들은 일찍부터 커뮤니케이션의 중요성을 간파하고 어떻게 하면 조직원들 간에 좀 더 나은 커뮤니케이션을 할 수 있을까에 대해 많은 고민을 해왔다. 이런 조직들의 필요에 발맞추어 심리학자, 인간관계 전문가, 경영자와 같은 사람들은 커뮤니케이션 기법에 대해 다각적으로 연구한 결과 많은 성과를 일구었다. 그러나 이런 성과에도 불구하고 아직도 커뮤니케이션은 전설상의 동물인 유니콘(Unicorn)처럼 대부분의 사람들에게 명확한 개념으로 와 닿지 않는다.

피터 드러커는 오래된 과제이면서도 아직까지 완벽하게 해결되지 못한 커뮤니케이션을 네 가지 개념으로 정리하고 있다. 네 가지 개념을 실천하면 누구나 커뮤니케이션 능력을 향상시킬 수 있다고 주장한다.

첫 번째, 커뮤니케이션의 출발은 지각(Perception)이다.

사람들은 소리나 행동이 커뮤니케이션의 시작이라고 생각한다. 그러나 이 생각은 커뮤니케이션의 본질을 잘못 이해한 데서 비롯된 착각이다. 커뮤니케이션은 기본적으로 두 사람 이상 사이에서 발생하는 상호 간의 기호 교환이다. 상대가 없는 상태에서 내는 소리나 행동 또는 상대방이 있어도 상대방이 인식하지 못한 소리나 행동은 커뮤니케이션에 해당되지 않는다. 그것은 단순한 혼자만의 독백이나 움직임으로 끝날 뿐, 커뮤니케이션으로서 아무런 의미도 지니지를 못한다. 따라서 두 사람 사이에서 발생하는 커뮤니케이션은 소리나 행동을 상대방이 지각하는 것에서부터 시작된다.

커뮤니케이션의 출발이 지각이라면 발신자가 소리를 낼 때 수신자가 올바르게 지각을 할 수 있도록 하는 것은 무엇보다도 중요하다. 올바른 지각을 위해서는 의사 표시를 분명히 해야 한다. 그러나 무엇보다 중요한 것은 상대방이 사용하는 용어 또는 알아들을 수 있는 용어로 발신을 해야 한다는 것이다. 여기에서 '사용하는 용어', '알아들을 수 있는 용어'는 다름 아닌 개인의 경험에서 만들어진다.

따라서 발신자는 상대방이 어떤 경험에 기초한 사람인지를 먼저 파악하여, 거기에 적절한 용어를 선택해서 의사 전달을 해야 한다. 이것이 커뮤니케이션의 출발이자 핵심 요소이다.

현존하는 수사학 문헌 중 가장 오래된 플라톤의 '파에톤

(Phaethon)' 편에서 소크라테스는 이렇게 말하고 있다. "사람은 다른 사람과 대화를 할 때 듣는 사람의 경험에 맞춰 말해야 한다. 예를 들어 목수와 이야기할 때는 목수가 사용하는 말을 써야 한다."[22] 한 마디로 대화에 있어서 가장 중요한 것은 상대방의 올바른 지각이고, 올바른 지각을 위해서는 상대방의 수준과 성향에 맞추어 말하지 않으면 안 된다는 지적이다. 커뮤니케이션의 제1원리인 '지각의 중요성'은 이미 2400여 년 전에 완벽하게 정리되어 있었다.

두 번째, 사람들은 지각을 할 때 자신이 기대(Expectation)하는 것만을 선택해서 지각한다.

판단의 중심에 항상 자신을 두는 인간의 이기심 때문에 사람들은 자신이 기대하지 않은 것은 잘 보지도 못하고 듣지도 못한다. 또 보고 듣더라도 잘못 보거나 잘못 들어 오해를 할 가능성이 높다. 주어진 인상과 자극을 자신의 기대의 틀 안에 맞추려는 수신자는 발신자의 소리나 행동이 자신이 인식할 것으로 기대했던 내용에 맞지 않을 경우 강력한 반발을 보이기도 한다.

따라서 커뮤니케이션을 하기 전에 발신자는 수신자가 기대하고 있는 것이 무엇인지를 먼저 파악해야 한다. 그래야만 커뮤니케이션이 상대방의 기대를 제대로 이용할 수 있는지 여부를 알 수 있다. 발신자는 파악된 상대방의 기대에 기초하여 필요에 따라 '소외의

---

22)위의 책, 403쪽

충격'을 준다든지, '각성'할 필요를 느끼게 한다든지 여러 가지 수단을 모색하게 된다.

세 번째, 커뮤니케이션은 항상 상대방에게 요구(Demand)를 한다. 즉, 수신자가 이러저러한 사람이 되기를, 무엇인가 해 주기를 또는 무엇인가 믿기를 바란다. 또 수신자를 동기부여하려고 하기도 한다. 이때 커뮤니케이션이 수신자의 바람이나 가치관 또는 의도와 부합되면, 요구는 강력한 힘을 발휘하게 된다. 반대로 커뮤니케이션이 수신자의 바람이나 가치관 또는 의도와 부합되지 않을 경우 요구는 받아들여지지 않거나 강한 저항을 받게 된다. 물론 강력하게 커뮤니케이션을 시도했을 경우에는 '전향'이 발생하기도 한다.

네 번째, 커뮤니케이션과 정보는 비슷한 개념인 듯하면서도 서로 다르다. 커뮤니케이션이 지각이며 정서, 가치관, 기대가 포함된 인간관계인 반면, 정보는 인간의 속성이 아닌 타당성과 신뢰성을 바탕으로 하는 논리이다. 그러나 커뮤니케이션과 정보는 상호 의존도의 차이는 있지만 기본적으로 서로가 서로를 필요로 한다. 즉, 정보는 암호의 형태를 통한 커뮤니케이션을 전제로 한다. 커뮤니케이션은 정보에 의존할 수도 있지만 항상 그렇지는 않다. 어떤 논리도 필요 없는 순수한 경험의 공유(Shared Experience)일 경우, 그것은 가장 완벽한 커뮤니케이션이라고 할 수 있기 때문이다. 커뮤니케이션에 있어서 중요한 것은 신뢰도 높은 무미건조한 정보가 아니라, 우호적인 지각이다.

조직 내부의 의사 전달 형태 중 가장 일반적인 것은 상의하달이다. 이 상의하달은 커뮤니케이션 측면에서 볼 때, 가장 효과가 떨어지는 방식이다. 이유는 윗사람이 아랫사람의 지각과 기대에 초점을 맞추는 것이 아니라, 자신이 하고 싶은 말에 초점을 맞추기 때문에 의도하는 내용이 상대방에게 잘못 전달되는 경우가 비일비재하다.

엘턴 메이요와 같은 인간관계학파 학자들은 일찍부터 커뮤니케이션에 있어서 '경청'의 중요성을 강조했다. 상사가 부하에게 말을 할 때 자신의 생각을 먼저 전달하려고 하기보다는, 부하 직원들이 무엇을 원하고, 무엇에 관심이 있는지 찾아내는 작업을 먼저 해야 한다는 것이다. 인간관계학파의 '경청'이라는 처방은 바로 실천되는 경우는 드물지만, 오늘날까지 고전적인 커뮤니케이션의 주요한 수단으로 남아 있다. 그렇다면 원활한 커뮤니케이션을 위해 위 네 가지 필수 요소 외에 현실적으로 조직 내부에서 염두해야 할 사항으로는 어떤 것이 있을까?

조직은 일을 하기 위해 모인 사람들의 모임이다. 따라서 조직 내부에서 벌어지는 모든 활동은 이 조직이 추구하는 목적을 꼭짓점으로 삼아 이를 지향하면서 진행된다. 달리 말하면 목표라는 꼭짓점을 중심으로 조직의 모든 활동이 이루어져야 한다. 목표 관리는 조직 내 다른 모든 활동에서와 마찬가지로 커뮤니케이션에 있어서도 가장 효과적인 전제 조건이다. 상사나 부하 직원이나 모두 목표를 염두에 두고 자신이 어떤 책임을 질 것인지 생각할 때, 상사와 부하

간에 견해 차이가 있어도 커뮤니케이션 자체의 문제는 훨씬 줄어들 것이다. 목표 관리는 발신자의 의도와 수신자의 지각과 기대에 공통분모를 부여하기 때문에 목표 관리에 의한 커뮤니케이션을 하게 되면 양측 모두 현실에 근거한 지각을 하게 된다.

목표 관리는 수신자에게 의사 결정할 내용, 일 처리의 우선순위, 자신이 하고자 하는 일과 해야 할 일과의 차이, 그리고 무엇보다도 의사 결정에 수반되는 책임을 분명하게 이해할 수 있는 기회들을 제공한다. 또한 수신자가 부하일 경우 부하는 상사가 안고 있는 여러 가지 상황을 적절히 이해하고, 그 여러 가지 상황이 상사가 초래한 것이 아니고 상황 그 자체에 내재되어 있는 것이라는 것을 이해할 수 있어야 한다.

조직에 있어서 커뮤니케이션은 조직의 '수단' 차원에서 머무르지 않는다. 그것은 조직의 '존재 양식(Mode of Organization)' 그 자체이다. 커뮤니케이션이 안 되는 조직은 존재할 수 없다. 커뮤니케이션은 조직의 모든 성과 달성을 위한 인프라스트럭처이기 때문이다.

인생의 후반부를 준비한다

사람은 살아 있는 동안 일을 하지 않으면 안 된다. 일을 하지 않으면 육체적으로나 정신적으로 건강한 삶을 유지할 수가 없다. 사람들은 누구나 돈을 쓰고 싶어 한다.

그 이유는 돈을 쓰는 일은 '자신이 원하는 일'을 하는 것이지만, 돈을 버는 일은 '자신이 해야 할 일'을 하는 것이기 때문이다. 여행객과 여행가이드의 경우, 같은 여행지에 있더라도 여행객은 '자신이 원하는 여행'을 하는 것이지만, 여행 가이드는 돈을 벌기 위해 '자신이 해야 할 일'을 하고 있는 것이다.

21세기에는 인간의 평균 수명이 크게 늘어났다. 동시에 인간이 하는 일의 속성이 육체근로에서 지식근로로 이동되는 시기이다.

따라서 사람들의 노후 준비는 과거에 비해 훨씬 더 중요성을 지니게 되었다. 이 노후 준비의 중심에 바로 일에 있다. 돈을 쓰고 즐

기는 일이든, 돈을 벌기 위해 땀을 흘려야 하는 일이든 사람은 일이
없으면 활력과 보람을 잃게 된다. 따라서 사람들은 살아 있는 동안
생계를 위해서든 활력과 보람을 위해서든 인생 후반기에 자신이 할
수 있는 일을 젊은 날의 인생 계획에 포함시키지 않으면 안 된다.
피터 드러커는 이런 인생 후반기에 대한 준비 방법으로 다음과 같
은 세 가지를 제시했다.

첫 번째, 제2의 새로운 경력을 만들어 나가는 것이다.

지금까지 해 왔던 일과 다른 종류의 일을 새로 시작하거나 다른
성격의 조직으로 옮겨 가는 것이다. 그것은 기업에서 근무하던 사
람이 비영리 기관으로 옮기는 것일 수도 있고, 40대 후반까지 집에
서 아이만 키우던 주부가 다시 공부하여 커리어 우먼으로 변신하는
경우, 또는 대기업에서 근무하던 사람이 자신의 경력을 살려 중소
기업의 관리자로 변신하는 경우이다. 제2의 다른 경력을 시작하는
이유는 여러 가지가 있을 수 있다.

가장 큰 이유는 삶의 활력을 유지하기 위해서이다. 인간이 평균
80년을 산다고 가정할 때, 한 조직에서 같은 일을 너무 오랫동안
하다 보면 조직의 일에 보람이나 가치를 느끼기가 힘들다. 일의 종
류를 바꾸거나 직장을 바꿀 때 사람들은 보다 새로운 기분으로 삶
에 임할 수 있다. 두 번째 이유는 생계를 해결하기 위한 소득이 필
요하기 때문이다. 60대 전에 다니던 직장을 퇴직하게 되면 20년 이
상은 소득 없이 살아야 한다. 따라서 대부분의 사람들은 생계를 위

해 돈을 벌지 않으면 안 된다. 수입은 줄어들더라도 기대치를 낮춰 일자리를 찾아 소득도 올리고 삶의 활력도 유지해야 한다.

두 번째, 자신의 일을 하면서 경력을 개발하는 방식이다.

젊은 날부터 자기가 하고 있는 주업을 그대로 유지하면서 별도로 노후를 위해 다른 한 가지 일을 장기적으로 준비하는 방식이다. 이것은 단순한 노후의 보람을 위한 봉사활동일 수도 있고, 퇴직 후의 경제적 대안을 위한 세컨드 잡(Second Job)일 수도 있다.

세 번째, 사회사업가로 변신하는 방법이다.

여기에 해당하는 사람들은 대체로 큰 성공을 거둔 사람들이다. 단순히 대가를 받고 일을 하는 경제적 교환관계에서 사람들이 느끼는 보람이나 가치는 한계가 있을 수밖에 없다. 따라서 인생의 하프타임 이후에 보람을 느낄 수 있는 봉사활동과 같은 사회사업을 한다면 이것이야말로 의미 있는 삶일 것이다.

자기 경영은 개인의 삶에 있어서 하나의 혁명이다. 조직의 일에 대해서 뿐만 아니라 자신의 삶에 있어서도 최고경영자처럼 생각하고 행동하는 것이 자기 경영이다. 육체근로자가 생산의 주역이었던 시대가 지나가고 지식근로자가 사회의 새로운 중심으로 등장하는 21세기에 자기 경영은 지식근로자의 필수조건으로 인식되고 있다. 조직에서 일의 속성이 자율과 성과급으로 바뀌고 사람들의 평균 수명이 크게 늘어나는 때, 일과 삶에 자기 경영 개념을 적용하는 것은 이미 지식근로자들에게 선택이 아닌 의무이다.

Chapter 6

리더십

> 조직은 특정한 목적을 달성하기 위해 사람과 자원을 한데 모아 놓은 곳이다. 따라서 조직 활동은 조직의 목적을 위해 사람과 자원을 관리한다. 이런 관리 활동이 다름 아닌 경영이다. 그렇다면 반대로 관리 활동인 경영의 요체는 무엇일까? 그것은 바로 사람들에게 영향을 미치는 리더십이다. 경영은 사람과 자원에 대한 관리이지만, 결국 자원을 관리하는 것은 사람이기 때문에 경영의 궁극적인 목표는 사람에 대한 관리이다. 사람에 대한 관리는 곧 리더십을 행사하는 것을 말한다. 물론 리더십은 반드시 조직 내부에서만 행사되는 것은 아니다. 일상이나 취미 생활에 있어서도 사람이 둘 이상 모이는 곳이면 어디든지 해당된다. 다만 특정한 목적을 가지고 모인 기업과 같은 조직에서는 이 리더십이 좀 더 구체적이고, 압축된 형태로 행사될 뿐이다.
>
> 이 장에서는 리더십에 대해서 알아본다. 피터 드러커의 리더십에 대한 견해뿐만 아니라, 다른 사람들의 다양한 견해도 함께 다루고 있다. 동서양의 리더십을 통해 독자들이 리더십을 좀 더 균형적으로 이해하는 데 도움이 될 것이다.

리더십의 핵심

리더십은 사람들 사이에서 발생하는 영향력이다. 사람들은 흔히 현상에 집착하여 사람들 사이에 작용하는 영향력에만 리더십의 초점을 맞추려는 경향이 있다. 그러면서 특히 그 영향력을 기술적으로 이해하려고 한다. 그 기술만 익히면 누구나 리더십을 가질 수 있지 않을까 하는 기대를 한다. 그러나 이와 같은 시각은 극히 단견이다.

리더십의 핵심은 사람 간에 작용하는 테크닉이 아닌 영향력을 미치는 사람의 성품에 달려 있기 때문이다. 자기 계발 분야의 세계적인 권위자 스티븐 코비는 사람이 가지고 있는 성향을 성격 윤리(Personality Ethics)와 성품 윤리(Character Ethics)로 나누면서, 성품 윤리만이 진정한 영향력임을 강조하고 있다. 즉, 적극적인 사고방식과 대중을 상대하는 기술에 초점을 두는 성격 윤리가 아닌 신의, 성실, 인내 등에 바탕한 성품 윤리가 진정한 리더십의 요체라고 주장한다.

　스티븐 코비는 『성공하는 사람들의 7가지 습관』에서 '주도적이 되라', '목표를 확립하고 행동하라', '소중한 것부터 먼저 하라', '상호 이익을 추구하라', '경청한 다음에 이해시켜라', '시너지를 활용하라', 그리고 '심신을 단련하라'와 같이 제시하고 있다. 이 7가지 원리는 다시 첫 번째, 독립적인 인간이 되는 단계, 두 번째, 상호 협조하는 단계, 그리고 세 번째, 이것을 지속하는 단계로 묶을 수 있다. 첫 번째 단계는 '주도적이 되라', '목표를 확립하고 행동하라', '소중한 것부터 먼저 하라'가, 두 번째 단계에는 '상호 이익을 추구하라', '경청한 다음에 이해시켜라', '시너지를 활용하라'가, 세 번째 '심신을 단련하라'가 각각 단계의 원리에 해당된다. 이 세 단계는 현실에서 순서 없이 이루어지고 있는데, 그렇다고 해도 특별히 문제될 것은 없다.

　그러나 좋은 성품을 갖추고 삶을 성공으로 이끌어 나가기 위해서는 앞서 세 단계의 순서를 지켜야 한다. 즉, 전 단계가 이루어지지 않은 상태에서 사람들은 다음 단계로 나갈 수가 없다. 다시 말해, 독립적인 사람이 되기 위한 3가지 원리가 습관이 되지 않은 상태에서 진정한 상호 협조를 이루는 사람으로 발전하기가 힘들고, 진정한 상호 협조가 습관이 되지 않은 상태에서 세 번째 단계인 '심신 단련하기'는 성공적인 삶을 추구하는 데 있어서 그다지 효과적이지 못하다.

이 7가지 원리로 이루어진 세 단계를 조직 내부에서 개인 입장에서 살펴보면, 독립적인 1단계가 끝나면 그 사람은 자기 몫을 제대로 해내는 실무자가 된다. 그리고 자기 역할을 제대로 하는 실무자가 되었을 때 다음 단계인 상호 협조 단계에 들어갈 수 있으며, 이 상호 협조 단계를 끝내면 그때야 비로소 진정한 관리자인 리더가 될 수 있다. 그리고 3단계인 '심신을 단련하라'를 통해 이런 독립적 인간의 자질과 상호 협조를 통한 리더의 자질을 지속적으로 유지하면서 그 사람은 더 높은 책임을 맡을 수 있는 리더로 발전하게 된다. 따라서 자신이 맡은 역할도 제대로 하지 못한 상태에서 영향력을 발휘하려고 하거나, 관리자의 자리로 올라가려고 하는 것은 리더십에 대한 개념을 제대로 이해하지 못한 상태라고 할 수 있다.

고대 동양에서 학문의 목적은 군자가 되기 위한 것이었다. 군자는 오늘날의 의미로 바꾸면 리더이다. '사서삼경' 중에서 첫 번째 읽는 책으로써 학문의 목적을 밝힌 『대학(大學)』은 8조목(격물格物, 치지致知, 성의誠意, 정심正心, 수신修身, 제가齊家, 치국治國, 평천하平天下)의 실천을 강조하고 있다. 그리고 이 8조목을 3강령(명명덕明明德, 신민新民, 지어지선止於至善)으로 요약하고, 이 3강령을 다시 수기치인(修己治人)이라는 말로 정리하고 있다.

즉, 『대학』에서 말하고자 하는 학문의 목적이자 군자가 되기 위한 필요조건을 수기치인으로 좁히고 있는 것이다. 수기치인이라는 것은 군자, 즉 오늘날의 의미로 리더가 되기 위한 덕목은 지금도 여전히 유효하다. '나를 먼저 갈고 닦은 다음 다른 사람을 다스릴 수 있다'는 진리는 시대를 떠나 누구나 공감하는 내용이다.

독립적인 인간으로 자신의 역할을 다 할 수 있게 된 다음에야, 다른 사람과의 협조를 통해 주위 사람들에게 영향력을 미치는 리더가 될 수 있다는 스티븐 코비의 주장과 다르지 않다.

또 다른 대표적 자기 계발 전문가인 『지도력의 원칙』의 저자 블레인 리는 리더십에 대해 단계적 개발이 아닌 속성에 따른 구분을 통해 설명을 하고 있다. 즉, 사람들은 조직 내에서 뿐만이 아니라 일상 속에서도 항상 리더십이나 영향력을 발휘하게 되는데, 그 영향력은 성격에 따라 세 가지로 나누어진다고 주장한다.

첫 번째는 강압적 영향력이다. 지시에 따르지 않으면 벌칙이나 제재를 가하게 되는 영향력이다. 이 영향력은 일반적으로 지시를 받는 사람이 일정한 공간에 강제적으로 갇혀 있으면서, 상대방의 강제를 선택의 여지없이 수용해야 하는 경우에 많이 발생한다. 이 강압적 영향력의 특징은 영향력을 행사하는 사람의 힘이 유지되는 동안에만 영향력이 유지된다는 것이다. 강제할 수 있는 힘이 없어지는 순간 영향력도 동시에 소멸된다. 소멸된 뒤에는 영향력을 받았던 사람들 입장에서 강한 반발이 있을 수도 있는 영향력이다.

두 번째는 대가적 영향력이다. 이 영향력은 반대 급부를 받으면서 상대방의 지시에 복종하는 것으로서, 직장 조직이 여기에 해당된다고 할 수 있다. 이 대가적 영향력은 대가가 주어질 때만 유지되는 영향력이다. 따라서 대가가 주어지지 않거나 대가적 관계가 끝나면 영향력은 자연적으로 소멸된다. 이 대가적 영향력은 비단 직장 조직뿐만 아니라 일반적인 인간관계에서도 찾아볼 수 있다. 권력이 있거나 경제력이 있는 사람 주위에 많은 사람들이 몰리는 현상이 여기에 해당한다. 바로 대가적 영향력 때문이다. 그러다 그 사람의 권력이 없어지거나 기업체가 부도 나면 문전성시를 이루던 사람들은 어느 날 갑자기 자취를 감춘다. 여기에서 대가적 관계는 급여를 받는 것과 같은 교환관계에 의한 대가적 관계가 아니라, 무엇인가 도움이 될지도 모른다는 막연한 기대감에 의한 대가적 관계이다. 이런 기대에 의한 대가적 관계를 영향력을 받는 사람이 아닌 영향력을 행사하는 사람이 이용하면 사람을 속이는 경우로 활용된다. 아무런 권력도 없고 돈도 없는 사람이 대단한 배경이 있거나 부자인 것처럼 행세하면서 많은 사람들을 주위에 끌어 모은다. 이런 경우에는 좋지 않은 결과로 끝나는 경우가 대부분이다.

마지막 세 번째 영향력은 원칙 중심적 영향력이다. 이 원칙 중심적 영향력은 앞의 두 영향력의 경우와 달리 기본적으로 상대방과의 관계가 아닌 영향력을 행사하는 사람의 소양에 중심을 둔다.

즉, 영향력을 행사하는 사람이 설득력, 인내심, 학습력, 수용력, 친절함, 지식, 자제력, 일관성, 성실과 같은 훌륭한 성품을 지니면, 이 성품으로 인해 주위 사람들이 자연스럽게 이 사람을 존경하고 신뢰하게 된다는 것이다. 그렇게 되면 양쪽 사이에 영향력이 발생하는데, 이런 영향력이야말로 진정한 영향력이며 시간과 공간을 초월하여 지속된다는 것이다. 간디나 마틴 루터 킹, 그리고 도산 안창호 선생과 같은 인물이 가지고 있는 영향력이 바로 이 진정한 의미의 원칙 중심적 영향력이라고 할 수 있다.

그렇다면 경영학의 구루인 피터 드러커는 리더십에 대해 어떻게 이해하고 있을까? 피터 드러커는 리더십의 성격을 다섯 가지로 정의한다.

첫 번째, 리더십은 평범한 것이다.

드러커는 많은 사람들이 리더십을 잘못 이해하고 있다고 말한다. 대표적인 오해가 남다른 영향력이나 자질이 없으면 리더십을 가질 수 없다는 생각들이다. 특히 카리스마를 운운하는 것은 말도 안 되는 이야기라고 일축한다. 드러커는 리더십의 본질은 극히 평범하고 따분한 것이며, 그 본질은 말이나 지력이 아닌 행동에 있다고 주장한다. 그리고 리더십에 있어서 정작 중요한 것은 그 리더십이 '무엇을 위한' 리더십인가 하는 부분이라고 말한다. 즉, 인류를 엄청난 고통과 불행 속으로 몰고 갔던 스탈린, 히틀러, 모택동과 같은 사람들은 분명 대단한 영향력을 가지고 있었지만, 그 영향력은 목적이 잘못되었기 때문에 사이비 리더십에 불과하다고 말한다.

두 번째, 리더십은 카리스마와 무관하다.

카리스마는 리더십의 원천이 아니다. 아이젠하워(Dwight Eisenhower), 마샬(George Marshall), 트루먼(Harry Truman)과 같은 사람

들은 역사에 큰 역할을 한 강력한 리더였으나 일반적으로 사람들은
그 세 사람이 카리스마를 가지고 있다고 생각하지 않았다. 제2차 세
계대전이 끝나고 난 뒤 서독을 재건한 아데나워(Konrad Adenauer) 역
시 마찬가지였고, 일리노이 출신의 세련되지 못했던 링컨(Abraham
Lincoln)이나 제2차 세계대전에서 중요한 역할을 한 처칠(Winston
Churchill) 역시 카리스마와는 거리가 멀었다. 그러나 이들 다섯 사람
의 공통점은 이들이 지향하는 것들이 '바르다'는 점이었다.

카리스마는 오히려 리더를 망가트릴 위험이 있다. 자신을 과신하
면 주변의 조언을 수용하지 못한다. 독단적으로 행동함으로써 자신
은 물론 주변 사람들에까지 많은 피해를 입힐 수가 있다.

세 번째, 리더십이란 '일을 하는 것'이다.

리더십은 카리스마도 아니고 특정인의 자질도 아닌 '일을 하는
것'이다. 시저(Julius Caesar), 맥아더(Douglas MacArthur), 몽고메리
(Bernard Law Montgomery), GM의 슬로언 회장과 같은 인물들은 항상
'일'을 강조했다.

조직에 있어서 리더십의 정의는 단순하다. 조직의 사명을 숙고하
여 분명히 알고 그것을 누구나 이해할 수 있도록 명료하게 정의하여
확립하는 것이 바로 리더십이다. 목표, 우선순위, 그리고 기준을 명
확하게 정해 지속적으로 행동에 옮기는 사람이 바로 리더인 것이다.

리더는 독단적이지 않다. 타협을 한다. 그러나 그는 타협에서 상
대방의 견해를 받아들이기에 앞서 옳고 바람직한 것이 무엇인가를

항상 먼저 생각한다. 선택하려고 하는 내용이 사명과 목표에 부합하는가를 근거로 상대방의 의견을 수용할 수도 있고 자신의 의견을 끝까지 관철시킬 수도 있다. 원칙에 입각하여 '일'을 하는 것이 바로 리더십의 요체이다.

네 번째, 리더십은 책임이다.

리더십은 지위나 특권이 아니라 책임이다. 따라서 리더는 항상 자신에게 엄격할 수밖에 없다. 자신이 분명하게 책임을 져야 한다는 것을 알고 있는 리더는 부하가 능력이 있으면 있을수록 부하를 자랑스럽게 생각한다. 부하의 능력을 두려워할 이유가 없다. 능력 있는 부하 덕분에 자신이 책임져야 할 일이 줄어들기 때문이다.

그러나 리더십을 지위나 특권으로 이해하는 사람들은 그 반대이다. 능력 있는 부하를 배제시키고 짓밟아 자신만 드러내려고 한다. 결과는 자신이 책임져야 할 부분이 더 많아질 뿐이다. 그러나 리더십을 잘못 이해하는 사람은 이때도 자신의 역할을 제대로 이해하지 못한다. 책임론이 나오자마자 부하에게 책임을 전가하기에 바쁘다. 상사가 부하에게 책임을 전가한다고 해서 책임이 전가되는 것은 아니다. 자신의 명예만 더렵혀지고 책임은 여전히 자신에게 남아 있을 뿐이다. 결국 잘못된 리더는 자신을 망치고 조직에도 큰 해악을 끼치는 존재가 된다.

리더가 져야 할 가장 큰 책임은 후계자 양성이다. 자신이 갑자기 사라졌을 때 조직의 생명도 개인의 운명을 따라가는 경우가 발생한다면 그 리더는 조직을 위해서 일한 것이 아니라 자기 자신만을 위해서 일한 것이다. 이 사람은 가장 무책임한 리더이고 조직의 목표에 반하는 리더이다.

다섯 번째, 리더십은 신뢰이다.

리더십의 핵심은 신뢰이다. 신뢰가 없다면 따르는 사람이 없을 것이다. 리더란 말 자체가 따르는 사람이 있다는 전제하에 성립된다. 나 홀로 리더는 아무런 의미가 없다. 신뢰한다는 말은 리더를 좋아한다는 것과는 다른 의미이다. 또 리더의 의견에 항상 동의한다는 뜻도 아니다. 바로 리더가 하는 말이 리더 자신의 진의라는 것을 확신할 수 있다는 의미이다. 말과 행동이 일치하는 성실성에 대한 확실한 기대이다.

인간관계가 가벼워지고, 잠시도 깊이 생각할 여유를 갖지 못할 정도로 바빠지고, 경제 논리가 사람들의 일상을 지배하기 시작하면서 리더십을 원칙이나 근본이 아닌 기술로 이해하고 또 그렇게 행동하려는 경향이 강해지고 있다. 리더십의 행사를 받아들이는 입장 역시 상대방에게 제대로 영향력을 행사하고 있는 것처럼 느끼게 하면서 매끄럽게 잘 받아들이고 있다. 그러면서 상호 간에 '선수'로서 자신의 기술이 상대방에게 제대로 먹혀들어 갔다는 데 대해 흡족해 하고 있다.

다시 원칙과 근본으로 돌아가야 할 때이다. 스티븐 코비의 『성공하는 사람들의 7가지 습관』, 『대학』의 '수기치인', 블레인 리의 『원칙중심의 영향력』을 포함한 경영학의 구루, 피터 드러커가 강조한 리더십 원칙들을 삶의 원칙으로 받아들여야 한다. 이 원칙들이 우리 삶의 원칙이 되지 않는다면 현대인들은 겉도는 인간관계 속에서 고독한 존재로 남게 될 것이다. 또한 무력감에서 벗어날 수 없을 것이다. 리더십의 원칙, 그것들은 우리 자신에게 좋은 영향력을 회복하고 바람직한 인간관계를 갖게 함으로써 삶을 보다 풍요롭게 해줄 수 있는 복음이다.

　피터 드러커(Peter F. Drucker)는 1909년 11월 19일 오스트리아의 수도 빈에서 태어났다. 당시 빈은 합스부르크 왕가가 지배하는 인구 5천만 명의 대국 오스트리아 – 헝가리 제국의 수도였다. 드러커의 아버지 아돌프는 당시 오스트리아 정부의 고위 관료를 지내고 있었고, 어머니 캐롤라인은 당시 여성으로서는 드물게 의학을 전공한 인텔리였다.

　드러커가 태어난 지 5년이 지난 1914년 7월 제1차 세계대전이 발발했다. 그러나 오스트리아의 황제 계승자인 프란츠 페르디난트 황태자의 암살 사건을 계기로 시작된 제1차 세계대전 와중에도 드러커는 정부 고위직에 있는 아버지 덕분에 큰 어려움 없이 성장했다. 13세가 되었을 때 드러커는 오스트리아의 유력한 잡지인 '오스트리아 이코노미스트'를 읽기 시작하는 등 일찍부터 사회 문제에 많은 관심을 가졌다.

18세에 드러커는 고등학교 과정인 김나지움(Gymnasium)을 졸업한 후 대학에 바로 진학하지 않고 함부르크로 가서 무역 회사에 견습 사원으로 취직했다. 그리고 함부르크대학 법학부에 입학하여 학업과 일을 병행했다. 일찍부터 사회 문제에 관심이 많았던 드러커는 대학을 들어갈 때 쓴 「세계 무역에 있어서 파나마운하의 역할」이라는 논문이 독일의 경제 계간지에 실리는 행운을 맛보기도 했다.

19세가 되자 드러커는 독일의 금융 중심지인 프랑크푸르트로 이사를 한다. 이곳에서는 미국계 투자 은행에 정식 사원으로 취직을 해 증권분석가로 일하게 된다. 그리고 프랑크푸르트대학 법학부에 편입을 한다. 드러커는 활발한 활동으로 독일의 경제 계간지에 계량경제학에 관한 논문을 두 차례나 발표한다. 그러던 중 1929년 10월 24일 대공황의 시발이 되는 뉴욕 증시의 대폭락인 '암흑의 목요일'을 맞이한다. 적극적인 성격의 드러커는 곧바로 이 '암흑의 목요일'에 대한 자신의 의견을 신문사로 보내, 10월 25일 프랑크푸르트 최대 부수를 자랑하는 지역 석간신문인 '프랑크푸르트 게네랄 안차이거'에 기사가 실리게 된다. 그리고 두 달이 채 안 되어 드러커가 다니던 미국계 투자 은행은 '암흑의 목요일'의 영향으로 문을 닫게 된다. 실직을 한 드러커는 '암흑의 목요일'에 대한 신문 기사를 기고하여, 이를 계기로 '프랑크푸르트 게네랄 안차이거'의 기자로 취직을 한다.

1931년 21세에 드러커는 프랑크푸르트대학에서 국제법 박사 학위를 취득하고, 신문사에서는 부편집장으로 승진하여 해외와 경제를 담당하면서 매주 여러 편의 기사를 쓴다. 이때 그는 아돌프 히틀러나 요제프 괴벨스를 단독 취재하는 행운을 얻기도 한다. 1933년 나치스가 정권을 장악하자 드러커는 프랑크푸르트를 떠나 런던으로 간다. 런던에서는 보험 회사에서 증권 분석을 하기도 하고 영국 투자 은행인 프리트베르크사에서 일을 하기도 한다. 당시 대공황 이후 시장에 대한 정부 개입 필요성을 역설하던 존 메이나드 케인즈의 강의를 케임브리지대학에서 청강생 자격으로 듣는 기회를 얻는다.

27세가 되는 1937년에 드러커는 도리스와 결혼하여 4월에 뉴욕으로 건너간다. 초기 미국에서 그는 영국 신문인 '파이낸셜 뉴스'의 미국 특파원으로 생계를 유지한다. 1939년 29세 때는 처녀작인 『경제인의 종말』을 미국에서 출판한다. 드러커는 이 책에서 나치스 독일이 유대인을 말살하고 소련과 손을 잡게 될 것이라고 예상한다. 『경제인의 종말』은 아직 수상이 되기 전이었던 윈스턴 처칠에 의해 '런던 타임스'에 서평이 실림으로써 영국과 미국에서 동시에 베스트셀러의 반열에 오르게 된다. 1939년에는 뉴욕 근교의 사라 로렌스대학에서 비상근 강사로 경제학과 통계학을 가르치기 시작했고, 1941년에는 제2차 세계대전 발발로 워싱턴으로 불려가 정부에서 일을 하게 된다. 1942년에는 뉴욕 버몬트의 베닝턴대학의 교수로 취임을 한다.

1942년 나치스 독일의 패배를 전제로 제2차 세계대전 후의 산업사회를 그린 두 번째 저작 『산업인의 미래』를 출간하는 것을 계기로 GM으로부터 경영 컨설팅을 의뢰받는다. 1945년 18개월간 GM을 컨설팅한 결과를 바탕으로 하여 세 번째 저작인 『기업의 개념』을 펴낸다. 1950년에는 뉴욕대학의 교수로 취임하여 이 대학의 대학원 과정에 경영학과를 창설한다. 1954년에는 GE 등 대기업에서 컨설팅한 경험을 살려 최초로 경영을 하나의 기능으로 파악하여 체계화한 『경영의 실제』를 펴낸다. 1969년에는 『단절의 시대』를 출간했는데 이 책에서 드러커는 '민영화'라는 말을 최초로 사용했다. 이 책은 1970년대 영국의 보수당에 영향을 주어 당의 정책에 '민영화' 개념이 도입되고, 후일 이 민영화는 대처 정권에서 구체적인 국가 전략으로 실천에 옮겨진다.

1975년에는 미국 최대 경제전문지인 '월 스트리트 저널'에 기고하기 시작하여 이후 20여 년간 경영과 경제 문제를 전문적으로 다루는 칼럼니스트로 활약한다. 1979년부터는 클레어몬트대학에서 동양미술 과목을 맡아 일본 회화에 대해 5년간 강의를 한다. 1981년에는 GE의 최고경영자인 잭 웰치의 경영 컨설팅을 맡아 웰치식 경영 방식 형성에 큰 영향을 미친다. 72세가 되는 1982년에는 최초의 소설 『가능한 세계들의 최후』를 출간한다.

1989년 79세 때는 '월스트리트 저널'에 기고한 내용을 통해 세계 최초로 아웃소싱 개념을 제시하며, 1993년 83세 때는 자본주의 사회 이후에 도래할 지식사회를 그린 『자본주의 이후의 사회』를 발표한다.

그 후로도 꾸준한 저작 활동과 활발한 지식 창달에 힘을 기울이다 2005년 11월 96세를 일기로 100년 경영학의 거장 드러커는 자기 삶의 경영을 마쳤다.

그는 마지막 순간까지 비서 없이 자신의 모든 일정을 직접 관리했다. 은퇴라는 것에 대해 조금도 생각해 본 적이 없는 드러커는 90세가 되어서도 한 학기에 다섯 차례 정도 강의를 꾸준히 하였다. 그리고 글을 쓸 때는 마지막까지 컴퓨터를 사용하지 않았다. 먼저 지면에 자신이 쓰고자 하는 의도에 대해 전체적인 그림을 완성한 다음 그 내용을 구술로 풀어 녹음을 하고 그 다음 타자기로 정리하는 방식을 사용하였다. 평생을 저술 활동과 강의로 일관하면서 3년마다 자신의 공부 주제를 정해 매진했던 피터 드러커는 지식인의 전형이었다. 격동의 20세기, 제1차 세계대전과 제2차 세계대전, 그리고 대공황 등 항상 역사의 소용돌이 한가운데서 좌절하지 않고 자신이 가야 할 길을 꾸준히 개척한 피터 드러커는 학자이자 지식인이기 이전에 한 인간으로서도 많은 사람들로부터 존경을 받았다.

동북아시아의 작은 나라, 세계 10대 경제대국으로 발돋움하려는 우리나라는 많은 과제를 안고 있다. 성장과 분배의 균형을 통한 사회 발전과 통합 문제, 경영의 투명화, 미국을 중심으로 한 국제 경제 질서의 요구와 이에 대한 대처, 남북한 통일 문제 등 그 어느 때보다도 큰 숙제들이 우리 앞에 놓여 있다. 이러한 때 피터 드러커의 탁견은 우리에게 많은 도움을 준다. 단순한 경영학자가 아닌 사회학자이자 미래학자인 피터 드러커의 시각은 경제 성장을 위한 기업 운영은 물론 향후 사회 변화에 대비한 국가 차원의 적절한 대처에도 많은 아이디어를 제공한다.

앞으로 다가올 사회, 조직, 그리고 개인에 대해 생각해 보고, 이 세 가지 요소의 변화에 대비해 우리가 해야 할 일은 무엇인지를 피터 드러커의 일생의 역작을 통해 알아보는 것은 퍽 의미있는 일이라 하겠다.

피터 드러커, 이재규 옮김, 『변화 리더의 조건』, 청림출판, 2001
피터 드러커, 이재규 옮김, 『이노베이터의 조건』, 청림출판, 2001
피터 드러커, 이재규 옮김, 『프로페셔널의 조건』, 청림출판, 2001
피터 드러커, 이재규 옮김, 『21세기 지식경영』, 한국경제신문사, 2002
피터 드러커, 이재규 옮김, 『자본주의 이후의 사회』, 한국경제신문사, 2002
피터 드러커, 이재규 옮김, 『피터 드러커 미래 경영』, 청림출판, 2002
피터 드러커, 이재규 옮김, 『피터 드러커의 자기경영노트』, 한국경제신문사, 2003
피터 드러커, 이재규 옮김, 『미래사회를 이끌어가는 기업가정신』, 한국경제신문사, 2004
피터 드러커, 남상진 옮김, 『피터 드러커, 실천하는 경영자』, 청림출판, 2005
피터 드러커, 이재규 옮김, 『경영의 실제』, 한국경제신문사, 2006
피터 드러커, 이재규 옮김, 『Next Society』, 한국경제신문사, 2007
고바야시 가오루, 남상진 옮김, 『피터 드러커-미래를 읽는 힘』, 청림출판, 2002
고바야시 가오루, 남상진 옮김, 『피터 드러커 리더가 되는 길』, 청림출판, 2004
블레인 리, 장성민 옮김, 『지도력의 원칙』, 김영사, 1997
스티븐 코비, 김경섭 옮김, 『성공하는 사람들의 7가지 습관』, 김영사, 2003